영어 어휘 학습의 원리와 실제

영어 어휘 학습의 원리와 실제

이 승 민 지음

한국문화사

■ 머리말

　국제어로서 영어 교육의 목표는 영어로 의사소통할 수 있는 능력을 기르는 것인데, 의사소통이란 목적을 달성하기 위해서 주로 언어를 사용하여 의미를 이해하고 표현하는 과정을 말한다. 이러한 과정에서 어휘는 의미를 이해하고 표현하는데 있어서 핵심적인 역할을 수행한다. 최근에는 이러한 어휘의 중요성을 인식하여 어휘 학습에 관한 다양한 연구들이 수행되고 있다. 이와 같은 연구들을 기반으로 이 책에서는 영어 어휘 학습의 원리와 실제를 다룬다. 각 장의 내용을 소개하면 다음과 같다.

　1장에서는 영어 교육에 대한 접근법으로서 형식 중심 접근법, 의미 중심 접근법, 활동 중심 접근법에 따라 어휘 학습이 어떻게 다루어졌는가를 살펴보고, 어휘를 영어 학습의 핵심으로 보는 어휘 중심 영어 교육에 대해서 논한다. 2장에서는 어휘 학습의 원리와 실제에 관하여 타당하고 일관된 논의를 위한 어휘의 개념을 살펴보고, 어휘의 유형으로서 낱말, 낱말군, 연어, 패턴 등에 대해서 다룬다. 3장에서는 의사소통을 위해 의미를 이해하고 표현하는데 필요한 어휘 지식으로서 개별 어휘에 관한 형식과 의미에 관한 지식, 다른 어휘와의 형식 관계와 의미 관계에 관한 지식을 살펴보고, 실제적인 의사소통을 위해 어휘 지식을 사용할 수 있는 능력인 어휘 기능으로서 듣기, 말하기, 읽기, 쓰기 기능에 대해서 다룬다.

　4장에서는 의사소통에 필요한 어휘 지식과 어휘 기능을 자연스럽게 익히는 어휘 학습 과정으로서 지각, 인식, 이해, 구조화, 재구조화, 자동화에 대해 살펴본다. 5장에서는 어휘 학습 원리의 기반이 되는 영어 학습 원리와 어휘 학습에 중점을 둔 원리를 살펴보도록 한다. 6장에서는 어휘 학습 목표로서 학습자들이 원하는 의사소통 유형에 따라 학습해야 할 어휘 수와 종류에 대해 다룬다. 7장에서는 어휘 학습 내용으로서 어휘를 선정하는 기준인 빈도, 범위, 학습가능성, 학습자의 요구와 수준, 반복 학습과 신출 어휘 수를 살펴보고, 어휘를 언어지식과 의사소통 능력의 관점에서 학습내용으로 조직하는 방법에 대해 논의한다.

8장에서는 어휘 지식과 기능을 기르기 위한 다양한 어휘 학습 활동의 구체적인 예를 제시하고 주요 특성을 논하도록 한다. 아울러, 어휘 학습 측면에서 효과적인 교수 학습 절차를 제시한다. 9장에서는 학습자들의 자기주도적인 어휘 학습을 위한 어휘 학습 전략의 개념, 어휘 학습 전략의 유형, 어휘 학습 전략 사용 훈련 등에 대해 논의한다. 10장에서는 어휘 학습 자료로서 다양하게 활용할 수 있는 코퍼스에 대해 다루도록 한다. 11장에서는 어휘 학습 평가에 대해 논의하는 데 어휘 학습 평가 문항이 갖추어야할 특성, 어휘 학습 평가의 목적, 어휘 학습 평가 문항의 유형, 어휘 학습 평가 기준을 살펴보도록 한다.

영어 교육 측면에서 어휘는 비교적 최근에 중요하게 다루어지고 있다. 아무쪼록 이 책에서 논의하는 내용이 영어 어휘 학습에 대한 관심을 높이고, 어휘 학습과 관련된 다양한 연구를 촉진시키는 데 기여하기를 바란다. 한 분야에 대해 연구하고 그 결과를 책으로 출판한다는 것은 학문의 완성이 아니라 자신의 부족함을 알아 그 분야에 대한 관심을 높이고 더욱 연구에 매진하게 하는 촉진제가 됨을 느끼게 된다. 언제나 학문적 이슈를 공유하고 조언을 아끼지 않으시는 청주교육대학교 영어교육과 교수님들께 감사를 드린다. 또한 이 책이 나올 수 있게 배려해 주신 한국문화사에 깊은 감사를 드린다.

■ 차례

　　머리말 ··· 5

1. 영어 교육과 어휘 학습
　　1.1 형식 중심 접근법과 어휘 학습 ··· 11
　　1.2 의미 중심 접근법과 어휘 학습 ··· 17
　　1.3 활동 중심 접근법과 어휘 학습 ··· 28
　　1.4 어휘 중심 영어 교육 ··· 32
　　1.5 요약 ··· 37

2. 어휘의 개념과 유형
　　2.1 어휘의 개념 ··· 38
　　2.2 어휘의 유형 ··· 3
　　2.3 요약 ··· 64

3. 어휘 지식과 기능
　　3.1 의사소통 능력과 어휘 ··· 66
　　3.2 어휘 지식 ··· 67
　　3.3 어휘의 형식과 형식 관계 ··· 70
　　3.4 어휘의 의미와 의미 관계 ··· 82
　　3.5 어휘 기능 ··· 95
　　3.6 요약 ··· 96

4. 어휘 학습 과정
　　4.1 영어 학습 과정 ··· 98
　　4.2 어휘 학습 과정 ··· 105
　　4.3 어휘 학습 순서 ··· 114
　　4.4 요약 ··· 120

5. 어휘 학습 원리
　　5.1 영어 학습 원리와 어휘 학습 ··· 121

5.2 어휘 지식과 기능 학습 원리 ·· 129
5.3 어휘 학습 과정과 어휘 학습 원리 ··································· 134
5.4 요약 ··· 142

6. 어휘 학습 목표
6.1 어휘 학습 목표 설정 ··· 144
6.2 어휘 수의 기준 ··· 146
6.3 영어 낱말 수 ·· 149
6.4 낱말의 빈도와 비율 ··· 150
6.5 낱말군, 연어, 패턴의 빈도 ·· 159
6.6 기본적 의사소통을 위한 어휘 학습 ·································· 163
6.7 학문적, 전문적 의사소통을 위한 어휘 학습 ······················· 164
6.8 요약 ··· 168

7. 어휘 학습 내용
7.1 학습 어휘 선정 ·· 170
7.2 학습 어휘 조직 ·· 180
7.3 요약 ··· 196

8. 어휘 학습 활동
8.1 어휘 학습 활동의 유형 ·· 197
8.2 어휘 지식 학습 활동 ··· 199
8.3 어휘 기능 학습 활동 ··· 205
8.4 어휘 학습 과정과 원리를 고려한 활동 ······························ 211
8.5 학습자의 요구와 수준을 고려한 활동 ······························ 215
8.6 영어 학습과 어휘 학습 활동 ··· 219
8.7 요약 ··· 221

9. 어휘 학습 전략
9.1 어휘 학습 전략의 개념 ·· 222
9.2 어휘 학습 전략의 유형 ·· 224
9.3 어휘 학습 전략 사용 지도 ·· 236
9.4 요약 ··· 238

10. 어휘 학습과 코퍼스
    10.1 코퍼스와 코퍼스 분석 프로그램 ················· 239
    10.2 낱말의 빈도와 비율 ································· 242
    10.3 낱말의 범위 ·· 250
    10.4 콘코던서 ·· 254
    10.5 요약 ··· 267

11. 어휘 학습 평가
    11.1 어휘 학습과 어휘 학습 평가 ······················ 268
    11.2 어휘 학습 평가의 목적 ····························· 275
    11.3 어휘 학습 평가 문항의 유형 ····················· 281
    11.4 어휘 학습 평가 기준 ································ 287
    11.5 요약 ··· 291

    참고문헌 ·· 292

1. 영어 교육과 어휘 학습

영어 교육에 대한 접근법은 형식 중심 접근법, 의미 중심 접근법, 활동 중심 접근법으로 나눌 수 있는데, 각각의 접근법에 따라서 어휘 학습이 강조되기도 하고 소홀이 이루어지기도 하였다. 이 장에서는 영어 교육에 대한 접근법에 따라 어휘 학습이 어떻게 다루어졌는가를 살펴보고, 어휘를 영어 학습의 핵심으로 보는 어휘 중심 영어 교육에 대해서 논의한다.

1.1 형식 중심 접근법과 어휘 학습

국제어로서 영어 교육의 목표는 목표어인 영어로 의사소통할 수 있는 능력을 기르는 것인데, 의사소통이란 목적을 달성하기 위해서 주로 언어를 사용하여 의미를 이해하고 표현하는 과정을 말한다. 이러한 과정에서 어휘(vocabulary)는 의미를 전달하는 요소로서 의미를 이해하고 표현하는데 있어서 핵심적인 역할을 수행한다. 예를 들어, 물건을 사기 위한 의사소통 목적을 달성하기 위해서는 원하는 물건에 대해 말하기, 물건의 가격 묻기 등의 의미를 영어로 표현하고, 원하는 물건과 가격 정보에 관한 영어를 이해할 수 있어야 한다. 이러한 영어를 이해하고 표현하기 위해서는 무엇보다도 물건과 가격에 관한 어휘를 알아야 할 것이다. 이와 같이 의사소통의 핵심은 언어로 전달되는 의미의 이해와 표현인데, 이를 위한 중요한 수단은 어휘이므로 영어 교육에서 어휘 학습은 매우 중요하다. 그러나 영어 교육에 대한 형식 중심 접근법에서는 언어가 전달하는 의미보다는 의미를 구현하는 언어 형식을 중요시하면서 형식과 관련하여 문법을 강조한 반면에 어휘 학습은 소홀이 이루어졌다.

외국어 교육의 역사는 적어도 로마 사람들이 그리스어를 배우던 B.C. 2세기 경부터 시작되었다고 본다. 당시 로마에서는 외국어인 그리스어가 교육, 상업, 종교 등의 분야에서 널리 사용되고 있어서 그리스어를 배워야 했던 것이다. 이러한 그리스어 교육에서는 설득력 있는 표현을 강조하는 수사법(rhetoric) 지도에 중점을 두면서 의미를 전달하는 어휘를 중요하게 다루었을 것으로 추정된다. 이후 중세 시대에는 라틴어가 그리스어의 역할을 대신하면서 유럽 전역에서 라틴어를 가르치기 시작하였다. 라틴어 교육에서는 문법을 강조하면서 다양한 연습 활동을 통하여 문법을 익히도록 하였다. 반면에, 어휘는 문법을 익히기 위해 필요한 것들을 주로 제시하고, 그러한 어휘들은 모국어로 번역하여 의미를 이해하는 수준으로 다루었다. 이 당시에는 언어 능력의 핵심을 언어 형식에 관한 지식으로 보고 문법을 강조하면서 의미를 전달하는 수단으로서 어휘 학습에는 그다지 관심을 두지 않았던 것이다. 이후에 라틴어가 쇠퇴하면서 라틴어 교육에 대한 관심과 요구는 급격하게 줄어들었지만, 문법 중심으로 라틴어를 가르치던 전통은 외국어 교육의 패러다임으로서 19세기까지 이어져 왔다(Schmitt, 2000).

19세기에 이르러 국제어로서 영어의 위상이 더욱 높아지면서 전 세계적으로 영어 교육이 실시되었는데, 영어 교육 또한 라틴어를 가르치던 전통의 영향을 받아 언어학적 지식으로서 문법 중심으로 이루어졌다. 이러한 접근법은 문법 번역식 교수법(Grammar-Translation Method)으로 발전하면서 그 당시에 외국어로서 영어 교육의 패러다임으로 널리 적용되었다. 문법 번역식 교수법에서는 주로 영어로 쓰여진 문학 작품을 제시하여 이를 모국어로 번역하고, 번역을 하는데 필요한 문법을 상세하게 설명하면서 목표어의 문법을 익히는데 중점을 두었다(Richards and Rodgers, 2014). 즉, 문법 번역식 교수법에서는 문학 작품의 내용을 이해하는데 중점을 두기보다는 문학 작품을 이용하여 목표어의 문법을 익히도록 한 것이다. 때로는 목표어의 문법을 설명하기 위해 문법만을 고려하여 문장을 창작하면서 의미적으로 매우 어색한 예문을 제시하기도 하였는데, 그 예는 다음과 같다(Titone, 1968: 28).

> The philosopher pulled the lower jaw of the hen.
> My sons have bought the mirrors of the Duke.
> The cat of my aunt is more treacherous than the dog of your uncle.

문법 번역 교수법에서 영어 교육의 목표는 문법 지식을 익히는 것으로, 문법 지식이 있으면 의미를 이해하고 표현하는데 어려움이 없을 것으로 생각하면서 문법 중심으로 학습이 이루어졌다. 그 결과 실제 의사소통에서의 목적과 의미를 고려하지 않으면서 일상생활에서 사용하지 않는 어색한 표현들을 다루기도 하였다. 한편, 어휘 학습 측면에서는 주로 문법을 익히기 위해 필요한 어휘만을 다루었다. 어휘의 한 유형으로서 낱말(word)은 전달하는 의미에 따라 내용어(content words)와 기능어(function words)로 나눌 수 있는데, 이 교수법에서는 문법적 의미를 전달하는 기능어를 주로 강조하였으며 어휘적 의미를 전달하는 내용어는 문법 학습에 필요한 낱말만을 제시하였다. 즉, 문법을 학습하기 위한 수단으로 어휘를 활용한 것이다.

문법 번역 교수법의 원리는 현재 영어 교육에서도 여전히 적용되고 있는데, 문법 중심으로 학습 내용과 활동을 구성한 예는 14쪽에 제시되어 있다(Murphy, 1997: 48-49). 이 예는 문법 번역식 교수법이 영어 교육의 패러다임으로 적용되었던 시대의 학습 내용과 차이가 있지만, 여전히 문법 중심으로 구성되어 있다. 여기에서는 과거(past simple)를 현재 완료(present perfect)와 비교하여 두 형식, 두 형식의 문법적 의미, 두 형식의 문법적 의미에 있어서 차이를 학습하기 위한 내용으로 구성되어 있다. 어휘 학습 측면에서 보면 목표로 하는 형식을 익히기 위한 낱말들이 주로 제시되어 있으며, 낱말들을 익히기 위한 별도의 학습 내용과 활동은 제시되어 있지 않다. 이와 같은 형식 중심 접근법에서는 목표어의 형식 학습이 우선시되고 어휘는 주로 낱말 수준에서 언어 형식을 익히기 위한 수단으로 활용되고 있는 것이다.

With a finished time (**yesterday**/**last week** etc.), we use the past (**arrived**/**saw**/**was** etc.):

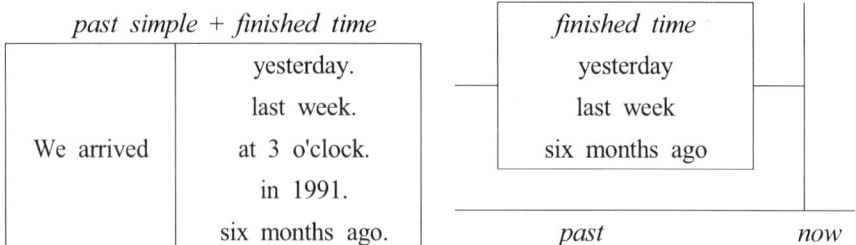

Do *not* use the present perfect (**have arrived** / **have done** / **have been** *etc*.) with a finished time:

- I saw Paula yesterday. (*not* 'I have seen')
- Where **were** you **on Sunday afternoon**? (*not* 'Where have you been')
- We **didn't have** a holiday **last year**. (not 'We haven't had')
- 'What **did** you **do last night**?' ' I **stayed** at home.'
- William Shakespeare **lived from 1564 to 1616**. He **was** a writer. He **wrote** plays and poems.

  Use the past simple to ask **When** ... ? or **What time** ... ?:
- **When did** they **arrive**? (*not* 'When have they arrived?')

Put the verd in the present perfect or past simple.

1. My friend is a writer. He <u>has written</u> (write) many books.
2. We <u>didn't have</u> (not/have) a holiday last year.
3. I _____ (play) tennis yesterday afternoon.
4. What time _____ (you/go) to bed last night?
5. _____ (you/ever/meet) a famous person?
6. The weather _____ (not/be) very good yesterday.
7. My hair is wet. I _____ (just/wash) it.
8. I _____ (wash) my hair before breakfast this morning.

9. Kathy travels a lot. She _____ (visit) many countries.
10. 'Is Sonia here? 'No, she _____ (not/come) yet.'

1950년대에는 구조주의 언어학(structural linguistics)과 행동주의 심리학(behavioral psychology)에 기반을 둔 청화식 교수법(Audiolingual Method)이 대두되었는데, 이 교수법에서는 의사소통을 위한 언어 능력의 핵심을 문장(sentence)의 구조와 규칙에 관한 지식으로 보았다. 문장의 구조와 규칙에 관한 지식은 개별 낱말들을 연결하여 문장을 구성할 때 필요한 지식을 말하는데, 이러한 지식은 형태 지식(morphologic knowledge)과 통사 지식(syntactic knowledge)으로 구성된다. 예를 들어 'I played soccer last weekend.'라는 문장을 만들기 위해서는 'I', 'play', 'soccer', 'last', 'weekend'의 개별 낱말들과 함께 형태 지식으로서 과거의 의미를 나타내는 형태소 'ed'와 통사 지식으로서 평서문인 '주어(I)+동사(played)+목적어(soccer)+부사구(last weekend)'의 어순을 알아야 한다.

○ 문법 (Grammar)

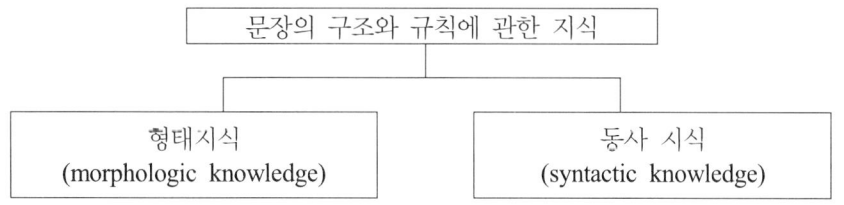

청화식 교수법은 문법 번역식 교수법과 같이 형식 중심 교수법이라 할 수 있는데, 문법 번역식 교수법과 다른 점은 시대적 변화에 따라 의사소통을 위한 듣기와 말하기 중심의 음성 언어 사용에 대한 요구가 늘어나면서 대화문(dialogue)을 제시하여 음성 언어의 형식을 중요시하였고, 다양한 연습 활동을 통하여 문법 지식을 귀납적으로 익히도록 하였다. 한편, 어휘 학습 측면에서는 문법 번역식 교수법과 마찬가지로 문장의 구조와 규칙을 익히는데 필요한 낱말들로 한정하여 제시하면서 체계적인 학습이 이루어지지는 않았다. 이러한 청화식 교수법의 원리를 적용한 학습 내용과 활동의 예는 다음과 같다(Hartley and Viney, 1983: 11).

6. There's a nice apartment

Janet: Hello.
Agent: Hello.
Janet: Is there an empty
  apartment in this building?
Agent: Yes, there is. There's a
  nice apartment on the fifth floor.
Janet: Are there two bedrooms?
Agent: No, there aren't. There's
  a living room, a small kitchen,
  and a very small bathroom.
Janet: And the bedroom?
Agent: Oh, there's a very large bedroom.
Janet: Is there a balcony?
Agent: No, there's no balcony.

Janet: Where's the kitchen?
Agent: Here it is.
Janet: Oh, it's very small.
Agent: Yes, but there's a stove,
  a refrigerator, and space for a
  dishwasher. There are some
  cabinets, and there's a shelf
  under the sink.
Janet: Are there any windows in
  the bathroom?
Agent: No, there aren't. But there
  are two large ones in the bedroom.
Janet: Good. It's a very nice apartment.

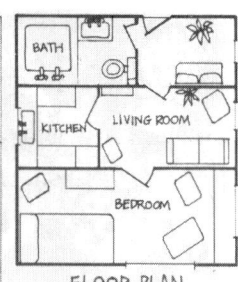

Exercise 1
sofa *There's a* sofa *in the living room.*
radio *There's no* radio *in the living room.*
Write sentences with:
1. telephone 2. chair 3. cabinet 4. table

Exercise 2
books *There are some* books *on the shelf.*
cups *There aren't any* cups *on the shelf.*
Write sentences with:
1. glasses 2. magazines 3. records 4. bottles

Exercise 3
telephone/table *Is there a* telephone *on the* table?
books/shelf *Are there any* books *on the* shelf?
Write questions with:
1. radio/shelf 2. bottles/table 3. records/table

Exercise 4
Where are the bottles? They're on the shelf.
Where's the chair? It's in the living room.
Answer the questions:
1. Where's the television? 2. Where are the glasses?
3. Where are the books? 4. Where's the sofa?

문법 번역식 교수법과 청화식 교수법은 영어 교육에 있어서 대표적인 형식 중심 접근법이라 할 수 있는데, 형식 중심 접근법에서는 언어 능력의 핵심을 목표어의 형식에 관한 지식으로 보고 주로 문장의 구조와 규칙에 관한 형태 지식과 통사 지식을 익히도록 학습 내용과 활동을 제시한다. 즉, 영어를 사용하여 의사소통을 할 수 있는 능력보다는 목표어의 언어학적 지식을 익히는데 중점을 둔 것이다. 한편 어휘 학습 측면을 보면, 언어 형식을 학습하는데 필요한 낱말들을 주로 제시하면서 어휘 학습 자체에는 많은 관심을 두지는 않았다. 의사소통을 위해 의미를 정확하게 전달하기 위해서는 언어 형식에 관한 형태 지식과 통사 지식이 필요하다. 그러나 의사소통을 하기 위해서는 언어 형식에 관한 지식을 적용하여 다양한 의사소통 상황 속에서 목표어를 사용하여 의미를 이해하고 표현할 수 있는 능력을 기르는 것이 더욱 중요하다. 다양한 의미를 이해하고 표현하기 위해서는 문법 지식만으로는 부족하며 의미를 전달하는 수단으로서 어휘를 많이 알고 있어야 한다. 이러한 점에서 형식 중심 접근법으로는 실제적인 의사소통 능력을 기르는데 한계가 있으며, 어휘 학습에도 별 도움이 되지 않을 것이다.

1.2 의미 중심 접근법과 어휘 학습

1970년대에 의사소통 목적을 달성하기 위한 의미의 이해와 표현을 강조하는 의사소통중심 교수법(Communicative Language Teaching)이 대두되기 전까지는 문법 번역식 교수법과 청화식 교수법 등의 형식 중심 접근법이 영어 교육의 표준이었다. 그런데 형식 중심 접근법이 영어 교육의 패러다임으로 인식되었던 시기에도 언어를 통하여 전달되는 의미를 중심으로 제이언어 또는 외국어를 교육하려는 일부 시도가 있었는데, 그 대표적인 예가 직접식 교수법(Direct Method)이라 할 수 있다. 19세기 말에 대두되었던 직접식 교수법에서는 모국어 학습 원리에 근거하여 음성 언어를 중요시하고 의미를 중심으로 입력을 제공하면서 목표어를 자연스럽게 학습할 수 있도록 유도하였으며, 그 과정에서 의미를 전달하는 수단으로서 어휘 학습이 강조되었다(Richards and Rodgers, 2014). 언어 형식에 관한 지식은 직접적인 설명은 피하고 다양한 예를 제시하면서 귀납적으로 익히도록 하였다. 이러한 직접식 교수법이 현대적인 의미에서 실제적인 의사소통 상황과 목적을 고려하여 의미를 중심으로 학습 내용과 활동을 구성한 것은 아니지만, 문법 번역식 교수법과 같은 형식 중심 접근법이 일반적이었던 시대에 의미 중심으로 외국어를 교육했다는 점은 높이 평가할 만하다. 직접식 교수법의 원리에 근거하여 제시된 학습 내용의 예는 다음과 같다(Titone, 1968: 35).

I walk toward the door. I walk.
I draw near to the door. I draw near.
I draw nearer to the door. I draw nearer.
I get to the door. I get to.
I stop at the door. I stop.
I stretch out my arm. I stretch out.
I take hold of the handle. I take hold.
I turn the handle. I turn.
I open the door. I open.
I pull the door. I pull.
The door moves. Moves.
The door turn on its hinges. Turns.
The door turns and turns. Turns.
I open the door wide. I open.
I let go of the handle. I let go.

이 예에서 보는 것처럼 어휘 학습 측면에서는 일상생활에서 흔히 접할 수 있는 어휘를 구체적인 상황 속에서 제시하면서 의미를 자연스럽게 파악하도록 하였다. 이러한 직접식 교수법은 문법 번역식 교수법과 같은 형식 중심 접근법이 주류였던 시대적 상황과 당시 학교 현장의 현실적 제약 속에서 널리 일반화되지는 못하였다.

이후에는 청화식 교수법이 대두되면서 형식 중심 접근법이 더욱 강조되었는데, 이 시기에도 상황과 의미를 중요시하여 교육하려는 일부 시도가 있었으며 이러한 시도에서는 자연스럽게 의미를 전달하는 수단인 어휘가 중요하게 다루어졌다. 그 예로서 전신반응 교수법(Total Physical Response)에서는 모국어 학습 원리에 근거하여 지시나 명령을 듣고 행동을 하면서 목표어를 학습하도록 유도하였는데 이 과정에서 의미를 전달하는 수단으로서 어휘 학습이 자연스럽게 강조되었다. 전신 반응 교수법의 원리에 근거하여 제시된 학습 내용의 예는 다음과 같다(Richards and Rodgers, 2014: 284).

Wash	your hands, your face, your hair
Look for	a towel, the soap, a comb
Hold	the book, the cup, the soap
Comb	your hair, Maria's hair, Shirou's hair
Brush	your teeth, your pants, the table
Toothbrush	Take out your toothbrush.
	Brush your teeth.
	Put your toothbrush in your book.
Teeth	Touch your teeth.
	Show your teeth to Dolores.
	Dolores, point to Edurado's teeth.
Soap	Look for the soap.
	Give the soap to Elaine.
	Elaine, put the soap in Ramiro's ear.
Towel	Put the towel on Juan's arm.
	Juan, put the towel on your head and laugh.
	Maria, wipe your hands on the towel.

의미 중심 접근법이 본격적으로 주목을 받은 것은 1970년대에 의사소통중심 교수법(Communicative Language Teaching)이 영어 교육의 새로운 패러다임으로 등장하면서부터이다. 사회언어학(sociolinguistics)의 영향을 받은 의사소통 중심 교수법에서는 언어를 의사소통의 수단으로 보고 실제적인 의사소통 상황에서 언어를

통하여 전달되는 의사소통 목적으로서의 의미(functions)에 주목하면서, 의미를 전달하는 수단으로서 표현과 어휘를 중심으로 학습 내용과 활동을 구성하였다(Larsen-Freeman and Anderson, 2011). Holliday(1975)는 의사소통을 위해 언어를 통하여 전달하는 의미 범주를 다음과 같이 제시하였다.

- The instrumental function: using language to get things
- The regulatory function: using language to control the behavior of others
- The interactional function: using language to create interaction with others
- The personal function: using language to express personal feelings and meanings
- The heuristic function: using language to learn and to discover
- The imaginative function: using language to create world of the imagination
- The representational function: using language to communicate information

한편, 언어 형식도 다루기는 하였지만 의미와 관련하여 제시하였다. 즉, 형식 중심 접근법이 언어 형식을 학습하기 위한 수단으로 표현과 어휘를 활용한 것과는 반대로 의미 중심 접근법에서는 의미를 전달하는 표현과 어휘를 강조하고 언어 형식은 의미를 전달하는 수단으로 제시한 것이다. 이러한 원리에 근거하여 제시된 의사소통 예시문과 어휘, 언어 형식의 예는 다음과 같다(Van Ek and Trim, 1998: 17, 36-37, 92).

- Expressing and finding out attitudes
  Factual: agreement, etc.
  - expressing agreement with a statement: I agree. That's right. (with a positive statement) Yes (+ tag). Of course. Certainly. (with a negative statement) No (+ tag). Of course not. Certainly not.
  - expressing disagreement with a statement: That's not right. I don't agree. (with a positive statement) No (+ tag). Certainly not. I don't think so. (with

a negative statement) Yes (+ tag). I think + positive statement.
- enquiring about agreement and disagreement: Do(n't) you think + complement clause? Do(n't) you think so (too)? Do(n't) you agree?
- denying something: No (+ negative tag), negative sentences with not, never, no, nobody, nothing

- Travel
  - public transport: to go, to travel by air, train, bus, etc., journey, plane, airport, bus, coach, bus stop, train, underground, (railway) station, platform, to change, tram, tram stop, boat, taxi, ticket, single, return, class, to smoke, luggage
  - private transport: bicycle, car, to drive, driver
  - traffic: street, road, motorway, bridge, crossing, to cross, corner, traffic lights, *common road-sign texts* (reading only) (e.g. cross now, exit, give away, keep left, keep right, no parking, no waiting, one way, stop, turn left, turn right)
  - holidays: journey, tourist, to visit, *names of sights and buildings of interest* (e.g. castle, cathedral, ruins, zoo), *foreign, names of countries, names of continents*
    - accommodation: *names of types of accommodation for travellers* (e.g. camping-site, guest house, hotel, tent), single room, double room, to book, key, bill
    - luggage: luggage, bag, suitcase
    - documents: passport, insurance, driving licence

- Functions of sentence types
  Affirmative sentence
  - identifying e.g. This is my raincoat.
  - reporting

- narrating an event as it occurs e.g. Jane goes into the kitchen. She breaks two eggs and makes an omelette.
- narrating an event in the past e.g. He got into the car and drove a way.
- describing people or things e.g. Carmen has brown eyes and long black hair.
- answering questions e.g. I'd prefer a shower
- making statements regarding

  agreement, knowledge, certainty, obligation, ability, permissibility
- expressing

  wants and desires, intentions, preference, pleasure, happiness, displeasure, unhappiness, liking, dislike, satisfaction, dissatisfaction, hope, gratitude, regret
- giving

  suggestions, advice

이와 같이 의사소통중심 교수법에서는 언어 능력의 핵심을 의사소통을 하면서 목표어를 사용하여 의미를 이해하고 표현할 수 있는 능력으로 보았으며, 학습자들의 목표어 사용 요구를 반영하여 의사소통 상황 속에서 언어를 통하여 전달되는 의미(functions)를 중심으로 학습 목표가 설정되었다. 또한 이러한 학습 목표를 달성하기 위한 표현과 어휘를 중심으로 학습 내용과 활동이 구성되는데, 특히 어휘는 의미를 전달하는 수단으로서 매우 중요하게 다루어진다. 한편 언어 형식은 의미 구현을 위해 필요한 내용만을 제시하고 귀납적으로 학습을 유도하면서 그다지 강조하지는 않는다. 즉, 이러한 의미 중심 접근법에서 언어 형식은 의미를 이해하고 표현하는 수단으로 제시되면서 형식 중심 접근법에 비해서 그 중요성이 약화되었다. 의사소통중심 교수법의 원리에 따라 실제적인 의사소통상황 속에서 언어가 사용되면서 구체화되는 의미로서 의사소통 기능을 중심으로 학습 목표를 설정하고, 이러한 학습 목표를 달성하기 위한 표현과 어휘를 중심으로 학습 내용과 활동을 구성한 예는 다음과 같다(Nunan, 2003b: 20).

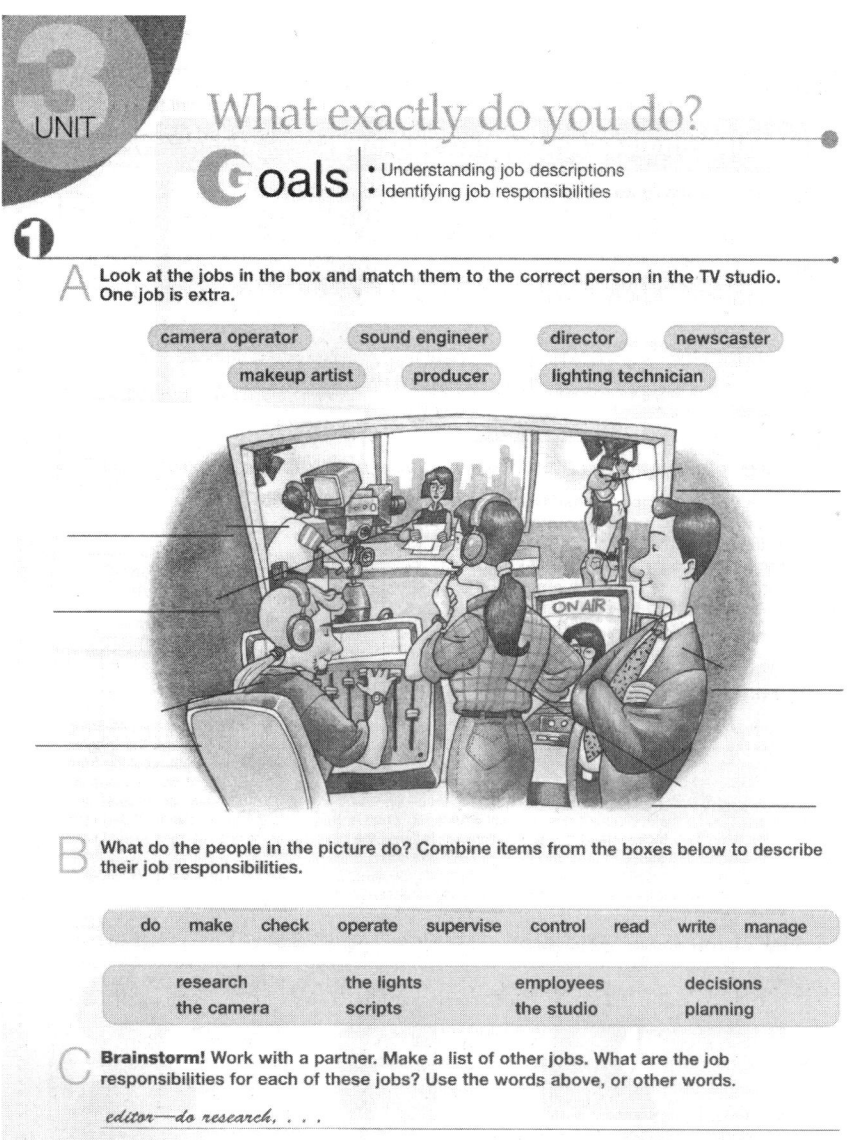

　의사소통중심 교수법이 새로운 패러다임으로 널리 적용되면서 영어 교육의 목표로서 의사소통 능력(communicative competence)의 개념을 구체적으로 정의하려는 시도가 있었다. 그 예로서 Bachman(1990:87)은 의사소통을 하기 위해 필요한 언어 능력(communicative language ability)을 조직 능력(organizational competence)과 화

용 능력(pragmatic competence)으로 구분하여, 조직 능력을 문법 능력(grammatical competence)과 담화 능력(textual competence)으로 나누고, 화용 능력을 의사소통기능 능력(illocutionary competence)과 사회언어학적 능력(sociolinguistic competence)으로 나누어 제시하였다.

○ Communicative language ability (Bachman, 1990: 87)

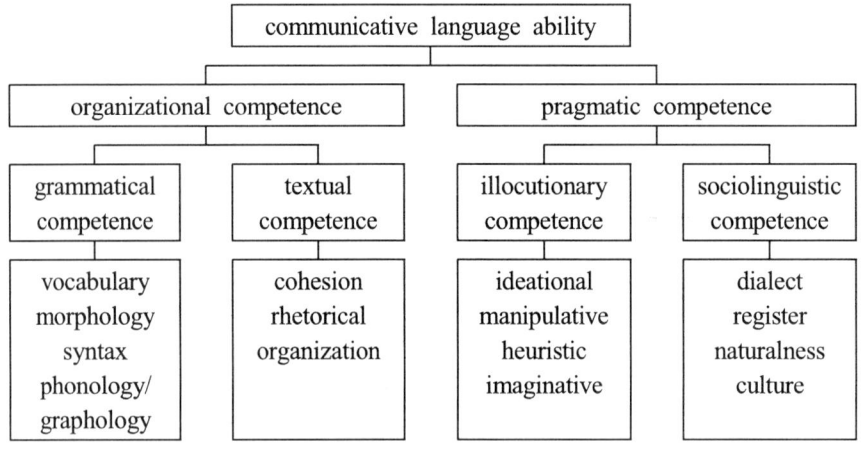

이 모형에서는 의사소통에 필요한 언어 능력을 의미를 이해하고 표현하기 위해 언어를 조직할 수 있는 능력과 의사소통 상황 속에서 언어를 사용할 수 있는 능력으로 보면서 언어로 전달되는 의미를 강조하고 있음을 알 수 있다. 한편, 어휘는 의미를 이해하고 표현하는 언어를 조직하는데 필요한 문법 능력을 구성하는 요소로서 중요한 역할을 하고 있다. 의사소통 중심 교수법에서는 기본적 의사소통을 강조하면서 일상생활에서 흔히 사용하는 표현과 어휘의 학습을 중요시하였다.

한편, 국제어로서 영어의 역할이 강화되면서 학문적 또는 전문적 목적의 의사소통에 대한 요구도 증가되었고 이러한 요구를 고려한 다양한 시도들이 있었는데 그 예가 내용기반 교수법(Content-Based Instruction)이다. 내용기반 교수법에서는 학문적 또는 전문적 분야에서 다루는 내용을 강조하는데, 내용은 주로 학문적 또는 전문적 분야에서 사용되는 어휘와 관련된다. 내용기반 교수법은 의미 중심 접근법이라 할 수 있는데, 학문적 또는 전문적 분야에서 주로 사용되는 의미에 중점을 둔다는 점에서 일상생활에서 사용되는 의미를 강조하는 의사소통중심 교수법과는 차이가 있다. 이 차이를 Cummins(1980)는 'BICS(basic interpersonal communicative skills)'와 'CALP(cognitive/academic language proficiency)'로 구분하고 있는데, 'BICS'는 기본적 의사소통, 'CALP'는 학문적 또는 전문적 의사소통을 위해 필요한 능력을 말한다. 즉, 내용기반 교수법은 'CALP'를 기르는데 중점을 두는데, 이 교수법의 원리에 의해 구성된 학습 내용과 활동의 예는 다음과 같다(Richards and Rodgers, 2014: 137).

기본적 의사소통을 위해 자주 사용하는 어휘와 학문적 또는 전문적 의사소통을 위해 자주 사용하는 어휘는 차이가 있으므로 각 영역에서 빈번하게 사용되는 어휘를 파악하여 학습할 필요가 있다. 아래 예는 기본적 의사소통을 위해 자주 사용하는 낱말과 학문적 또는 전문적 영역으로서 'materials science'와 'politics' 분야에서 빈번하게 사용되는 낱말을 비교한 결과이다(Hunston, 2002: 4).

Rank	General corpus	Materials science	Politics
1	the	the	the
2	of	of	of
3	to	and	to
4	and	in	and
5	a	to	in
6	in	a	a
7	that	is	that
8	s	this	is
9	is	p	as
10	it	that	was
11	for	for	for
12	I	be	it
13	was	as	this
14	on	head	P
15	he	are	on
16	with	with	be
17	as	it	by
18	you	by	which
19	be	on	s
20	at	was	not
21	by	at	international
22	but	which	with
23	have	from	an
24	are	figure	quote
25	his	an	are
26	from	not	from
27	they	has	were
28	this	were	policy
29	not	can	states
30	had	these	but
31	has	been	state

Rank	General corpus	Materials science	Politics
32	an	have	would
33	we	or	or
34	n't	surface	its
35	or	used	mazzini
36	said	C	their
37	one	energy	head
38	there	temperature	at
39	will	also	had
40	their	will	have
41	which	contrast	more
42	she	two	Britain
43	were	field	they
44	all	sample	these
45	been	material	he
46	who	current	between
47	her	between	his
48	would	electron	us
49	up	however	than
50	if	particles	socialization

Note: In the corpora from which this table is derived, 'C' and 'P' are symbols and abbreviations, such as the abbreviation for *centigrade*. 'P' is sometimes also the code marking a new paragraph. 's' is usually the 's' following an apostrophe, as in John'*s* or she'*s*.

의사소통중심 교수법과 내용기반 교수법과 같은 의미 중심 접근법에서는 의사소통 능력의 핵심을 실제적인 의사소통 상황 속에서 의미를 이해하고 표현하기 위해 언어를 사용할 수 있는 능력으로 보면서 언어로 전달되는 의미를 중심으로 학습 목표가 설정되고 학습 내용과 활동이 구성된다. 이러한 의미 중심 접근법에서는 우선 일상생활에서 자주 사용되는 의미를 중요시한다. 한편, 현대에 이르러서는 국제어로서 영어의 위상이 강화되어 영어를 사용하는 학문적 또는 전문적 목적의 의사소통이 점점 증가하면서 학습자의 요구와 수준에 따라서는 학문적 또는 전문적 분야에서 사용되는 의미도 강조할 필요가 있다. 어휘 학습 측면에서는 언어 형식 보다는 의미가 강조되면서 자연스럽게 의미를 전달하는 수단으로서 어휘가 비중 있게 다루어지는데, 기본적 의사소통을 위해서는 일상생활에서 흔히 사용되는 어휘가 주로 사용되고, 학문적 또는 전문적 의사소통을 위해서는 학문적 또는 전문적 분야에서 자주 사용되는 어휘가 주로 제시된다.

1.3 활동 중심 접근법과 어휘 학습

영어 교육에 대한 의미 중심 접근법이 새로운 패러다임으로 발전하면서 실제적인 의사소통 상황 속에서 언어 사용 능력이 강조되었고, 이러한 능력을 효과적으로 기르기 위한 다양한 의사소통 활동에 관한 연구가 이루어졌다. 이러한 결과가 활동 중심 접근법으로 발전하였는데, 이 접근법에서는 목표어를 사용하면서 적극적으로 상호작용할 수 있는 다양한 의사소통 활동을 중심으로 영어 학습이 이루어진다. 의사소통 활동을 하면서 이루어지는 상호작용(interaction)은 영어 학습에 필요한 이해가능 입력(comprehensible input)과 이해가능 출력(comprehensible output), 상호작용적 피드백(interactional feedback), 수정된 출력(modified output) 등의 풍부한 기회를 제공할 수 있다(Mackey, 2012). 의미 중심 접근법에서는 언어를 통하여 전달하는 의미를 중심으로 학습 내용과 활동이 구성되는데, 활동 중심 접근법에서는 상호작용을 하면서 목표어를 사용할 수 있는 다양한 의사소통 활동을 중심으로 학습이 이루어진다. 이러한 활동 중심 접근법의 대표적인 예는 과업중심 교수법(Task-Based Language Teaching)이라 할 수 있다(Nunan, 2004).

과업중심 교수법에서는 의사소통 활동의 한 유형으로서 과업(task)이 영어 학습의 핵심이 되는데, 과업이란 실제적인 의사소통 목적을 달성하기 위해서 목표어인 영어를 사용하면서 수행하는 의사소통 활동으로서 실생활과 직접 관련되거나 유사한 상호작용 양상을 촉진시킨다. 과업중심 교수법에서는 이러한 과업을 중심으로 학습이 이루어지는데, 과업을 수행하면서 의미를 이해하고 표현하기 위해서 영어를 사용하는 능력이 중요시된다. 한편, 영어 학습 활동은 연습 활동(language exercises), 의사소통 활동(communicative activities), 과업(pedagogic tasks)으로 나눌 수 있다. 연습 활동은 언어 형식에 중점을 두면서 형태 지식과 통사 지식을 주로 익히는 활동이며, 의사소통 활동은 의미를 강조하면서 의미를 이해하고 표현하기 위해 언어 지식을 사용할 수 있는 능력을 기르기 위한 활동이다. 과업은 의사소통 활동을 수행하면서 의미를 이해하고 표현하기 위해 목표어를 사용할 수 있는 능력을 기르는데 중점을 두는데, 실생활과 직접 관련된 과업(rehearsal tasks)과 유사한 상호작용 양상을 촉진시키는 과업(activation tasks)로 나눌 수 있다(Nunan, 2004: 25).

○ 영어 학습 활동의 분류

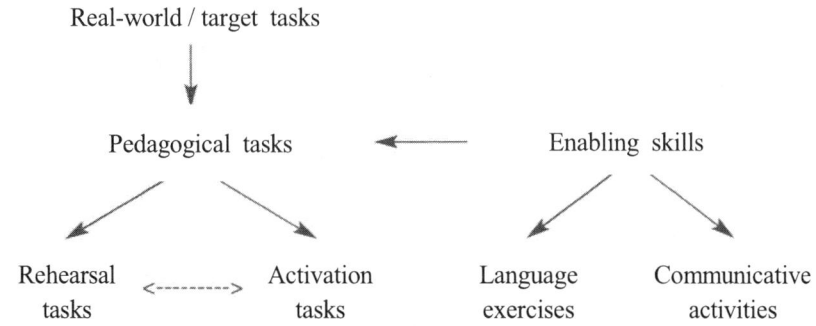

형식 중심 접근법과 의미 중심 접근법, 활동 중심 접근법에서 모두 학습 내용을 익히기 위한 다양한 학습 활동들이 제시되는데 형식 중심 접근법에서는 연습 활동, 의미 중심 접근법에서는 의사소통 활동, 활동 중심 접근법에서는 의사소통 활동 또는 과업이 주로 제시된다. 연습활동과 의사소통 활동, 과업의 예는 다음과 같다.

○ 연습 활동의 예 (Murphy, 1997: 83)

Look at the two pictures. Now the room is empty but what was in the room last week? Write sentences with **There was ...** or **There were ...** + words in the list.

| an armchair | a carpet | some flowers | a sofa |
| some books | a clock | three pictures | a small table |

1. **There was a clock** on the wall near the window.
2. _____ on the floor.
3. _____ on the wall near the door.
4. _____ in the middle of the room.
5. _____ on the table.
6. _____ on the shelves.
7. _____ in the corner near the door.
8. _____ opposite the door.

○ 의사소통 활동의 예 (Nunan, 2003a: 27)

Asking and answering questions about personality traits

- What kinds of people do you like most?
  I really like people who are **adventurous** and **outgoing**.
  I prefer people who are **thoughtful** and **caring**.
- What qualities don't you like in a person?
  I can't stand people who **don't listen**.
  It drives me crazy when people **get impatient**.
- What's your best friend like?
  He's a really **generous** guy. I once **saw him give $20 to a homeless person on the street**.
- How do you feel about **aggressive** people?
  I really **hate** people who **can't control their temper**.

Personal Qualities

⊕
⊖

Try this . . .
What qualities do you like most in a person? What qualities do you dislike? Make a list of at least three for each and share them with a partner. Explain why you like or dislike each quality. Answer your partner's questions.

○ 과업의 예

What are the five most helpful inventions and the three most annoying inventions? Make a list. Then explain your opinion.

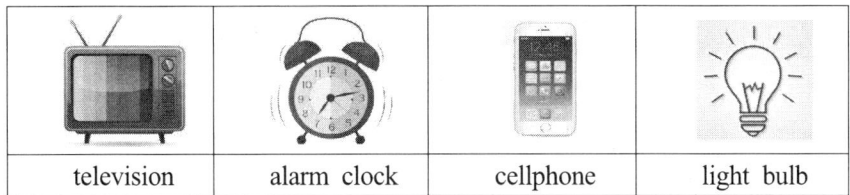

| television | alarm clock | cellphone | light bulb |

Helpful inventions Example: light bulb 1. 2. 3. 4. 5.	Annoying inventions Example: alarm clock 1. 2. 3. 4. 5.

　의미 중심 접근법에서도 의미를 이해하고 표현하는 능력을 기르기 위해 다양한 의사소통 활동을 적용하는데 이 경우에는 학습해야할 의미를 먼저 선정한 후에 이 의미를 사용하기 위한 의사소통 활동을 제시한다. 반면에 과업중심 교수법과 같은 활동 중심 접근법에서는 목표어 사용과 상호작용을 촉진시킬 수 있는 의사소통 활동이나 과업을 먼저 시장한 후 이들을 고려하여 학습 내용을 선정한다. 의미 중심 접근법과 활동 중심 접근법 모두 실제적인 상황에서의 목표어 사용 능력을 기르는 것을 목표로 하지만, 그러한 목표를 달성하기 위해서 의미 중심 접근법에서는 언어의 실제성을, 활동 중심 접근법에서는 활동의 실제성을 보다 강조하는 것이다. 이러한 차이로 인하여 활동 중심 접근법에서 적용되는 활동이 훨씬 더 실생활 과업(real world/target tasks)과 관련되거나 비슷한 상호작용양상을 촉진시켜서 효과적으로 의사소통 능력을 신장시킬 수 있으며, 학습 내용 측면에서도 실제적인 언어 사용 능력을 기르는데 도움이 되는 표현과 어휘를 다루게 된다.

1.4 어휘 중심 영어 교육

의미 중심 접근법과 활동 중심 접근법이 영어 교육의 패러다임으로 널리 적용되면서 자연스럽게 의미를 전달하는 수단인 어휘에 대한 관심과 요구가 높아졌다. 한편, 형식 중심 접근법이 대세를 이루던 시기에도 어휘의 중요성을 인식하여 체계적으로 교육하려는 시도가 있었는데 이를 'Vocabulary Control Movement'라고 부른다(Schmitt, 2000). 이러한 시도에서는 어휘를 체계적으로 교육하기 위해서 다음 같은 기준을 적용하여 학습 내용을 선정하였다(Howatt, 1984: 256).

- Word frequency
- Structural value (all structural words included)
- Universality (words likely to cause offence locally excluded)
- Subject range (no specialist items)
- Definition words (for dictionary making, etc.)
- Word-building capacity
- Style (colloquial or slang words excluded)

West(1953)는 이러한 기준들을 고려하여 기본적인 의사소통에 필요한 핵심 어휘를 선정하였으며, 이를 'General Service List of English Words'로 제시하였다. 이 목록은 약 2,000 낱말족(word family)으로 구성되어 있는데, 각 낱말족별로 다음과 같은 정보를 볼 수 있다(McCarthy, 1990: 68).

```
FAT                    236e
fat, adj.      (1) A fat man, sheep
                   Fat meat                    61%
               (2) (= thick)
                   Plant with fat leaves
                   A fat book                  14%
               (3) (figurative)
                   Fat pastures
```

	A fat smile	3%
fat, n.	Cooking fat, beef fat	
	Oils and fats	18%

fatness, n., 2e; fatten, v., 8e; fatty, adj., 10e

언어 학습에서 어휘의 중요성을 인식하면서 언어를 보는 관점이 달라졌는데 그 예로서 Sinclair(1991)는 언어 구성 원리를 'open-choice principle'과 'idiom principle'로 설명하였다. 'open-choice principle'은 언어는 문법에 의해 구성된다는 원리로서 낱말들이 문법에 의해 연결되어 의미를 전달한다는 것이다. 예를 들어, 'I go swimming on Saturdays'는 낱말들이 형태 규칙(morphologic rules)으로서 'ing'와 's', 통사 규칙(syntactic rules)으로서 '주어+동사+목적어+부사구'의 어순에 의해 연결되어 구성된다고 본다. 따라서 이 원리에서는 형태 규칙과 통사 규칙으로서 문법과 낱말 학습을 강조한다. 반면에 'idiom principle'은 언어는 의미 단위인 어휘로 구성된다는 원리로서, 낱말들이 모여서 의미 단위로서 어휘를 형성하여 의미를 전달한다는 것이다. 'I go swimming on Saturdays'는 낱말들이 의미 단위로서 'I', 'go swimming', 'on Saturdays'의 어휘를 형성하여 의미를 전달한다고 본다. 이 원리에서는 대부분의 표현들은 'idiom principle'로 구성되어 있다고 보면서 어휘를 강조한다. 다음 예를 보면 일상 대화에서 의미 단위의 표현들이 얼마나 많이 사용되고 있는지 알 수 있다(Thornbury, 2002: 71)

Two people are talking about the busiest day they've had recently.

'Right. So the busiest day I've had recently was last Monday when I had to teach. I taught in three different schools. So, on Monday morning I taught in one school from nine thirty to twelve thirty. Then I went home, and on the way home I had to do a lot of shopping. Then I had lunch. I just had time to have lunch. Then I went out again. I went to another school, the other side of London, where I taught from four to six. Then I had half an hour to get from that school down to another school in the centre of London for six thirty to eight thirty. Then I got home and I went out for supper afterwards with friends. So that was quite a busy day.'

'The busiest day I've had recently was probably on Saturday, because I drove down from London to Sussex on Saturday morning. And, when I got home - I got home at about lunch time. And I had lunch, and then after lunch my cousins came over. And I took them shopping. And then we went to visit an aunt of mine who lives nearby because they hadn't seen her for a long time. And then I came home, and I went out to supper. And then I went home again.'

이러한 어휘 중심 언어관은 어휘 학습을 영어 학습의 핵심으로 보는 어휘 중심 교수법(Lexical Approach)으로 발전하였다(Lewis, 2002). 어휘 중심 교수법에서는 언어가 낱말과 문법으로 연결되는 것이 아니라 의미를 전달하는 단위인 어휘로 구성되어 있다고 보는데, 여기에서 어휘는 낱말(word)과 낱말군(multiword unit), 연어(collocation), 패턴(pattern) 등을 포괄하는 개념이다. 즉, 의미를 전달하는데 낱말과 낱말군, 연어, 패턴 등의 어휘가 중요한 역할을 하므로 이를 중심으로 영어 학습을 해야 한다는 것이다. 어휘 중심 교수법에서는 특히 낱말뿐만 아니라 둘 이상의 낱말들이 연결되어 독립된 의미를 전달하는 낱말군, 연어, 패턴 등의 학습을 중요시하는데, 그 예는 아래와 같다.

You can *call back* later. (낱말군)
I will tell you something *off the record.* (낱말군)
We will *have a party* on Saturday. (연어)
You should *take* some *risks.* (연어)
I feel like throw*ing* up. (패턴)
I feel like go*ing* for a bike ride. (패턴)

의미를 전달하는 핵심 요소로서 어휘에 대한 관심이 높아지고 본격적인 연구가 이루어지기 시작한 것은 영어 교육을 위한 코퍼스가 구축되면서부터라 할 수 있다. 영어 교육에서 코퍼스(corpus)란 실제적인 상황에서 사용하는 언어를 수집하여 언어적 특성을 분석할 수 있도록 처리한 자료를 말하는데, 목표어의 실제성이 강조되면서 다양한 코퍼스가 구축되어 활용되고 있다(Hunston, 2002). 언어를 의사소통의 수단으로 볼 때 의사소통능력을 기르기 위한 학습 내용은 실제 사용되는 언어로 구성하는 것이 타당하다. 이러한 측면에서 사람들이 의사소통을 목적으로 사용하는 영어를 수집하여 코퍼스를 구축하고 이를 학습에 활용하는 것이다. 이러한 코퍼스를 이용하면 특정 낱말이 어떤 낱말과 낱말군, 연어, 패턴 등을 이루어 사용되는지를 쉽게 파악할 수 있다. 예를 들어, 'beautiful'과 'research'가 어떤 낱말들과 의미 단위를 이루어 사용되는지를 알아보기 위해 코퍼스를 검색한 결과는 다음과 같다.

```
 And he loves you because you're a BEAUTIFUL woman. We're all God's creatures,
d that he had painted his model "a BEAUTIFUL shade of red and then had her brea
ght shall no man gather fruit'". A BEAUTIFUL and haunting line, a subtle genius
o them: poetry, water, the moon, a BEAUTIFUL face. To a stranger their delight
e had an eyeful. Off to the west a BEAUTIFUL schooner slowly beat its way into
even a little more, because he's a BEAUTIFUL man. And he loves you because you'
hat must be Hickory Ash". She is a BEAUTIFUL filly and likes to trot. Hickory H
 than it used to be, it is still a BEAUTIFUL instrument, controlled and flexibl
dels and pictures. It shows what a BEAUTIFUL city Newark will become and certai
one many things together. He was a BEAUTIFUL boy, really, with finely-spun blon
, the famous military academy in a BEAUTIFUL setting on the Hudson River. New F
o Kanto is buried there, next to a BEAUTIFUL seated statue of Fudo. Oh, that's
eepers", and "You Must Have Been a BEAUTIFUL Baby". Mercer's lyrics are charact
ect. The result was like that of a BEAUTIFUL painting with some of the highligh
f the war. Now he was married to a BEAUTIFUL girl, had a small son, and lived i
mach. Outside his window bloomed a BEAUTIFUL summer day. Presumably the same su
e of incongruity, like a mole on a BEAUTIFUL face. He saw that Dolores intended
le are agreeable friends. It has a BEAUTIFUL edifice. Its preaching and its mus
 the end of the open warfare, on a BEAUTIFUL day in June. At this time Miriam N
d understand it"; a smile. "What a BEAUTIFUL room. Like ... as if it were built
y. " The countryside looked like a BEAUTIFUL open park with gentle slopes and s
ut now, gorgeous among them, was a BEAUTIFUL red cardinal, radiant in its feath
nth Street Playhouses. More than a BEAUTIFUL visualization of the illustrious a
untouched by the war- and is now a BEAUTIFUL example of the loveliness of prewa
he Japanese women one reads about- BEAUTIFUL, artistically talented, an artful
 dancer, you are a poet, it is all BEAUTIFUL". To this meek conjugation Nicolas
nd the tone she commands is always BEAUTIFUL in sound. Since she also has consi
en corner it was a magnificent and BEAUTIFUL experience, something for which th
```

```
the service on FM. Finally our  RESEARCH  has examined experience across
s are backed up by the " panel"   RESEARCH  I mentioned earlier. There is a
up-to-the-minute news. And, our  RESEARCH  shows that the audience wants t
produced by the Henry Doubleday  RESEARCH  Association and are available a
meet the academic requirements.  RESEARCH  carried out in 1985 showed that
 report by the DHSS Operational  RESEARCH  Service reviews methods for cal
d since the balance sheet date.  RESEARCH  and development Give an indicat
ent Give an indication of group  RESEARCH  and development activities, if
ales over the next three years.  RESEARCH  and development The product dev
y for deferred tax if material.  RESEARCH  and development The accounting
pment The accounting policy for  RESEARCH  and development costs should be
lity or asset will crystallise.  RESEARCH  and development Expenditure on
Expenditure on pure and applied  RESEARCH  is charged to the profit and lo
s. Disclose the total amount of  RESEARCH  and development expenditure cha
 new plant and machinery or for  RESEARCH  and development. New equipment
ohol identity -- and our market  RESEARCH  supported that view. We have in
te more than 50 per cent of our  RESEARCH  and Development resource to dev
 the most innovative marketing,  RESEARCH  and new product development pro
 of uranium to Greece's Nuclear  RESEARCH  Centre, was yesterday set free
e third year of a controversial  RESEARCH  programme - Reuter. SA white ha
ek became the director of a new  RESEARCH  body, the Institute of Forecast
as launched from al-Anbar space  RESEARCH  base west of Baghdad on Tuesday
as launched from al-Anbar space  RESEARCH  base west of Baghdad on Tuesday
 a view echoed by Mrs Thatcher.  RESEARCH  and development and financial s
social, environment protection,  RESEARCH , and development issues. Under
tteridge, executive director of  RESEARCH  at the Institute for Conflict.
eline system. Brokers at Nomura  RESEARCH , the Japanese financial giant,
ight transit today. Baker names  RESEARCH  chief. MR Kenneth Baker, the Co
the new director of the party's  RESEARCH  department, writes Alan Travis.
```

　　형식 중심 접근법에서는 언어 형식에 중점을 두고 목표로 하는 언어 형식이 들어가는 표현을 창작하여 제시하였는데, 그 결과 의미적으로 어색한 표현을 제시하기도 하였다. 이러한 형식 중심 접근법이 쇠퇴하고 의미 중심 접근법이 대두되면서 언어가 전달하는 의미가 주목을 받았고, 아울러 사람들이 실제 사용하는 언어에 대한 관심이 높아졌다. 그 결과 실제 사용하는 언어를 수집하여 코퍼스가 구축이 되었고, 코퍼스를 활용하여 실제적인 언어의 특성을 분석하기 시작한 것이다. 한편, 코퍼스를 활용하여 언어를 분석하면서 어휘가 언어를 구성하고 의미를 전달하는데 있어서 이전에 생각했던 것보다 훨씬 더 중요한 역할을 한다는 것을 알게 되었다. 컴퓨터 기술이 발달하면서 'Corpus of Comtemporary American English'와 'Collins

Corpus'와 같은 대규모 코퍼스가 구축되기 시작하였고, 최근에는 다양한 코퍼스 분석 프로그램이 개발되면서 언어적 특성에 대한 분석 연구가 활발히 이루어지고 있다. 특히, 코퍼스 분석 연구를 통하여 어휘가 언어를 구성하고 의미를 전달하는 데 있어서 매우 중요한 역할을 한다는 것을 알게 되었고, 그 결과 어휘 학습의 중요성에 대한 인식이 높아지게 된 것이다.

1.5 요약

영어 교육에 대한 접근법은 형식 중심 접근법, 의미 중심 접근법, 활동 중심 접근법으로 나눌 수 있는데, 각각의 접근법에 따라 어휘가 중요하게 다루어지기도 하고 소홀이 다루어지기도 하였다. 형식 중심 접근법에서는 언어 능력의 핵심을 언어 형식에 관한 지식으로 보고, 어휘는 주로 낱말 수준에서 언어 형식을 학습하는데 필요한 것들을 주로 제시하면서 어휘 학습에 많은 관심을 두지 않았다. 반면에 의미 중심 접근법에서는 언어가 전달하는 의미를 중심으로 학습이 이루어지는데 자연스럽게 의미를 전달하는 요소로서 어휘가 중요하게 다루어졌다. 활동 중심 접근법에서는 실생활과 관련된 다양한 의사소통 활동을 수행하는데 있어서 언어를 사용할 수 있는 능력을 강조하면서 실제직인 언어 사용 능력을 기르는데 도움이 되는 표현과 어휘를 다루었다. 형식 중심 접근법이 대세를 이루던 시기에도 어휘를 체계적으로 교육하려는 일부 시도가 있었지만, 영어 학습에 있어서 어휘가 본격적으로 주목을 받기 시작한 것은 코퍼스가 구축되면서부터라 할 수 있다. 코퍼스란 사람들이 실제적인 의사소통 목적으로 사용하는 언어를 수집하여 언어적 특성을 분석할 수 있도록 처리한 자료를 말하는데, 목표어의 실제성이 강조되면서 어휘 학습에 다양하게 활용되고 있다.

2. 어휘의 개념과 유형

어휘 학습의 원리와 실제에 관하여 타당하고 일관된 논의를 위해서는 어휘를 구체적인 개념으로 정의하고, 교수 학습 측면에서 의미 있는 기준을 정하여 어휘의 유형을 나눌 필요가 있다. 이러한 관점에서 이 장에서는 어휘의 개념을 정의하고, 어휘의 유형으로서 낱말, 낱말군, 연어, 패턴 등에 대해서 논의한다.

2.1 어휘의 개념

어휘(vocabulary)는 의미를 전달하는 언어 요소인데, 의미를 구성하는 가장 기본적인 단위는 낱말(word)이라는 점에서 어휘라고 하면 보통 'look', 'beautiful', 'girl'과 같은 개별 낱말들을 생각하게 된다. 그러나 'look after', 'kick the bucket', 'off and on', 'as daft as a brush'와 같이 둘 이상의 낱말들이 사용되어 개별 낱말들이 합쳐진 의미가 아닌 독립적인 의미를 전달하거나, 'play soccer', 'play baseball', 'play basketball'과 같이 개별 낱말이 같은 의미 범주에 있는 여러 낱말들과 의미상 연결이 되면서 함께 사용되기도 한다. 또한 특정한 의미를 전달하기 위해서 'the advantage of ensuring', 'the challenge of helping', 'the joy of watching'과 같이 'the N of Ving'의 표현이 자주 사용되기도 한다. 따라서 독립적인 의미를 나타내기 위해서는 하나 또는 둘 이상의 낱말들이 필요하고, 둘 이상의 의미도 연결되어 자주 사용되면서 이들을 의미 단위로 인식하고 그 차이를 구별하고자 개별 낱말과 둘 이상의 낱말로 이루어진 낱말군(multiword unit), 연어(collocation), 패턴(pattern) 등의 용어가 사용된다. 즉, 의사소통의 핵심은 언어를 구성하는 형식이 아니라 언어가 전달하는 의미하고 볼 때, 언어를 어휘 관점에서 분석할 필요가 있다.

이러한 관점에서 어휘는 의미를 전달하는 언어 요소로서 개별 낱말뿐만 아니라 낱말군, 연어, 패턴 등을 포괄하는 개념이다. 낱말군과 연어, 패턴 등은 이들을 이루는 개별 낱말들로 분석하기 보다는 하나의 의미 단위로 인식하여 학습하는 것이 필요하다. 이러한 측면에서 개별 낱말뿐만 아니라 낱말군, 연어, 패턴 등을 포괄하여 어휘라고 부르는 것이다. 한편, 독립적인 의미를 나타내기 위해서 하나 또는 둘 이상의 낱말들이 사용될 수 있는데 의미를 나타내는 단위를 지칭하기 위해 어휘소(lexeme 또는 lexical unit)라는 용어가 사용된다(Schmitt, 2000). 즉, 어휘소란 독립적인 의미를 나타내는 표현을 말하는데, 독립적인 의미란 자연스럽게 연결되는 의미 단위로서 반드시 하나의 의미를 말하는 것은 아니다. 예를 들어 'play soccer'는 두 낱말이 연결되어 '축구를 하다'라는 의미를 전달하는데, 의미가 자연스럽게 연결되어 하나의 독립적인 의미를 전달하므로 하나의 어휘소라 할 수 있다. 문장을 어휘소 측면에서 분석해 보면, 'I get up early in the morning'은 7개의 낱말로 이루어져 있지만 'get up'과 'in the morning'은 독립적인 의미를 나타내는 어휘소로서, 이 문장은 'I', 'get up', 'early', 'in the morning'의 4개의 어휘소로 구성되어 있다고 할 수 있다. 이와 같이 어휘소는 언어를 의미 단위인 낱말군, 연어, 패턴 등으로 분석하기 위해 필요한 개념이다.

2.2 어휘의 유형

어휘는 자연스럽게 연결되는 의미로서 독립적인 의미를 나타내는 표현이며 하나 또는 둘 이상의 낱말들로 구성되어 있는데, 이들이 어떤 형식으로 이루어져 있고 어떤 의미를 전달하는가를 기준으로 개별 낱말과 둘 이상의 낱말로 이루어진 낱말군, 연어, 패턴 등의 용어를 사용하여 분류할 수 있다.

2.2.1 형태소와 어근

낱말은 의미를 전달하면서 독립적으로 사용될 수 있는 가장 기본적인 형식을 말하며, 하나 또는 둘 이상의 형태소(morpheme)로 이루어져 있다. 이러한 측면에서 낱말을 이해하기 위해서는 우선 형태소의 개념을 이해할 필요가 있다. 형태소는 의미를 나타내는 최소 단위인데 낱말로서 독립적으로 사용되거나, 독립적으로 사용되지는 않지만 다른 낱말에 붙어서 문법적 또는 어휘적 의미를 더하는 역할을 한다. 예를 들어, 'I am interested in water sports'라는 문장은 6개의 낱말로 구성되어 있는데 'I', 'am', 'in', 'water'는 하나의 형태소로 이루어져 있고, 'interested'와 'sports'는 'interest+ed'와 'sport+s'와 같이 두 개의 형태소로 구성되어 있다. 형태소는 형식에 따라 독립 형태소(free morpheme)와 의존 형태소(bound morpheme), 의미에 따라 문법 형태소(grammatical morpheme)와 어휘 형태소(lexical morpheme)로 구분된다. 형식 측면에서 독립 형태소는 의미를 전달하기 위해 독립적으로 사용되며, 의존 형태소는 독립적으로 사용될 수 없고 다른 낱말에 붙어서 문법적 또는 어휘적 의미를 더하는 역할을 한다. 의미 측면에서 문법 형태소는 문법적 의미(grammatical meaning)를 전달하며, 어휘 형태소는 어휘적 의미(lexical meaning)를 전달한다(Carstairs-McCarthy, 2002).

○ 형태소의 분류

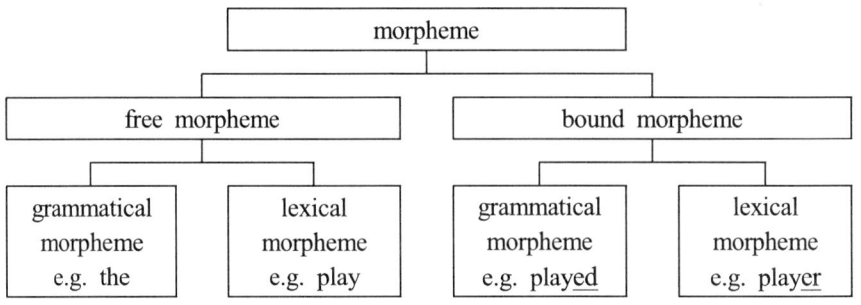

예를 들어, 'player'에서 'play'는 '놀다'라는 의미를 전달하기 위해 독립적으로

사용되므로 독립형태소이고, 'er'은 '사람'이라는 의미를 전달하지만 독립적으로 사용될 수 없으므로 의존 형태소이다. 'played'와 'player'에서 'ed'는 '과거 시제'의 문법적 의미를 나타내는 문법 형태소이고, 'er'은 '사람'의 어휘적 의미를 나타내는 어휘 형태소이다. 독립 형태소로서 문법 형태소는 낱말로서 독립적으로 사용되면서 문법적 의미를 전달하는 형태소이고, 독립 형태소로서 어휘 형태소는 낱말로서 독립적으로 사용되면서 어휘적 의미를 전달하는 형태소이다. 예를 들어, 'the', 'a', 'in' 등의 기능어는 독립형태소로서 문법 형태소이며, 'desk', 'sing', 'nice', 'very' 등의 내용어는 독립형태소로서 어휘 형태소이다.

종속 형태소로서 문법 형태소는 다른 낱말에 붙어서 문법적 의미를 전달하는 형태소이고, 종속 형태소로서 어휘 형태소는 다른 낱말에 붙어서 어휘적 의미를 전달하는 형태소이다. 'played', 'sings', 'books'에서 'ed', 's', 's'는 종속 형태소로서 문법 형태소이며, 'player', 'unhappy', 'slowly'에서 'er', 'un', 'ly'는 종속형태소로서 어휘 형태소이다. 낱말은 일반적으로 하나의 독립 형태소로 이루어지지만, 'played'나 'player'와 같이 독립 형태소에 의존 형태소가 결합되어 둘 이상의 형태소로 구성되기도 한다. 또한 'baseball(basetball)'이나 'afternoon(aftertnoon)'과 같이 둘 이상의 독립 형태소로 구성되기도 한다.

영어의 기원은 게르만어(Germanic)이지만 현재 사용되고 있는 영어 낱말에는 게르만어 이외에 유럽에서 중요한 외국어로 사용되었던 언어들에서 유래된 것들이 많다(Barber, 2000). 이들 언어의 형식이 현재 사용되고 있는 영어 낱말 속에 어근(root 또는 stem)으로 남아있는데, 이 어근의 의미를 알면 어근을 공유하는 영어 낱말들의 의미를 이해하는데 도움이 된다. 예를 들면 어근 'CAP'는 'head'의 의미가 있으며, 'capital', 'cap', 'cape', 'escape', 'cattle', 'chapel', 'chief', 'achieve' 등에서 이 어근이 사용되고 있다. 즉, 어근은 독립 형태소를 구성하는 일부 형식이지만 낱말의 의미를 이해하는데 중요한 역할을 한다.

2.2.2 낱말

낱말은 의미를 전달하면서 문장 속에서 독립적으로 사용될 수 있는 가장 기본적인 형식을 말한다. 형식 측면에서 보면 개별 낱말이지만 낱말을 구성하는 형태소의 수와 유형이 달라 이를 구별하기 위해서 기본어(base word), 굴절어(inflection), 파생어(derivative), 복합어(compound) 등의 용어가 사용된다. 기본어는 하나의 독립 형태소가 낱말로 사용되는 것이며, 굴절어는 독립 형태소와 의존 형태소로서 문법 형태소가 결합된 것을 말한다. 예를 들어, 'walk', 'walks', 'walked'의 경우에 'walk'는 기본어이고 'walked'와 'walks'는 'walk'의 굴절어로서 '독립 형태소+의존 형태소(문법 형태소)'로 구성되어 있다. 기본어의 의미를 알면 굴절어의 의미를 학습하기 쉬워서 낱말 학습 측면에서 기본어와 굴절어를 합하여 렘마(lemma)라고 부르며, 이는 보통 학습해야 할 낱말 수를 정할 때 기준이 된다.

파생어는 독립 형태소와 의존 형태소로서 어휘 형태소가 결합된 형태이며 예를 들어, 'stimulative'와 'stimulation'은 기본어인 'stimulate'의 파생어로서 '독립 형태소+의존 형태소(어휘 형태소)'로 구성되어 있다. 기본어의 의미를 알고 있으면 대개 파생어의 의미를 추측할 수 있지만 추측하기 어려운 경우도 있다. 이러한 측면에서 기본어와 굴절어, 의미를 추측하기 쉬운 파생어를 합하여 낱말족(word family)이라고 부르며, 렘마와 같이 학습해야 할 낱말 수의 기준으로 사용된다. 복합어는 'gentleman(gentle+man)'나 'swimsuit(swim+suit)'와 같이 독립 형태소와 독립 형태소가 결합되어 낱말로 사용되는 것을 말한다.

○ 낱말의 분류

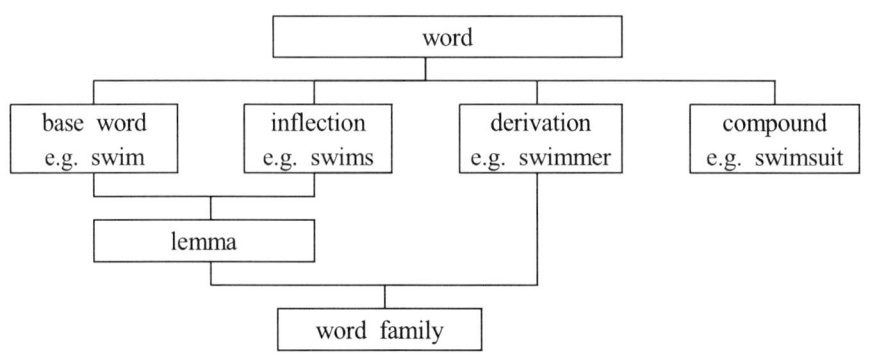

낱말과 렘마(기본어+굴절어), 낱말족(기본어+굴절어+파생어 일부)은 어휘 학습

목표를 설정하는데 중요한 기준이 되는데, 굴절어와 파생어를 별도로 학습해야 한다고 생각하면 모든 개별 낱말이 학습 목표를 설정하는 기준이 된다. 반면에 기본어와 종속 형태소의 의미를 알고 있으면 굴절어나 파생어의 의미를 쉽게 추측할 수 있으므로 이들의 학습 부담이 적다고 생각하면 렘마 또는 낱말족이 어휘 학습 목표를 설정하는 기준이 되는 것이다. 'sunflower', 'afternoon', 'upperclassman', 'gentlemanship' 등은 둘 이상의 독립 형태소들로 구성된 복합어로서 개별 낱말들의 의미를 통하여 복합어의 의미를 이해할 수 있다. 복합어는 원래 두 낱말이었는데 자주 함께 사용되면서 현대에 이르러 하나의 낱말로 굳어진 형태이다. 복합어는 하나의 낱말만으로는 의미를 파악하기는 어려우므로 복합어를 이루고 있는 모든 낱말의 의미를 알아야 한다.

굴절어와 파생어는 기본어에 의존 형태소로서 문법 또는 어휘 형태소인 접사(affix)를 붙여서 만드는데 낱말 뒤에 붙는 접사를 접미사(suffix), 낱말 앞에 붙는 접사를 접두사(prefix)라고 한다. 영어에서 굴절어는 모두 문법 형태소로서 접미사를 붙여서 만드는데 '-s(복수)', '-ed(과거)', '-ing(진행형)', '-s(3인칭 단수)', '-s(소유격)', '-er(비교급)', '-est(최상급)'가 사용되며, 'played'처럼 기본어와 품사가 같으며 의미 변화가 심하지 않다. 파생어는 어휘 형태소로서 접미사 또는 접두사를 붙여서 만드는데 'player'처럼 보통 품사가 바뀌고 굴절어에 비해서 의미 변화가 심하다. 'happy'와 'unhappy'처럼 파생어의 품사가 바뀌지는 않는 경우도 있지만 이 경우에도 의미 변화가 비교적 심하다. 영어에서 파생어를 만들기 위해서 빈번하게 사용되는 어휘 형태소로서 접두사와 접미사는 다음과 같다(Graves, August and Mancilla-Martinez, 2013: 77, 87).

○ Common derivational prefix

Rank	Prefix	Number of words with the prefix
1	un-	782
2	re-	401
3	in-, im-, ir, il- (not)	313
4	dis	216
5	en, em	132
6	non-	126

Rank	Prefix	Number of words with the prefix
7	in-, im (in or into)	105
8	over-	98
9	mis-	83
10	sub-	80
11	pre-	79
12	inter-	77
13	fore-	76
14	de-	71
15	trans-	47
16	super-	43
17	semi-	39
18	anti-	33
19	mid-	33
20	under-	25

○ Common derivational suffix

Part of speech	Suffix	Examples
Noun	-er, -or	consumer. container, sailor
Noun	-ess	princess
Noun	-hoof	childhood, neighborhood
Noun	-ian	magician
Noun	-ity	possibility, reality, security
Noun	-ment	movement, excitement, statement
Noun	-tion, -sion	action, expression, discussion
Noun	-ness	sickness, kindness, happiness
Noun	-ship	friendship, relationship
Verb	-ate	decorate
Verb	-en	awaken
Verb	-ify	identify
Verb	-ize	realize
Adjective	-able	suitable, valuable, comfortable
Adjective	-al	musical, medical, mechanical
Adjective	-ary	primary, imaginary
Adjective	-ful	successful, dreadful, colorful
Adjective	-ish	foolish
Adjective	-y	dusty, icy, noisy
Adverb	-ly	sadly, eagerly, safely
Adverb	-ward	southward, upward, backward
Adverb	-wise	clockwise

낱말은 전달하는 의미적 특성에 따라 주로 어휘적 의미를 나타내는 명사, 동사, 형용사, 부사의 내용어(content words)와 문법적 의미를 나타내는 전치사, 대명사, 한정사, 조동사, 접속사 등의 기능어(function words)로 나눌 수 있다. 내용어에 속하는 낱말들은 그 자체의 어휘적 의미를 가지고 있어 의사소통 목적으로서 의미를 전달하는데 중요한 역할을 하는 반면에, 기능어에 속하는 낱말들은 문법적 의미로서 내용어의 의미를 보조하거나 내용어들을 연결하는 의미 관계를 나타내는 역할을 한다. 이러한 특성을 고려하여 이전의 영어 교육에서는 내용어는 어휘 지도에서 다루었고 기능어는 문법 지도에서 다루었는데, 이와 관련하여 형식 중심 접근법에서는 주로 기능어를, 의미 중심 접근법에서는 내용어 학습을 강조하였다. 그런데, 실생활에서 사용되는 언어 자료로서 코퍼스 분석 연구가 이루어지면서 기능어를 문법에서 다루기보다는 내용어와 기능어로 이루어진 언어(colligation) 또는 둘 이상의 낱말로 이루어져 빈번하게 사용되는 언어 형식으로서 패턴(pattern)으로 지도하는 것이 효과적이라는 주장이 대두되고 있다(Nattinger and DeCarrico, 1992; Willis, 2003).

2.2.3 낱말군

낱말군(multiword unit)은 둘 이상의 낱말들이 함께 사용되면서 독립적인 의미를 나타내는 형식을 말하는데, 낱말군은 항상 같은 낱말들로 구성되며 형식이 거의 변하지 않는다. 예를 들어, 'look at', 'kick the bucket', 'off and on', 'as daft as a brush' 등은 낱말군으로서 항상 같은 낱말들로 구성되며 형식이 거의 변하지 않고 독립적인 의미를 전달한다. 낱말군의 의미는 'look at'과 'off and on'처럼 낱말군을 구성하는 낱말들의 의미로 이해할 수도 있지만 'kick the bucket'과 'as daft as a brush'처럼 추측하기 어려운 경우도 있다. 따라서 낱말군은 개별 낱말들의 의미로 낱말군의 의미를 파악할 수 있더라도 개별 낱말로 분석하기 보다는 하나의 의미 단위로 학습하는 것이 언어 사용의 유창성과 정확성 측면에서 도움이 된다. 낱말군은 형식적 특성과 의미적 특성에 따라 숙어(idiom), 구동사(phrasal verb), 'binomial', 'trinomial' 등으로 나눌 수 있다(McCarthy, 1990).

숙어(idiom)는 둘 이상의 낱말들이 낱말군을 이루어 전혀 다른 새로운 의미를 나타내는 표현을 말하는데, 개별 낱말들의 의미를 알고 있더라도 이들을 통하여 낱말군으로서 숙어의 의미를 연상하기 어려운 경우가 많다. 예를 들어, 'kick the bucket(죽다)', 'take the mickey(놀리다)', 'be on the ball(잘 알고 있다)', 'beat around the bush(요점을 피하다)' 등은 숙어를 이루고 있는 개별 낱말들의 의미를 알고 있더라도 이들을 통하여 숙어의 새로운 의미를 이해하기가 쉽지 않다. 이러한 숙어가 포함된 문장의 예는 다음과 같다(Goodale, 1995).

> Let me tell you something *off the record.*
> She doesn't *beat around the bush* no matter who you are.
> He's always *on the fence* to avoid giving offence.
> You can also get it *from the horse's mouth.*

이와 같은 숙어는 원래 개별 낱말들의 의미적 특성과 관련하여 은유적으로 사용된 표현(metaphor)이었는데 사람들이 자주 사용하고 시간이 지나면서 낱말군으로서 굳어진 것이다. 즉, 과거에는 은유적 표현으로 사용되었던 것이 현재는 독립적인 새로운 의미를 전달하는 숙어로 사용되고 있는 것이다. 한편, 현재는 은유적 표현으로 사용되지만 시간이 지나면서 숙어가 될 수도 있다. 현재 영어에서 사용되고 있는 은유적 표현의 예는 다음과 같다(McCarthy, 1990: 10, 27).

> He *drinks like a fish.*
> That examination was *kid's stuff.*
> It's time to *ring the changes* in this office.
> I'm *walking on air* when I'm with him

대부분의 숙어는 'pass the buck(책임을 전가하다)', 'talk turkey(심각하게 말하다)', 'get off on the wrong foot(처음부터 관계를 잘못 맺다)' 등과 같이 개별 낱말의 의미적 특성을 알고 있더라도 은유적 의미를 사용하게 된 이유를 추측하기 어렵다. 또한 'go west(죽다)'와 'in the red(적자 상태인)'처럼 영어 문화권의 문화적 또는 역사적 배경이 숙어의 의미를 이해하는데 중요한 역할을 하기도 하는데, 그러한 배경을 모르는 경우에는 숙어가 전달하는 의미를 파악하기 어렵다. 이러한 측면에서 숙어는 개별 낱말들로 분석하여 의미를 이해하려고 하기 보다는 독립적의미 단위인 낱말군으로서 학습할 필요가 있다.

구동사(phrasal verb)는 'look at(보다)', 'take down(기록하다)', 'get down to(시작하다)' 등과 같이 동사와 전치사 또는 동사와 부사로 구성된 낱말군을 말하는데, 동사가 의미를 표현하는데 주로 역할을 하며 전치사나 부사는 보조적인 역할을 한다. 구동사는 둘 이상의 낱말들이 독립적인 의미를 전달하므로 개별 낱말보다는 낱말군으로 인식하여 학습하는 것이 필요하다. 구동사 중에서 'pass away(죽다)'나 'put up with(참다)'는 개별 낱말들로 의미를 추측하기 어려워서 숙어라 할 수 있지만, 구동사는 보통 동사의 의미를 알면 구동사의 의미를 어느 정도 이해할 수 있다. 포함된 문장의 예는 다음과 같다(Goodale, 1993).

You can ***call back*** and collect your shoes tomorrow.
If you don't ***keep off*** the street with your bicycle, I'll ***take*** it ***away.***
Let's try and ***get over with*** this meeting as quickly as possible.
The film didn't ***live up to*** my expectations.

구동사는 주로 음성 언어에서 빈번하게 사용되는데 이러한 구동사 사용은 원어민과 비원어민을 구별하는 중요한 기준이 된다. 영어의 경우에 문자 언어에서는 구동사의 의미와 같은 개별 낱말이 주로 사용되는데 비원어민들은 구동사보다는 문자 언어에서 사용되는 개별 낱말을 빈번하게 사용하는 경향이 있다. 예를 들어, 'put up with'와 'endure'는 같은 의미를 전달하는데 'put up with'는 음성 언어에서, 'endure'는 문자 언어에서 보다 자주 사용된다. 이와 같이 영어 어휘 지도에 있어서 음성 언어의 특성을 고려하여 자연스러운 어휘를 사용할 수 있도록 하기 위해서는 강조하여 학습할 필요가 있다.

낱말군으로서 'binomial'과 'trinomial'은 둘 이상 낱말들이 'and'로 연결되어 독립적인 의미를 전달하는 낱말군을 말한다. 'binomial'과 'trinomial'은 'in and out', 'wine and dine', 'morning, noon, and night'처럼 낱말들의 의미로 낱말군의 의미를 어느 정도 파악할 수도 있지만, 'cool, calm, and collected'와 'hook, line, and sinker'처럼 배경 지식이 없는 경우에 의미를 추측하기가 매우 어려운 경우도 있다. 따라서 이들은 개별 낱말들의 의미로 낱말군의 의미를 파악할 수 있더라도 낱말로 분석하기 보다는 낱말군으로 학습하는 것이 효과적이다. 물론 개별 낱말의 의미를 알고 있으면 낱말군이 전달하는 의미를 이해하는데 도움이 되지만 하나의 의미 단위로 기억하는 것이 언어 사용의 유창성과 정확성 측면에서 도움이 된다. 'trinomial'의 예는 다음과 같다.(McCarthy, 1990: 8).

binomials	trinomials
in and out	morning, noon, and night
back and forth	cool, calm, and collected
wine and dine	ready, willing, and able
fish and chips	hook, line, and sinker
ladies and gentlemen	lock, stock, and barrel

둘 이상의 낱말이 연결되어 독립된 의미를 전달하는 낱말군은 코퍼스 검색으로 쉽게 파악할 수 있는데, 코퍼스란 사람들이 실제 사용하는 언어를 수집하여 언어적 특성을 분석할 수 있도록 처리한 자료를 말하는데, 목표어의 실제성이 강조되면서 다양한 코퍼스가 구축되어 활용되고 있다(Hunston, 2002). 그 예로서 'Compleat Lexical Tutor(www.lextutor.ca)'와 'The Corpus of Contemporary American English(http://corpus.byu.edu/coca)'는 온라인 코퍼스 분석 프로그램으로 이 프로그램을 이용하면 대규모 코퍼스인 'Brown Corpus', 'British National Corpus', 'The Corpus of Contemporary American English' 등을 무료로 이용할 수 있다. 코퍼스는 특정 낱말이 다른 낱말들과 함께 사용되는 언어적 상황(concordance)을 보여주면서 낱말의 어휘적 특성을 파악하는데 매우 중요한 역할을 한다. 예를 들어, 'Compleat Lexical Tutor'를 이용하여 'look'이 어떤 낱말과 의미적으로 연결되어 낱말군을 이루는가를 검색한 결과를 보면 'look down', 'look at', 'look like', 'look for', 'look up', 'look back', 'look on', 'look after' 등으로 사용되고 있음을 알 수 있다.

```
     spirituality. They are bidden to:  LOOK down; to have lofty thoughts; to p
      ladder). He is also instructed to  LOOK at the books provided in the church
  ing. Such courageous integrity can    LOOK like arrogance since it apparently
  cry so often heard from those who     LOOK for instant wisdom in courses desi
  nders whether Richard's failure to    LOOK up from his work (perhaps copying
  n and prayer, two conditions which    LOOK alike in his writing. In The Form
  investment in material enterprises    LOOK incredibly foolish: Heaven is the
  he uses the image of the ladder to    LOOK back at what has gone before, and
  g the central Asian trade began to    LOOK urgent. In 1839 advocates of direct
   invasion of Hungary made Nicholas    LOOK like a firebrand, but it had not i
   had the object of making Nicholas    LOOK aggressive, but if the sultan hope
   the serfs. It is easy to make him    LOOK personally responsible for setting
  post - emancipation society was to    LOOK like. Resolving these issues withou
  uired dyslexia. Moreover, a closer    LOOK at individual patients provides su
  861 and 1862 were as great as they    LOOK, and it is highly unlikely that the
  rather than clothes that made them    LOOK like convicts. Military education
    inclined Sergei Solov'ev began to   LOOK like a conservative. At Kiev the h
    showed, for instance, that if you   LOOK at someone saying "ga" on a piece
    prospect, might feel compelled to   LOOK initially to the United Nations (UI
  telligence community all tended to    LOOK at the world in more interventioni
  r comment that the situation might    LOOK very different if the Americans ac
  ilosophers to come and take a hard    LOOK at the data which we have collected
  tate Department thought it time to    LOOK closely into the causes and extent
  he was temperamentally disposed to    LOOK not only at strategies which promi
  so compelled the administration to    LOOK for allies if it was to risk milit
  ve reaction in an emergency was to    LOOK for a compromise. Even British par
  elf. Inevitably Americans began to    LOOK for ways to prevent a war in Europ
  ter in their commitment to Nato or    LOOK for ways to confine any war to Eur
  to attempt to take a dispassionate    LOOK at the reasons why American policy
  id on other counts that what might    LOOK attractive in theory might prove c
  rtainly the Americans continued to    LOOK for alternative strategies, both t
  cans] to an exceptional degree,□□□    LOOK out on the world through similarly
  rvations that somehow enable us to    LOOK at the relationship between experi
  age quoted earlier, nerve impulses    LOOK pretty much the same whatever "inf
   which will become evident when we    LOOK at the nervous system at the right
  ave caused more and more people to    LOOK on the possibility of a Stuart Res
  e had Jacobite overtones, and also    LOOK at more individual statements of J
  en taken for a ride, they began to    LOOK to Bolingbroke for support. Boling
  e of their extensive powers, which    LOOK set to become increasingly central
  f a man has nowhere to go God will    LOOK after him. In the notebooks of Cri
```

아울러 둘 이상의 낱말들이 연결되어 독립된 의미를 전달하는 낱말군을 검색하여 어떤 언어적 상황에서 주로 사용되는지를 알아보면 낱말군이 표현하는 의미를 파악할 수 있다. 그 예로서 낱말군인 'put up with'를 검색한 결과는 다음과 같다.

```
ah? Yes. Yeah well do that and  PUT UP WITH  it till then, and then just se
 And the Dutch and the English  PUT UP WITH  this for about fifteen seconds
? No. Oh what you again! Gotta  PUT UP WITH  you for another four days . Ye
hat made erm the difference. I  PUT UP WITH  with it then, knowing that I h
ge: The United States will not  PUT UP WITH  any more of this defiance. The
sh. 24:614 Do you think I'd o'  PUT UP WITH  this if I wasn't sorry? 24:615
 of the unknown, and so people  PUT UP WITH  the most intolerable circumsta
tives, I'm afraid, you have to  PUT UP WITH  them, and love them. That's ri
at these and anyone who has to  PUT UP WITH  you telling these gags is like
t way if you're all willing to  PUT UP WITH  me. I think if, if you are goi
s are that she doesn't have to  PUT UP WITH  it any longer, and she has gro
ybody, isn't it, we all got to  PUT UP WITH  inconvenience sometimes. But I
tful] An you shouldn't have to  PUT UP WITH  'em, an' up 'til now you haven
er] Is that what you've had to  PUT UP WITH, love.. 20:782 [breathing out]
 I'm afraid we'll just have to  PUT UP WITH  it! Cos it's it's too erm expe
You see Grant has got a lot to  PUT UP WITH. What He's got the one with th
 you're here, I said I have to  PUT UP WITH  this If he keep going about ne
n we ain't got Oh I'll have to  PUT UP WITH  it. Has Mr bought anything see
y faithful might be willing to  PUT UP WITH  such dissonance among their ca
niggers, Lord. What I have to   PUT UP WITH! Sonuvabitch, I can't figure o
:192 Sharon, you don't have to  PUT UP WITH  this; nobody does! 22:193 SHAR
296 Look, I know it's a lot to  PUT UP WITH, but please; you won't go. 22:
 haven't they? Too late for us  PUT UP WITH  what we've got eh? What? Put u
with what we've got eh? What?   PUT UP WITH  what we've got. Well as I say
  you can't neither! What women PUT UP WITH! At least with Epilady you tak
 idea but I think people would  PUT UP WITH  that I, I think it was just be
of everything cos Sal wouldn't  PUT UP WITH  that sort of thing. Sal er Phi
r. Yeah. Well why couldn't you  PUT UP WITH  margarine for one day? Oh we c
  have a sweetie Rob? don't you PUT UP WITH  anything I just, I will just,
```

2.2.4 연어

언어(collocation)는 둘 이상의 낱말들이 의미가 자연스럽게 연결되어 자주 함께 사용되는데 개별 낱말들의 의미가 그대로 구현되는 형식을 말한다. 낱말군은 항상 같은 낱말들이 사용되어 독립적인 의미를 전달하는데 비해, 연어는 개별 낱말이 같은 의미 범주에 있는 다양한 낱말들과 함께 사용되며, 개별 낱말들의 의미가 그대로 구현된다. 또한, 낱말군은 'pass away', 'look at', 'in and out'과 같이 함께 붙어서 사용되는데 비해, 연어는 'wonderful city', 'move slowly'와 같이 함께 붙어서 사용되거나 '*provide* medical *advice*', '*give* a clear *answer*'와 같이 떨어져 사용되기도 한다. 이러한 연어가 포함된 문장의 예는 다음과 같다(Lewis, 2002).

Let's **have** a **break**, shall we?
We will **have** a **party** on Saturday.
You should **take** more **risks**.
Don't worry. I can **take** a **train**.

연어는 주로 내용어와 내용어가 의미상으로 연결된 것을 말한다. 예를 들어 'have lunch', 'pretty girl', 'run slowly'는 내용어와 내용어가 연결된 연어로서 각각 동사와 명사, 형용사와 명사, 동사와 부사가 의미상 자연스럽게 연결된 형식이다. 연어는 개별 낱말들의 의미가 모두 그대로 구현되므로 개별 낱말들의 의미와 이들을 연결하는 규칙을 알고 있으면 의미를 이해하고 표현하는데 어려움이 없어서 낱말군과 같이 하나의 의미 단위로 학습할 필요가 없어 보인다. 예를 들어, 'have'와 'lunch'의 개별 낱말들과 '동사+명사'의 규칙을 알고 있으면 '점심을 먹다'라는 의미를 이해하고 표현하기 위해 'have'와 'lunch'를 연결하여 'have lunch'로 사용할 수 있을 것이다. 하지만, 실질적으로 개별 낱말들과는 별개로 'have lunch'를 연어로 기억하고 있으면 실제 의사소통 상황에서 이 표현을 유창하고 정확하게 사용하는데 도움이 된다(Lewis, 2002).

유창성 측면에서 연어를 이루는 낱말들은 자주 함께 사용되므로 하나의 의미 단위로 지도하는 것이 이 표현을 자동적으로 사용하게 하는데 도움이 된다. 개별 낱말만을 알고 있는 경우에는 영어 규칙을 적용하여 연어를 만들어야 하므로 시간과 노력이 필요하게 되어 목표어를 유창하게 사용하는데 부정적인 영향을 줄 수 있다. 예를 들어, 'have lunch'라는 연어 표현을 안다는 것이 'have', 'lunch', 'have lunch'의 어휘를 각각 별개로 기억하여 사용하는 것인지 아니면 연어 학습을 통하여 'have'와 'lunch'를 빠르게 연결하여 사용할 수 있는 것인지 확실하지는 않지만 연어 학습은 이 표현을 유창하게 사용하는데 도움이 된다. 또한, 비슷한 의미를 가진 낱말들이 다른 낱말과 연어를 이룰 때 연결되는 낱말이 다를 수 있으므로 연어는 의미 단위로 기억하는 것이 중요하다. 그 예로서 'large', 'great', 'big', 'major'는 비슷한 의미를 가진 낱말이지만 아래와 같이 연어를 이루는 낱말들이 다를 수 있다(McCarthy, 1990: 12).

	problem	amount	shame	man
large	?	○	×	○
great	○	○	○	○
big	○	○	×	○
major	○	?	×	×

○ = collocates, ? = questionable, × = does not collocate

한편, 연어를 이루는 낱말들의 조합은 한국어와 영어 간에 낱말의 의미적 특성 때문에 차이가 있을 수 있는데 이러한 측면에서 연어 학습은 영어 표현을 정확하게 사용하는데 도움이 된다. 예를 들어, '약을 먹다'라는 영어 표현은 'take medicine'인데 우리말 그대로 직역을 하면 '먹다'는 일반적으로 'eat'이므로 'eat medicine'이 되면서 매우 어색한 영어 표현이 된다. 다음 표현들은 영어 학습자가 사용한 연어 사용에 있어서 오류의 예이다(McCarthy, 1990: 13).

His books ***commanded criticism*** from many people.
There was a ***high difference*** between the two teams.
I am ***doing*** this ***exam*** because I want to achieve a step in my career.
He had been found guilty of some ***slight crimes***.
I was very grateful, because he had ***rescued*** my ***life***.

이와 같은 언어 사용에 있어서 오류는 영어와 한국어의 언어 사용에 있어서 차이 때문이기도 하지만, 개별 낱말과 통사적 규칙을 중심으로 영어를 학습을 하는 경우에도 흔히 나타날 수 있다. 즉, 언어 형식에 중점을 두어 학습하는 경우에는 언어를 통하여 전달하는 의미보다는 형식에 관심을 두므로 의미적 오류를 범할 수 있는 것이다. 따라서 연어는 개별 낱말과 언어 형식을 중심으로 학습하기보다는 중요한 어휘 지식으로서 하나의 의미 단위인 덩어리(chunk)로 학습하는 것이 필요하다. 특히 비슷한 의미를 가진 낱말들이 어떤 낱말들과 연어를 이루면서 차이가 있는지를 알 필요가 있는데, 그 예는 다음과 같다(Tono, 2011: 11).

Save + N	rescue + N	relieve + N
life	hostage	pressure
planet	economy	pain
queen	country	boredom
child	prisoner	burden
soul	child	poverty

아래의 예는 연어를 학습할 수 있도록 구성된 학습 활동이다(Lewis, 1997: 93). 여기에서는 형용사와 명사로 구성된 연어를 익힐 수 있도록 구성되어 있으며, 아울러 반의어 관계에 있는 형용사를 학습할 수 있다.

Fill in Column 2 with an adjective which is opposite in meaning to the adjective in Column 1 and also makes a correct collocation with the word in Column 3.

Column 1	Column 2	Column 3
helpful	_____	suggestion
efficient	_____	system
careful	_____	piece of work
safe	_____	choice

연어는 보통 내용어와 내용어가 의미적으로 자연스럽게 연결된 형식인 'collocation'을 지칭하지만, 자주 함께 사용되는 어휘적 의미와 문법적 의미의 연결로서 내용어와 기능어의 결합도 연어라 할 수 있는데 이를 내용어와 기능어로 연결된 연어인 'colligation'으로 구분하기도 한다. 내용어와 기능어로 구성된 표현은 예전에는 문법 학습 측면에서 다루었지만 이들이 자주 함께 사용된다면 의미 단위인 연어 또는 패턴으로 학습하는 것이 효과적일 것이라는 주장이 제기되고 있다(Nattinger and DeCarrico, 1992; Willis, 2003). 이러한 관점에서 보면 대부분의 문법 항목을 어휘적으로 접근하여 학습할 수 있는데, 어휘적 측면에서 문법 항목을 분석하는 것을 'lexico-grammar'라고 부른다(Hunston, 2002). 이러한 측면에서 기능어 'with'가 내용어와 연어를 이루는 예는 다음과 같다(Lewis, 2002: 144).

(physical feature)
with blue eyes
with grey hair
with a beard

(a tool etc.)
with a sponge
with a long thin thing

(+ person or people)
I stayed with her.
We went on holiday with friends.

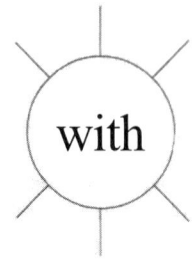

(showing a mood)
He was shaking with anger.
She agreed with considerable reluctance.

(illness)
He's in bed with flu.

(an institution)
She went on a trip with the Women's Institute.
I'm with IBM now.

내용어와 기능어가 연결된 표현을 의미 단위로 학습할 것인가 아니면 문법으로 다룰 것인가의 문제는 내용어와 기능어가 연결된 표현을 얼마나 자주 사용되는가와 관련이 된다. 특정 표현이 자주 사용된다면 의미 단위로서 학습하는 것이 유창성이나 정확성 측면에서 도움이 될 것이며, 그렇지 않다면 규칙으로 학습하는 것이

나을 것이다. 한편, 'in the'나 'on the'와 같이 문법적 의미와 문법적 의미의 연결로서 기능어와 기능어는 자주 함께 사용되기는 하지만 기능어들은 서로 자유롭게 결합될 수 있으므로 연어라고 부르지 않고 규칙으로서 문법측면에서 학습할 필요가 있다.

연어는 코퍼스를 검색하면 쉽게 파악할 수 있는데, 그 예로서 'beautiful'과 'wonderful', 'recipe'가 어떤 낱말들과 연어를 이루고 있는지를 'Compleat Lexical Tutor(www.lextutor.ca)'를 이용하여 검색하였다. 먼저 'beautiful'을 보면 형용사로서 의미적 특성상 명사의 특성을 'N + be + beautiful' 또는 'beautiful + N'의 형식으로 묘사하면서 연어를 이룰 수 있다. 그런데 코퍼스 분석 결과를 보면 대부분 'beautiful + N'의 형식으로 사용되는데, 'beautiful woman', 'beautiful man'과 같이 사람을 나타내는 명사인 'woman', 'man', 'girl', 'boy', 'baby' 등과 함께 사용되고 있음을 알 수 있다. 또한, 'beautiful city', 'beautiful line'과 같이 사람이 아닌 'city', 'line', 'brush', 'country', 'park', 'day', 'face', 'example', 'instrument' 등과 사용되기도 한다. 'beautiful'의 개별 낱말의 의미적 특성과 연어 관계를 파악하려면 더 많은 검색 결과가 필요하지만 이 예를 통해서도 이 낱말의 어휘적 특성을 충분히 파악할 수 있을 것이다.

d pictures. It shows what a BEAUTIFUL city Newark will become and
d with tie backs, to form a BEAUTIFUL outline to the window. The s
emline. These blinds give a BEAUTIFUL soft line to a window and th
ich hug the curve present a BEAUTIFUL flow of fabric, and can be d
y heavy on brushes and so a BEAUTIFUL sable brush would not last t
little more, because he's a BEAUTIFUL man. And he loves you becaus
British holidaymaker. It's a BEAUTIFUL and interesting country, eas
ar. Now he was married to a BEAUTIFUL girl, had a small son, and l
e countryside looked like a BEAUTIFUL open park with gentle slopes
y things together. He was a BEAUTIFUL boy, really, with finely-spu
to go home! Bed of Noses A BEAUTIFUL girl went into a sweet shop
d of the open warfare, on a BEAUTIFUL day in June. At this time Mi
d finished crying, he was a BEAUTIFUL pure white cloud, just like
ll no man gather fruit'". A BEAUTIFUL and haunting line, a subtle
eet Playhouses. More than a BEAUTIFUL visualization of the illustr
The sun is shining, it's a BEAUTIFUL day, we'll throw our sandwic
, and "You Must Have Been a BEAUTIFUL Baby". Mercer's lyrics are c
he had painted his model "a BEAUTIFUL shade of red and then had he
ed by the war- and is now a BEAUTIFUL example of the loveliness of
utside his window bloomed a BEAUTIFUL summer day. Presumably the s
ther, thus losing impact. A BEAUTIFUL design is worth making into
e result was like that of a BEAUTIFUL painting with some of the hi
curls, loosely pinned for a BEAUTIFUL evening style. By the Edmond
n eyeful. Off to the west a BEAUTIFUL schooner slowly beat its way
poetry, water, the moon, a BEAUTIFUL face. To a stranger their de
packet of seeds can offer a BEAUTIFUL display for many seasons to
gorgeous among them, was a BEAUTIFUL red cardinal, radiant in its
amous military academy in a BEAUTIFUL setting on the Hudson River.
stand it"; a smile. "What a BEAUTIFUL room. Like ... as if it were
is buried there, next to a BEAUTIFUL seated statue of Fudo. Oh, t
Mrs Kelleher was wearing a BEAUTIFUL new hat. I am sure the Servi
ried and they now live in a BEAUTIFUL flat in the centre of London
t be Hickory Ash". She is a BEAUTIFUL filly and likes to trot. Hic
l tools, Alan has created a BEAUTIFUL sixties-style bouffant. The
loves you because you're a BEAUTIFUL woman. We're all God's creat

'beautiful'과 비슷한 의미를 가진 'wonderful'의 경우에도 주로 명사의 특성을 묘사하는 'wonderful + N'의 형식으로 사용되는데, 'wonderful wife'와 같이 사람을 나타내는 명사와 사용되기도 하지만 대부분은 사람이 아닌 'gift', 'way', 'holiday', 'book', 'work', 'present', 'thing', 'prospect', 'breakfast', 'day', 'job', 'weekend' 등과 사용되고 있다. 이와 같이 코퍼스를 이용하면 특정 낱말이 어떤 낱말들과 함께 연어로서 사용되는지를 쉽게 파악할 수 있을 뿐만 아니라, 연어를 통하여 낱말의 의미적 특성을 이해하는 데에도 도움이 된다.

```
e, and make the most of it (a WONDERFUL gift to have, believe me)- so
 reds and browns, golds and a WONDERFUL dusky orange. All around is a
id no attention. Eileen had a WONDERFUL way of not listening to thing
e. Thank you once again for a WONDERFUL holiday". Mrs. C. and friends
uma helicopter that she had a WONDERFUL time seeing the mountain thro
n The War in a Black Shirt, a WONDERFUL book not, for some strange re
  Boston. "The nuns there do a WONDERFUL work", the President commente
    Peter," said Bobbie. "It's a WONDERFUL present." And she thought: "I
w and Death in Venice, have a WONDERFUL appropriateness of form to su
ers of the Armed Forces, is a WONDERFUL thing. Actually, all a man in
to a burn or a loch. It was a WONDERFUL feeling, to disappear like th
with you, and you have been a WONDERFUL wife. When I die, I want you
ires at the same time. What a WONDERFUL thing! The last dance began.
gged, strong-made colt with a WONDERFUL stride who has done with ease
few mistakes but looks like a WONDERFUL prospect, with his impressive
nny!" But their supper made a WONDERFUL breakfast. All day, they help
 to save the train." It was a WONDERFUL day. A day that seemed more l
eel New Millennium is doing a WONDERFUL job in providing us with the
  Scots TOM McKean completed a WONDERFUL weekend for Scottish athletic
upon the idea of fashioning a WONDERFUL head of brass that could spea
ple? Technical knowledge is a WONDERFUL thing, but it's useless unles
c development. There is now a WONDERFUL opportunity in Eastern Europe
mother came in. She had had a WONDERFUL time and took an extra turn o
 and accept them. Yes, it's a WONDERFUL idea, computer! I could kiss
(Adios-Trustful Hanover) is a WONDERFUL looking prospect and another
 lots of toys. They also had a WONDERFUL father who was never angry, a
tists to press the case for a WONDERFUL unfoldment of psychic powers
  could pool our power, what a WONDERFUL public utility company we wou
Christmastime I'll send you a WONDERFUL present from Paris'". Shocked
mpressive is the delicacy and WONDERFUL lyric quality of both the ban
```

'recipe'는 명사로서 의미적 특성상 동사나 형용사, 명사 등과 연어를 이룰 수 있는데, 코퍼스 검색 결과를 보면 'recipe'는 'disaster', 'cake', 'cooky', 'new', 'particular', 'secret' 등과 내용어와 내용어의 연어를 이루고 있음을 알 수 있다. 또한, 내용어와 기능어의 연어로서 'recipe'는 'recipe for disaster', 'recipe for long life', 'recipe for long life' 등과 같이 주로 'for'와 함께 사용되고 있으며 'recipe on guests'나 'recipe from the family'와 같이 'on' 또는 'from'이 오는 경우도 있다. 이와 같이 코퍼스를 검색하면 내용어와 내용어의 연어와 함께 내용어와 기능어의 연어도 쉽게 파악할 수 있다.

```
on to make sure that it's not a RECIPE for disaster . But it but it's d
but I've never seen it As for a RECIPE, you pick these recipes up and t
eek it came close to becoming a RECIPE for one of the biggest, almost c
ool girlfriends was giving me a RECIPE, which, for which one er fo for
 and must not continue. It is a RECIPE for disaster. So what can be don
t languages. Yes. is this not a RECIPE for disaster? Er we have taken e
thing to do with a special cake RECIPE. Can you tell us about it? Well
t immodestly, I think this cake RECIPE could be classed as excellent. M
charm. She dreamed up the cooky RECIPE, tried it, liked it and entered
 11th annual Jersey Fresh Dairy RECIPE Contest. Contestants were judged
 areas. We made it by Doerner's RECIPE, five parts thoroughly washed ch
ar a yellowshort-sleeved dress. RECIPE Potato Pancakes with Bacon and B
nd stayed until midnight. ? Her RECIPE for long life is 'work hard and
 tell me a little bit about her RECIPE for running that shop. Hello Jac
t. Here is an original kedgeree RECIPE from the Family Club's kitchen:
nk they'd sell. And I think, my RECIPE books. I've erm when Amanda and
the coals. Don't practice a new RECIPE on guests. Have a test-run on th
o odd-lot sales. The particular RECIPE is a matter of individual taste.
e sure. I don't know any secret RECIPE for certainty. In the fevered, i
d flaked chocolate, to sprinkle RECIPE start recipe end Put all the cak
olate, to sprinkle recipe start RECIPE end Put all the cake ingredients
to their particular statistical RECIPE. They might, for example, plot i
ly, somebod , and I got all the RECIPE books Mm. and everything there y
 Hamburg, Germany, gave him the RECIPE. Teachers from Yale University a
we don't need much cheese - the RECIPE only tells you to stir in about
. tell us a little bit about the RECIPE for running such a successful sh
he waning heat of the oven. The RECIPE, which he got from the baker, an
ed at the back -- which was the RECIPE for a shock defeat. For some rea
393 They should add that to the RECIPE: "let stand.. 29:394 three hours
he basics and came up with this RECIPE, which takes five minutes to mak
```

2.2.5 패턴

의사소통을 위해 의미를 효과적으로 전달하기 위해서는 보통 문장 수준으로 언어를 구성할 필요가 있다. 이전의 영어 교육에서는 문장을 개별 낱말들이 형태 규칙(morphologic rule)과 통사 규칙(syntactic rule)에 의해 연결된 형태라 생각하여 문장을 만드는 규칙으로서 문법을 강조하여 지도하였다. 여기에서 문법은 형태 규칙과 통사 규칙을 포괄하는 의미이다. 이런 관점에서는 의미를 전달하기 위한 모든 표현을 개별적으로 지도하기 어려우므로 규칙을 학습하여 많은 문장을 생성할 수 있도록 유도한 것이다. 그런데 코퍼스 연구가 이루어지면서 문법에 의해서 수많은 표현을 생성할 수는 있지만 특정한 표현들이 자주 사용되는 것을 알았고, 이들을 규칙으로 지도하기보다는 하나의 의미 단위로 인식하여 청크(chunk)로 지도하는 것이 유창하고 정확하게 사용하는데 도움이 될 것이라는 주장이 대두되었다(Hunston, 2002).

이러한 관점에서는 문장을 형태 규칙 또는 통사 규칙으로서의 문법이 아니라 패턴 문법(pattern grammar)으로 분석할 수 있는데, 패턴이란 둘 이상의 낱말로 이루어져 빈번하게 사용되는 언어 형식을 말한다. 연어는 보통 의미가 자연스럽게 연결되는 내용어와 내용어 또는 내용어와 기능어가 결합된 형식을 말하는데, 패턴은 연어 이상의 표현으로서 과거에는 문법으로 다루어진 언어 형식이다. 또한 연어는 주로 개별 낱말이 같은 의미 범주에 있는 낱말들과 연결되어 사용되는데 반해 동일한 패턴이더라도 패턴은 다양한 낱말들이 사용되면서 비교적 연결이 자유롭다. 낱말들은 특정한 패턴으로 서로 연결되면서 문장을 이루고 의미를 표현하게 되는데, 그 예로서 'Computers have enabled scientists to carry out complex calculations at high speed.'라는 문장을 패턴으로 분석하면 다음과 같다(Willis, 2003: 70).

N (*Computers*) + V (*have enabled*)
↓
Pattern: N (*scientists*) + *to*-infinitive (*to carry out*)
↓
Pattern: N (*complex calculations*)
+ Adv. (*at high speed*)

이런 관점에서 보면 문장은 개별 낱말과 낱말군, 연어, 패턴 등으로 이루어져 있다. 여기에서 패턴을 문법으로 볼 것인가 아니면 어휘로서 의미 단위로 볼 것인가에 따라 지도 방법이 달라지는데, 문법으로 본다면 의미를 구현하기 위한 규칙을 강조하여 지도해야 하고 어휘로서 의미를 강조한다면 연어와 마찬가지로 의미 단위로 지도해야 할 것이다. Willis(2003)에 의하면 개별 낱말이나 낱말군, 연어, 패턴뿐만 아니라 문장을 이해하는데 있어서도 어휘적 접근법이 필요하다. 즉, 문법에 의해 수많은 표현들을 생성할 수는 있지만 사실상 그 중에서 일부 표현들이 빈번하게 사용되므로 이 표현들을 유창하고 정확하게 사용하기 위해서는 하나의 의미 단위로 인식하여 개별적으로 지도하는 것이 효과적이다. 이런 관점에서 보면 문장을 이루는 낱말들은 대부분 패턴으로 연결되어 있다고 할 수 있다. 예를 들어, 아래 글에서 주요 낱말들을 패턴으로 분석하면 다음과 같다(Hunston, 2002: 146).

Conventional accounts of recent changes in English language teaching rightly identify the advent of Communicative Language Teaching (CLT) in the late 70s/early 80s as a significant turing point. The paradigm shift from an approach based largely on form and structure to a plurality of approaches informed by a concern for meaning introduced a new 'reality principle' to syllabus design and classroom delivery. One unintended side effect, however, has been the marginalising, or even the exclusion, of the cultural dimension of the language learning.

accounts	*accounts of* noun
changes	*change in* noun
identify	*identify* noun *as* noun
advent	*the advent of* noun
shift	*shift from* noun *to* noun
based	*based on* noun
plurality	*plurality of* plural noun
informed	*informed by* noun
concern	*concern for* noun
introduced	*introduce* noun *to* noun
has been	*has been* noun
exclusion	*the exclusion of* noun
dimension	adjective *dimension of* noun

연어와 마찬가지로 낱말이 사용되는 특정한 패턴도 코퍼스를 이용하여 분석하면 쉽게 파악할 수 있는데, 그 예로서 'noun *of* -ing'와 'noun *for* -ing'의 패턴을 'The Corpus of Contemporary American English'을 이용하여 검색한 결과는 다음과 같다. 이와 같이 패턴은 독립적인 의미를 전달하면서 자주 사용되므로 이를 하나의 의미 단위로 인식하여 지도하는 것이 필요한 것이다.

# I do n't see the sporting	necessity of having	Maria Sharapova 's bre
sband . # In 1845 , on the	brink of abandoning	medicine and radical j
erself , in the end , on the	brink of committing	murder . # In " The P
entives would decrease the	probability of creating	new slots . # In the J
irectly proportionate to the	likelihood of dying	of gut cancers-specifically
ent who has completed 12	years of schooling	or 15 years of schoolin
ing each other without the	stress of being	parents . " However ,
swered wryly : " There are	ways of getting	people out of office . "
r disrupt his rhythm . One	line of thinking	says attack at every o
et with warm water and a	tablespoon of dishwashing	soap . While pedaling
RET-WARNER : Floating the	idea of replacing	some of these member
; this involves the use of a	lot of operating	system communication
he ran out of all the other	sources of funding	that he could think of .
my brain overnight ? The	idea of buying	the gift and of taking i
he SSI cuts " are a perfect	example of something	the governor knows th
ton on December 7 for the	purpose of signing	the INF Treaty . (n52)
involved in the evaluation	process of learning	the more they will exe
# Congress stands on the	brink of passing	the most significant fin
ys they 'd better enjoy the	process of getting	the show up ' cause af
nderstand that we were in	danger of losing	the war and that conce
said brightly . " It 's just a	matter of saying	the words . " The irony
ly indebted and have little	hope of meeting	their financial obligations
Creator -- live in constant	fear of having	their livestock impounde
le league is doing a better	job of protecting	their own star players
w York Times , have a bad	habit of treating	them that way . Do n't
K'vith ? There could be no	hope of refueling	there ; such a trip wou
look will quickly show the	impossibility of explaining	these numbers without
ctors were not getting the	kind of training	they needed to have a
torso injuries but after 20	hours of searching	through one to twenty
The next step is to assign	instruments of contrasting	timbre . See figure 9 f
f we keep being put in the	position of having	to respond to recount
alyzing Dusty Baker to the	point of waiting	too long to visit Prior ,
Aurora police car sit at the	head of waiting	traffic at an intersectio
. " Andrew , will you take	charge of heating	up these blueberry turn

ners' diligence. " That 's a	euphemism for cheating	if I 've ever heard one
saying, I would be first in	line for testing	if the Player 's Associat
CEO, but she was on the	list for being	in science [,] technology
uld provide the U.S. with a	vehicle for intervening	in the affairs of Latin A
standards provide powerful	pressures for turning	inward [.] Hence Japan
ted, the office indicted 17	pimps for promoting	juvenile prostitution [.] /
ease. They have provided	procedures for eliciting	linguistic [" tags " for t
v for not wanting me, and	Da for putting	me here [.] I hate the m
ine. Andrin has developed	equipment for extracting	metals from the clinker
rve to provide an effective	rationale for supporting	music education [.] " Th
tablished a reputation as a	destination for touring	musicians and for loca
use teacher guides provide	support for teaching	nonfiction reading skills
for Women, has ambitious	plans for leading	NOW and its 250,000
escope, an ear trumpet, a	device for setting	off firecrackers [,] a mor
the data ; (3) a deliberate	search for confirming	or conflicting evidence
us very proud to be on the	map for something	other than the riots or
one point he criticizes the	press for putting	out information [.] And t
ther schools can be a vital	tool for keeping	pace [.] Bringing togethe
over) The Harrises went to	prison for kidnapping	Patty and were release
project, students gain " an	appreciation for varying	perspectives [;] a sensit
Three editors face criminal	charges for claiming	President Chandrika Kur
nal hog hunting is a losing	strategy for controlling	prolific [,] intelligent pig
much less tolerance in the	public for anything	provocative or racy .
twice and censured by the	NASD for selling	securities at excessive
For another, he valorizes	film for making	self-alienation materially
ation. # # 5 What are the	arguments for abolishing	seniority-based layoffs
nal clients, and their daily	rate for providing	service to Level III clie
ely passed up, even if my	reasons for doing	so seemed overwhelming
: Do you think that one 's	capacity for loving	someone continues to
entered into the restricted	model for predicting	subjective athletic perfo
in my life that created the	milieu for dreaming	such a dream . I had p
mediate interest in gaining	support for fighting	terrorism and its long-
e perception, taking little	responsibility for anything	that goes on outside th
r as he could carry it . The	burden for defeating	the balanced budget an
listening to him lay out his	plan for changing	the cop platform . Atw
some of the environmental	rules for governing	the development of oth

    또한, 개별 낱말이 어떤 패턴으로 주로 사용되는지를 검색할 수도 있는데 예를 들어 'require'라는 낱말이 자주 사용되는 패턴을 검색하여 제시하였다. 이를 보면, 'require'는 주로 'require to be addressed', 'require to be adopted', 'require to be analyzed'와 같이 'require to be Ved'의 패턴으로 사용되고 있음을 알 수 있다.

though it's not nearly what we	require to be	able to do all the things we ha
. DANIEL-BOULUD : -- should	require to be	able to win . THOMAS-KELLER
e are a number of issues which	require to be	addressed and as soon as an
ese ideas the priority they will	require to be	adopted in competition with o
ologically productive ; ... they	require to be	analyzed and not just refute
scale contains 200 items which	require to be	answered by right or wrong i
time assigned homework might	require to be	completed from the student '
etails , and simple fare is all I	require to be	content when gently ghosting
t the waters of these countries	require to be	corrected by some spirit ; an
" In this Navy a man does not	require to be	either a gentleman or a schola
little alarming . " " Some faces	require to be	finish up to the very marking
of a lesser quality and does n't	require to be	investigated . I disagree . I t
ex information that these cards	require to be	processed . to make an infor
hich the Constitution does not	require to be	remedied by imposing unjust
hich the Constitution does not	require to be	remedied by imposing unjus
ansmitting its data . It does n't	require to be	scanned. ABRAMSON : RFID
aturally his accommodation will	require to be	serviced . and I 'm giving you
wbury , " I announced , " and I	require to be	shown to my room immediate
riod in which these actions will	require to be	taken . And other areas which

2.3 요약

어휘는 의미를 전달하는 요소로서 낱말, 낱말군, 연어, 패턴 등을 포괄한다. 낱말은 의미를 전달하면서 독립적으로 사용되며 기본어와 굴절어, 파생어, 복합어로 구분할 수 있다. 낱말군은 둘 이상의 낱말들이 사용되어 독립적인 의미를 전달하는 숙어, 구동사, 'binomial', 'trinomial'을 포괄한다. 숙어는 둘 이상의 낱말이 사용되어 새로운 의미를 나타내는데, 낱말들의 의미로 숙어가 전달하는 의미를 파악하기 어려운 경우가 많다. 구동사는 동사와 전치사 또는 동사와 부사로 구성되어 동사가 의미를 표현하는데 주로 역할을 하며 전치사나 부사는 보조적인 역할을 한다. 'binomial'과 'trinomial'은 둘 또는 세 개의 낱말들이 'and'로 연결되고, 개별 낱말들로 의미를 파악할 수 있지만 같은 낱말들이 연결되어 형식의 변화 없이 의미를 전달한다. 연어는 둘 이상의 낱말들이 의미가 자연스럽게 연결되어 사용되는데 낱말들의 의미가 모두 구현된다. 패턴이란 둘 이상의 낱말들로 이루어져 빈번하게 사용되는 것을 말하는데 과거에는 문법으로 다루어진 언어 형식이다. 이러한 낱말군과 연어, 패턴은 하나의 의미 단위로 지도하는 것이 이들을 유창하고 정확하게 사용하는 데 도움이 된다.

3. 어휘 지식과 기능

어휘 학습은 의사소통을 위해 의미를 이해하고 표현하는데 필요한 어휘 지식과 기능을 익히는 것을 말한다. 어휘 지식이란 의사소통을 위해 어휘에 대해서 알아야 할 것을 말하며, 어휘 기능은 어휘 지식을 의사소통 활동으로서 듣기, 말하기, 읽기, 쓰기에서 유창하고 정확하게 사용할 수 있는 능력을 말한다. 이 장에서는 의사소통을 위해 필요한 어휘 지식과 기능에 대해서 다룬다.

3.1 의사소통 능력과 어휘

의사소통 중심 영어교육 관점에서 학습 목표는 목표어로 의사소통을 할 수 있는 능력을 기르는 것이며, 어휘에 관한 지식과 기능은 의사소통 능력을 구성하는 하나의 요소이다. 의사소통 능력의 핵심은 언어 능력으로, 의사소통을 위한 언어 능력은 언어 지식과 기능으로 구성되고 있다. 언어 지식은 형식 측면에서의 발음/철자, 어휘, 문법, 담화에 관한 지식과 의미 측면에서의 일반적 의미와 상황적 의미, 문화적 의미에 관한 지식을 포괄한다. 언어 기능은 의사소통을 위해 언어 지식을 유창하고 정확하게 사용할 수 있는 기술로서 이해 기능으로서 듣기와 읽기, 표현 기능으로서 말하기와 쓰기를 말한다.

○ 의사소통을 위한 언어 능력

언어 지식 (language knowledge)	형식 지식 (form)	발음/철자(pronunciation/spelling)
		어휘(vocabulary)
		문법(grammar)
		담화(text)
	의미 지식 (meaning)	일반적 의미(general meaning)
		상황적 의미(contextual meaning)
		문화적 의미(cultural meaning)
언어 기능 (language skill)	이해 기능 (reception)	듣기(listening)
		읽기(reading)
	표현 기능 (production)	말하기(speaking)
		쓰기(writing)

의사소통을 위한 언어 능력에서 어휘 관련 지식과 기능은 의미를 이해하고 표현하기 위해 필요한 핵심 세부 능력이다. 어휘의 중요성에 대한 인식이 부족했을 때에는 어휘 지식보다는 언어 형식에 관한 지식이 훨씬 중요하다고 생각하여 언어 형식 학습이 중요한 영어 학습 목표가 되었으며, 어휘는 낱말 수준으로 언어 형식 학습을 위한 낱말을 주로 학습하였다(Richards and Rodgers, 2014). 코퍼스를 활용한 연구가 활발히 이루어지면서 언어는 의미 단위로 구성되고, 이러한 의미를 구성하는데 있어서 문법보다는 어휘가 주로 역할을 한다는 것이 알려지기 시작하였다. 이러한 연구의 영향으로 영어 학습 목표를 설정하고 영어 학습 내용을 선정하는 데 낱말, 낱말군, 연어, 패턴 등의 어휘를 중요하게 고려하기 시작하였다.

3.2 어휘 지식

어휘 지식이란 의사소통 목적을 달성하기 위하여 의미를 이해하고 표현하는데 필요한 어휘에 대해서 알아야 할 것을 말한다. 보통 어휘 지식하면 개별 어휘의 발음과 철자, 의미만을 생각하는 경향이 있다. 예를 들어, 'hot'라는 낱말을 알고 있다는 것은 발음 /hɑt/와 철자 'hot', 우리말 의미인 '더운' 또는 '매운'을 알고 있음을 의미한다. 그런데 의사소통을 위해 특정 어휘를 유창하고 정확하게 사용하려면 개별 어휘의 발음과 철자, 의미뿐만 아니라 어떤 어휘들과 의미적으로 유사점과 차이점이 있는지, 문장 속에서 어떤 어휘들과 함께 자주 사용될 수 있는지에 대한 지식도 필요하다. 즉, 'hot'이 'warm' 또는 'sizzling'과 의미적으로 어떤 유사점과 차이점이 있는지, 문장 속에서 'weather' 또는 'food'와 자주 함께 사용될 수 있다는 것에 대해서 알아야 한다. 이와 같이 어휘 지식은 개별 어휘의 형식과 의미에 관한 지식과 함께 다른 어휘와의 형식과 의미 관계에 관한 지식을 포괄한다.

의사소통 목적을 달성하기 위하여 의미를 이해하고 표현하는데 필요한 어휘 지식은 형식(form)과 의미(meaning), 사용(use) 측면으로 나눌 수 있다. 여기에서 형식에 관한 지식은 개별 어휘의 형식으로서 발음(spoken form)과 철자(written form), 형태소(word parts)에 관한 지식을 말하고, 의미에 관한 지식은 개별 어휘의 형식이 전달하는 의미(form and meaning), 의미적 특성과 상황적 의미(concept and referents), 다른 어휘와의 의미 관계(associations)에 관한 지식을 말한다. 사용 관련 지식은 의사소통을 위해 어휘를 사용할 때 필요한 지식으로 개별 어휘의 문법적 기능(grammatical functions), 연어(collocations), 사용에 있어서 제약(constraints on use)에 관한 지식을 말한다. 이와 함께 각각의 지식을 이해에 필요한 지식(receptive knowledge)과 표현에 필요한 지식(productive knowledge)으로 구분하여 다음과 같이 제시할 수 있다.

○ What is involved in knowing a word (Nation, 2013: 9)

Form	spoken	R	What does the word sound like?
		P	How is the word pronounced?
	written	R	What does the word look like?
		P	How is the word written and spelled?
	word parts	R	What parts are recognizable in this word?
		P	What word parts are needed to express the meaning?

Meaning	form and meaning	R	What meaning does this word form signal?
		P	What word form can be used to express this meaning?
	concept and referents	R	What is included in the concept?
		P	What items can the concept refer to?
	associations	R	What other words does this make us think of?
		P	What other words could we use instead of this one?
Use	grammatical functions	R	In what patterns does the word occur?
		P	In what patterns muse we use this word?
	collocations	R	What words or types of words occur with this one?
		P	What words or types of words must we use with this one?
	constrains on use	R	Where, when, and how often would we expect to meet this word?
		P	Where, when, and how often can we use this word?

이러한 어휘 지식에 관한 모형은 개별 어휘의 형식과 의미에 관한 지식, 다른 어휘들과의 형식 관계와 의미 관계에 관한 지식, 의사소통을 위한 어휘 사용에 관한 지식을 포괄하여 제시했다는 점에서 의의가 있으나, 좀 더 명확하고 타당한 기준으로 세부 지식들을 재분류할 필요가 있다. 이러한 점에서 모든 세부 지식들은 의사소통을 위한 어휘 사용과 관련되므로 어휘 지식을 형식과 의미, 사용으로 나누기 보다는 크게 어휘의 형식과 의미로 구분하여, 형식에 관한 지식은 개별 낱말의 형식에 관한 지식과 다른 낱말들과의 형식 관계에 관한 지식으로 나누고, 의미에 관한 지식은 개별 낱말의 의미에 관한 지식과 다른 낱말들과의 의미 관계에 관한 지식으로 나누는 것이 타당해 보인다. 이러한 관점에서 어휘 지식을 제시하면 다음과 같다.

○ 어휘 지식의 분류

형식에 관한 지식	발음에 관한 지식
	철자에 관한 지식
형식 관계에 관한 지식	기본어, 굴절어, 파생어, 복합어 등에 관한 지식
	동음이의어, 동철이의어, 동음동철이의어 등에 관한 지식
의미에 관한 지식	핵심 의미에 관한 지식
	은유적 의미에 관한 지식
	화역에 관한 지식
의미 관계에 관한 지식	계열적 의미 관계에 관한 지식
	통사적 의미 관계에 관한 지식
	주제별 의미 관계에 관한 지식

형식에 관한 지식은 어휘의 형식으로서 음성 언어 측면에서 발음과 문자 언어 측면에서 철자 지식을 말한다. 다른 어휘와의 형식 관계에 관한 지식은 문법 또는 어휘 형태소로 연결되는 기본어, 굴절어, 파생어, 복합어 등에 관한 지식과 의미상 관련 없는 어휘가 발음과 철자의 형식적 측면에서 유사한 경우로서 동음이의어와 동철이의어, 동음동철이의어 등에 관한 지식 등을 포괄한다. 의미에 관한 지식은 개별 어휘의 의미로서 핵심 의미(core meaning), 은유적 의미(metaphorical meaning), 화역(register)에 관한 지식을 말한다. 다른 어휘들과의 의미 관계에 관한 지식은 계열적 의미 관계(paradigmatic relation), 통사적 의미 관계(syntagmatic relation), 주제별 의미 관계(topical relation)에 관한 지식을 말한다.

3.3 어휘의 형식과 형식 관계

3.3.1 어휘의 형식에 관한 지식

어휘의 형식에 관한 지식은 개별 어휘의 발음과 철자에 관한 지식을 말한다.

예를 들어 '사과'의 의미를 가진 영어 낱말의 발음은 /æpl/, 철자는 'apple'이다. 발음 지식 측면에서 한국어와 영어의 발음 체계가 비슷하다면 한국어 발음에 관한 지식이 그대로 전이되므로 영어 발음을 강조하여 학습할 필요가 없을 것이다. 그런데 한국어와 영어의 발음 체계는 차이가 커서 한국어 발음과 비교하여 영어 발음을 학습해야 한다. 예를 들어, 영어 낱말 /frend/와 /θri:/의 발음에서 /f/와 /θ/는 한국어에서는 사용하지 않는 발음이다. 철자 지식 측면에서도 영어의 경우에는 'city'와 'sea'처럼 하나의 발음이 낱말에 따라 다른 철자로 구현되거나, 'teach'와 'laugh'처럼 하나의 발음이 둘 이상의 철자로 구현되는 등 발음과 철자 관계가 복잡하여 체계적인 학습이 필요하다. 이러한 점에서 개별 어휘의 형식에 관한 지식은 중요한 어휘 지식이라 할 수 있다.

발음 지식은 분절음(segment)에 관한 지식과 초분절음(suprasegment)에 관한 지식으로 나눌 수 있는데 분절음은 음소(phoneme)로서 자음(consonant)과 모음(vowel), 초분절음은 개별 소리들이 연결되어 낱말이나 구, 문장 등을 이룰 때 나타나는 강세(stress), 리듬(rhythm), 높이(pitch), 억양(intonation), 연음(liaison) 등을 말한다. 분절음 측면에서 미국식 영어는 자음 24개와 모음 15개, 영국식 영어는 자음 24개와 모음 20개이다(Rogerson-Revell, 2011). 분절음의 특성은 조음 장소와 조음 방법에 따라 달라지며 이를 기준으로 나눌 수 있는데, 자음은 조음 장소에 따라 양순음(bilabial), 순치음(labiodental), 치음(dental), 치경음(alveolar), 구개음(palatal), 연구개음(velar), 성문음(glottal)으로, 조음 방법에 따라 파열음(stop), 마찰음(fricative), 파찰음(affricate), 비음(nasal), 유음(liquid), 전이음(glide)으로 나눌 수 있다. 모음은 발음 특성상 주로 조음 방법 측면에서 혀의 위치와 모양(tongue position and shape), 입술 모양(degree of lip-rounding)에 따라 나눌 수 있다. 이러한 측면에서 영국식 영어의 자음과 모음 체계는 다음과 같다(Rogerson-Revell, 2011: 49, 67). 한편, 영국식 영어는 모음이 20개인데 여기에는 단모음 7개와 장모음 5개가 제시되어 있다.

○ 영국식 영어의 자음 체계

Manner of articulation \ Place of articulation	Bilavial	labiodental	dental	Alveolar	Palato-aalveolar	Plaatal	Velar	Glottal
PLOSIVE	pb			td			kg	
FRICATIVE		fv	θð	sz	ʃʒ			h
AFFRICATE					tʃ dʒ			
NASAL	m			n			ŋ	
LATERAL				l				
APPROXIMANT	ω				r	j		

○ 영국식 영어의 모음 체계

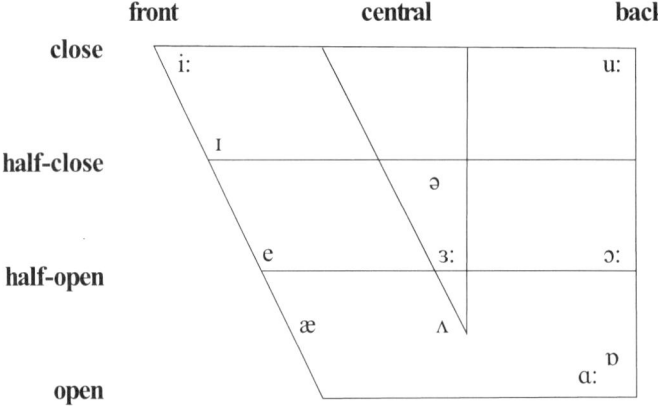

이러한 음성학적 지식은 발음을 정확하게 익히는데 도움이 된다. 물론, 영어 학습자가 /f/와 /v/가 '순치음'과 '마찰음'이라는 것을 알 필요는 없지만 둘 다 한국어에는 없는 발음이므로 어디에서 어떻게 만들어지는가, 즉 /f/와 /v/의 조음 장소와 조음 방법에 대해서 아는 것은 이 발음을 정확하게 익히는데 도움이 된다. 대부분의 발음은 보이지 않는 입 속에서 만들어지므로 단순히 반복하여 연습하기보다는 개별 발음의 조음 장소와 조음 방법에 대해 이해하고 영어의 발음을 정확하게 익힐 필요가 있는 것이다.

초분절음은 개별 소리들이 연결되어 낱말, 구, 문장 등을 이룰 때 나타나는 발음 현상으로 낱말 수준에서는 강세와 높이, 문장 수준에서는 리듬, 억양, 연음 등이 일어난다. 초분절음은 주로 음절(syllable)에서 나타나므로 먼저 음절의 개념을 이해할 필요가 있다. 음절이란 소리가 인식되어 나누어지는 단위를 말하는데, 예를 들어 /bənænə/는 자음 3개와 모음 3개의 6개 소리로 이루어진 낱말이지만 발음을 들어 보면 3개의 소리처럼 인식되는데, 그 이유는 'banana'가 3음절로 이루어진 낱말이기 때문이다. 음절의 수는 모음의 수에 따라 정해지는데 그 이유는 모음은 공기의 흐름을 방해하지 않고 상대를 울려서 내는 유성음(voiced sound)으로 대부분의 자음에 비해 강하게 발음되기 때문이다. /bənænə/를 발음할 때 모음의 강세와 자음의 강세를 비교하여 그림으로 표현하면 다음과 같다.

음절은 보통 C(자음)+V(모음)+C(자음)의 구조로 이루어져 있는데, 모음 앞의 자음을 'onset', 모음을 'peak', 모음 뒤의 자음을 'coda'라고 하며, 모음과 모음 뒤 자음을 합하여 'rhyme'이라고 부른다. 낱말에 따라서는 'onset' 또는 'coda'가 없거나 'onset'과 'coda'가 모두 없는 경우도 있다. 따라서 영어 음절은 적어도 하나의 'peak'로 구성되어 있다. 'run'이라는 낱말을 음절 구조로 분석하면 다음과 같다 (Rogerson-Revell, 2011: 119).

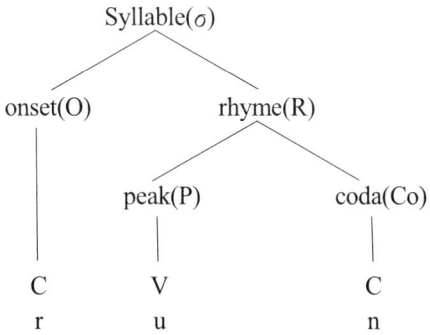

음절의 구조 측면에서 한국어와 영어는 차이를 보이는데 영어에는 C+C 또는 C+C+C와 같이 둘 이상의 자음이 연결되는 자음군(consonant cluster)이 자주 나온다. 한국어에도 /ㄱㅏㅁㄱㅣ/처럼 모음 /ㅏ/과 모음 /ㅣ/사이에 자음 /ㅁ/과 /ㄱ/가 나오기도 하지만 첫 모음 앞이나 마지막 모음 뒤에 자음군이 오는 경우는 없다. 이러한 음절 구조의 차이 때문에 한국 학생들이 영어 자음군을 발음할 때 오류를 범하기 쉽다. 예를 들어, 'street'를 발음할 때 1음절 낱말인 /stri:t/를 자음과 자음 사이에 모음 /ㅡ/를 넣어서 '스트리트'와 같이 4음절로 발음할 수 있다. 따라서 영어 음절 구조에 대한 이해와 함께 특히 자음군 학습이 필요하다. 영어의 음절 구조와 자음군의 예는 다음과 같다.

○ 영어 음절의 구조 (Rogerson-Revell, 2011: 122)

Pre-initial	Initial	Post-initial		Pre-final	Final	Post-final 1	Post-final 2
s	t	r	e	ng	th	en	s
(C)	(C)	(C)	V	(C)	(C)	(C)	(C)
onset			rhyme				
			peak	coda			

○ 영어 자음군의 예 (Celce-Murcia, Brinton, Goodwin and Griner, 2010: 99)

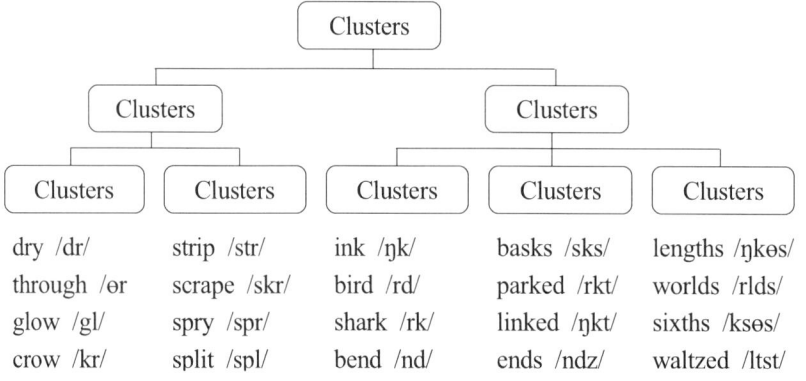

초분절음으로서 강세(stress)는 소리들이 연결되어 낱말을 이룰 때 특정 소리가 다른 소리에 비해서 강하게 발음되는 현상이다. 1음절 낱말은 모음에 강세가 있는데, 모음은 공기의 흐름을 방해하지 않고 상대를 울려서 내는 유성음으로 자음에 비해 강하게 발음되기 때문이다. 모음이 둘 이상인 낱말의 경우는 언어마다 차이가 있는데 영어는 낱말에 따라 다르고, 프랑스어는 마지막 모음에 강세가 있다. 영어와 프랑스어의 강세 패턴의 예는 아래에 제시되어 있다(Rogerson-Revell, 2011: 184). 반면에 한국어는 모음에 강세가 오기는 하지만 모든 모음이 같은 강세로 발음되므로, 특정 모음을 강하게 발음하는 영어 강세를 이해하거나 표현하는데 어려움을 겪을 수 있다.

French				**English**			
·	·	·	●	●	·	●	·
dé	mo	cra	TIQUE	DE	mo	CRAT	ic
·	·	·	●	·	●	·	·
gé	o	gra	PHIE	ge	OG	raph	y
·	·	·	·	●	·	●	·
or	ga	ni	sa	TION	OR	gan	i	ZA	tion

리듬은 낱말들이 연결되어 문장을 이룰 때 강세가 반복되는 현상이다. 문장을 구성하는 낱말 중에서 특별한 경우를 제외하고는 일반적으로 내용어에 강세가 있는데 문장 안에서도 새로운 정보를 전달하는 내용어가 가장 강하게 발음된다. 기능어의 경우에는 약하게 빠르게 발음이 되면서 영어 특유의 리듬이 생기는 것이며, 그 예는 다음과 같다(Celce-Murcia, Brinton, Goodwin and Griner, 2010: 215).

	●		●		●
	MICE		EAT		the CHEESE.
The	MICE		EAT		the CHEESE.
The	MICE		EAT		the CHEESE.
The	MICE	will	EAT		the CHEESE.
The	MICE	will have	EATen		the CHEESE.
The	MICE	might have been	EATing		the CHEESE.

높이(pitch)는 개별 소리들이 연결되어 낱말을 이룰 때 특정 소리가 다른 소리에 비해서 상대적으로 높게 또는 낮게 소리나는 현상을 말하는데, 강세가 있는 소리가 높게 발음된다. 즉, 일반적으로 내용어에 강세가 있는데 내용어가 높게 발음되며, 기능어는 빠르게 낮게 발음된다. 억양(intonation)은 문장 수준에서 소리의 높이가 반복적으로 변하는 현상을 말하며, 그 예는 다음과 같다(Celce-Murcia, Brinton, Goodwin and Griner, 2010: 233).

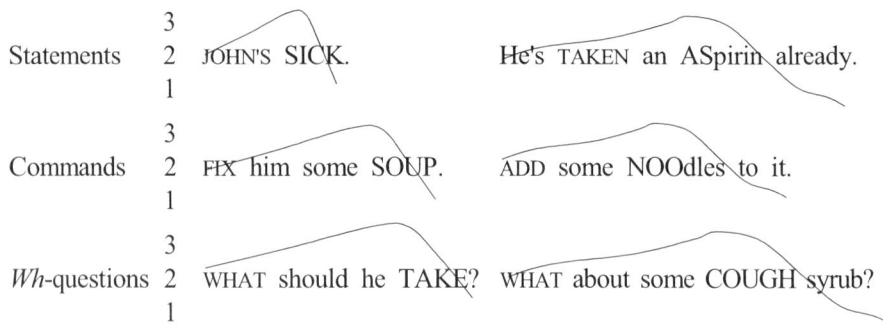

연음(liaison)은 낱말들이 연결되어 발음되면서 특정 소리가 변하거나 생략되는 현상을 말한다. 특히 빠르게 약하게 발음되는 부분에서 연음이 빈번하게 일어나는데, 그 예는 다음과 같다(Rogerson-Revell, 2011: 165).

  Did you see him /dɪd jə/ becoms /dɪdʒə/
  Would you /wʊd jə/ becoms /wʊdʒə/
  Did you tell her what you saw /ˈdɪdʒə ˈtel ə ˈwɒtʃə ˈsɔː/

영어의 경우에는 강세가 가장 중요한 초분절음의 특성으로 강세의 영향으로 리듬, 높이, 억양, 연음 등의 다른 초분절음의 현상들이 일어난다고 볼 수 있다. 분절음의 오류보다는 초분절음의 오류가 의미를 전달하는데 더 중요한 영향을 미치는데(Dalton and Seidlhofer, 1994), 이러한 점에서 개별 낱말들이 어떤 강세와 높이의 발음 특성이 있는지 문장 수준에서 사용될 때 리듬과 억양, 연음 등의 측면에서 어떠한 특성을 가질 수 있는가에 대한 지식은 중요한 어휘 지식이 된다.

철자에 관한 지식은 문자 언어 중심의 의사소통을 위해 필요하다. 영어는 한국어와는 다른 알파벳을 사용하고, 영어 알파벳은 대문자와 소문자로 나누어져 사용되므로 이에 대한 지식이 필요하다. 한국어는 1개의 발음을 특정한 1개의 철자로만 표현하므로 한글 자모 체계를 알고 있으면 대개 낱말의 철자를 정확하게 쓸 수 있다. 반면에 영어의 경우에는 발음과 철자 관계가 복잡하여 영어 알파벳을 알고 있어도 철자를 바르게 쓰지 못하는 경우가 많다. 예를 들어, 원어민 어린이더라도 철자에 관한 지식이 없는 경우에는 /æpl/을 'epl' 또는 'apl'로 쓰는 경우가 많다. 영어는 자음과 모음을 합하여 미국식 영어는 39개, 영국식 영어는 44개인데 이 소리들을 영어 알파벳 26글자로 표현해야 하는데, 소리의 수와 철자의 수가 달라서 발음과 철자 관계가 복잡한 것이다.

그렇다면 영어 알파벳을 익힌 후에 낱말 철자는 어떻게 학습하는 것이 효과적인가? 한국어처럼 개별 발음이 특정한 철자로만 표기되는 경우에는 소리와 철자 관계를 규칙으로 다루는 음철법(phonics)을 활용하여 발음과 철자 관계를 학습할 수 있다. 영어의 경우에도 자음의 경우는 대부분 발음과 철자 관계가 규칙적이어서 음철법을 부분적으로 활용할 수 있는데 그 예는 다음과 같다.

/p/ → p : pet, pin, pig, put
/b/ → b : bet, bin, big, but,
/t/ → t : ten, ton, tub, too
/d/ → d : dog, dot, dig, day

한편, 일부 자음과 대부분의 모음은 발음과 철자 관계가 복잡하다. 즉 하나의 소리가 여러 개의 철자로 표기될 수 있어 음철법만으로 이들의 한계를 익히는 데 한계가 있으므로 음철법과 함께 낱말의 철자를 통째로 학습하면서 시각 낱말(sight word)을 늘려나가야 한다. 시각 낱말이란 낱말의 청자를 통째로 인식하여 의미를 바로 연결할 수 있는 수준으로 학습된 낱말을 말한다. 시각 낱말을 익히기 위한 활동의 예는 다음과 같다(Schmitt, 2000: 51).

Key word					
class	close	cloze	class	clash	crash
sold	told	bold	mold	sold	cold
book	bike	book	bake	beak	boot
worst	watch	waste	wasp	washed	worst

3.3.2 어휘의 형식 관계에 관한 지식

발음이나 철자가 비슷한 어휘들은 학습하는데 서로 도움을 주기도 하지만 혼동하여 사용하면서 방해를 하기도 한다. 따라서 개별 어휘가 어떤 어휘들과 형식 측면에서 유사한가, 즉 어휘들의 형식 관계에 대한 지식도 중요한 어휘 지식이라 할 수 있다. 예를 들어, 'teach'를 알고 있으면 'teacher'와 'teaching'은 발음과 철자가 비슷하여 'teach'의 형식에 관한 지식이 'teacher'와 'teaching'의 형식을 학습하는데 도움이 될 것이다. 다른 한편으로는 발음과 철자가 비슷하기 때문에 서로 혼동하지 않도록 정확하게 구별하여 학습할 필요가 있다. 또한 'tail(꼬리)'과 'tale(이야기)', 'windy(바람부는)'와 'windy(구불구불한)', 'bank(은행)'과 'bank(둑)'와 같이 의미상 관련이 없는 낱말들이 형식적으로 유사한 경우도 있다.

굴절어와 파생어, 합성어는 기본어에 형태소나 다른 낱말을 붙여서 만들므로 기본어의 발음, 철자와 비슷하다. 특히 굴절어와 파생어의 경우에는 형태소가 기본어와 파생어, 굴절어의 형식상 차이이므로 형태소에 관한 지식이 형식 관계에 관한 지식의 핵심이 된다. 기본어와 형태소 지식을 알고 있으면 굴절어와 파생어를 이해하고 표현하는데 도움이 되므로 어휘 지식으로서 중요하다. 영어에서 굴절어를 만드는 문법 형태소는 '-s(복수)', '-ed(과거)', '-ing(진행형)', '-s(3인칭 단수)', '-s(소유격)', '-er(비교급)', '-est(최상급)'이다. 파생어는 어휘 형태소를 붙여서 만드는데 빈번하게 사용되는 형태소들이 있으므로 이들을 우선적으로 학습하는 것이 필요하다(Nation, 2013). 형식 관계 측면에서 어휘 형태소를 익히기 위한 활동의 예는 다음과 같다(Reppen, 2010: 24)

Match the words on the left with suffixes on the right.
Remember that some words might go with more than one suffix.

define	→ -tion
act	-ity
govern	-er
state	-ness
	-ism
	-ment

영어에서 파생어를 만들기 위해서 빈번하게 사용되는 어휘 형태소와 형태소가 전달하는 의미는 다음과 같다. (Blachowicz and Fisher, 2010: 124)

○ Common affixes and their meanings

Affix	Meaning	Examples
Prefixes		
com, con, col, co	with, together	combine, conference, collide, cooperate
dis	not, opposite from	disappear, disconnect
en, en	in, into	embed, enroll
ex	out, former, beyond	explode, ex-husband, exceed
in, im, ir	in, into, not	inside, immortal, incorrect, irregular
non	not	nonviolent
post	after	postpone
pre	before	prefix, prewar
pro	in favor of, ahead of	pro-taxes, progress
re	back, again	return, replay
sub	under	submarine, subsoil
super	over, greater than normal	supervise, superstar
trans	across	translate
tri	three	triangle
un	not, the opposite of	unequal, unpopular
Suffixes		

Affix	Meaning	Examples
al	referring to	optical
ble	likely to be	divisible, probable
ence, ance, ancy	act of, state of	difference, acceptance, truancy
er, or	some who does	teacher, professor
ful	full of, tending to	powerful, forgetful
ian	someone who is an expert in	musician, tactician
ic, ical	like, referring to	symbolic, geographical
ist	someone who does or believes in	pianist, scientist, abolitionist
less	without	painless, hopeless
ly	in the manner of	kindly, safely
ment	result of, act of	discouragement, punishment
ness	state of being	happiness
ous, ious	like, full of	nervous, tedious
tion, sion	act of	locomotion, permission
ty, ity	qulaity of	tasty, rapidity
ward	in the direction of	backward

현재 사용되고 있는 영어 낱말을 보면 영어의 기원이 되는 게르만어와 유럽에서 중요한 외국어로 사용되었던 언어들에서 유래된 것들이 많다(Barber, 2000). 이들 언어의 형식이 현재 사용되고 있는 영어 낱말 속에 어근(root 또는 stem)으로 남아 있는데, 어근의 의미를 알면 어근을 공유하는 영어 낱말들의 의미를 이해하는데 도움이 된다. 따라서 어근에 관한 지식도 중요한 형식 관계에 관한 지식이라 할 수 있다. 영어에서 가장 많이 사용되고 있는 어근과 그 의미는 다음과 같다. (Wei, 2012)

○ The most productive word stems

Rank	Stem forms	Meaning of the stems
1	-posit-, -pos-	put
2	-spec(t)-, -spic-, -scope	look
3	-vers-, -vert-	turn
4	-ceive-, -cept-	take

Rank	Stem forms	Meaning of the stems
5	-super-	above
6	-vent-, -ven-	come
7	-sens-, -sent-	sense (feel)
8	-sta-, -stan-, -stat-	stand
9	-nam-, -nom-, -nym-	name
10	-mit-, -mis-	send
11	-mid-, -med(i)-	middle
12	-pris-, -pre-	take
13	-vis-	visit (see)
14	-tract-	draw
15	-gen-	produce
16	-form-	form
17	-graph-	write
18	-sign-	sign
19	-cess-	go
20	-ord(i)-	say
21	-dict-, -dicate	say

동음이의어(homophone)와 동철이의어(homograph), 동음동철이의어(homonym)는 의미상 관련이 없는 낱말들이 발음과 철자가 같은 경우로 서로 혼동할 가능성이 많으므로 이들의 형식 관계에 대한 지식이 필요하다. 동음이의어는 'horse'와 'hoarse', 'meet'와 'meat', 'tail'과 'tale'처럼 발음은 같은데 의미가 다른 낱말들을 말하고, 동철이의어는 'a *windy* day'와 'a *windy* road', 'a *lead* pipe'와 'a *lead* singer'처럼 철자는 같은데 의미가 다른 낱말을 의미한다(Thornbury, 2002: 8). 동음동철이의어는 발음과 철자는 같은데 의미가 다른 낱말로서 그 예는 다음과 같다(McCarthy, 1990: 22).

I'm just off to the **bank** to deposit a cheque.

The **bank** was steep and overgrown.

I know I can **bank** on her.

동음이의어와 동철이의어, 동음동철이의어를 발음과 철자, 의미 측면에서 비교하면 다음과 같다.

	same sound	same spelling	different sound	different spelling	different meaning
Homophone	✔			✔	✔
Homograph		✔	✔		✔
Homonym	✔	✔			✔

3.4 어휘의 의미와 의미 관계

3.4.1 어휘의 의미에 관한 지식

어휘의 의미에 관한 지식은 개별 어휘의 형식이 어떤 의미를 전달하는가에 대해 아는 것을 말한다. 한국인 학생들은 대부분의 영어 어휘들이 전달하는 의미를 한국어로 알고 있으므로, 의미에 관한 지식은 영어 어휘의 형식을 한국어 의미와 연결할 수 있는 것을 말한다. 한편, 대부분 어휘들은 다의어(polysemy)로서 하나의 어휘가 여러 가지 의미들을 전달하는데, 이러한 측면에서 어휘의 의미는 핵심 의미와 은유적 의미로 나눌 수 있다. 핵심 의미는 가장 자주 사용되고 심리적으로 가장 먼저 떠올리는 의미를 말하고, 은유적 의미는 핵심 의미의 특성을 확장해서 사용하는 것을 말한다. 모든 의미들을 각각의 어휘들로 표현하려면 엄청난 수의 어휘들이 필요하므로 하나의 어휘를 사용하여 비슷한 의미들을 은유적으로 전달하고 시간이 흐르면서 어휘의 의미로 정착되었을 것으로 추정된다. 예를 들어, 'head'는 '머리', '책임자', '상석', '두통' 등의 의미를 전달하는데, '머리'가 핵심 의미이며 '책임자'와 '상석', '두통' 등은 핵심 의미인 '머리'를 확장하여 사용한 은유적 의미라 할 수 있다. 'head'가 문장에서 사용된 예는 다음과 같다.

Have you hurt your ***head***?

She is ***head*** of the department.

He sat at the ***head*** of the table.

I woke up with a really bad ***head*** this morning.

현재 사용되고 있는 영어 낱말들은 영어의 기원인 게르만어외에 유럽에서 중요한 외국어로 사용되었던 언어들에서 유래된 것들이 많다. 특히, 라틴어에서 유래된 것들이 많은데 현재에는 낱말의 어근으로 남아있다. 따라서 이러한 어근의 의미를 알면 영어 낱말의 핵심 의미를 이해하는데 도움이 된다. 예를 들어, 라틴어에서 유래된 'fact'가 '만들다'라는 뜻이라는 것을 알면 영어 낱말 'factory'의 의미를 이해하는데 도움이 된다. 영어 낱말에서 자주 사용되는 라틴어 계열의 어근과 어근의 의미는 다음과 같다. (Blachowicz and Fisher, 2010: 130)

○ The most common Latin roots

Root	Meanings	Examples
fac, fact (facere)	to make or do	facile, factory
fer (ferre)	to bear, carry	transfer, ferry
mis, mit (mittere)	to send	admissible, transmit
mov, mot (movere, motus)	to move	movement, motion
par (parare)	to get ready	prepare, repair
port (portare)	to carry	export, portable
pos, pon (posito, ponere)	to place, put	position, opponent
spect, spic (specere)	to look	inspect, conspicuous
stat, sta (stare)	to stand	station, stanza
tend, tens (tendere, tensus)	to stretch	extend, tension
ven, vent (venire)	to come	convention, event
vid, vis (videre, visus)	to see	provide, vision

은유적 표현(metaphor)은 어휘의 의미적 특성을 활용하여 핵심 의미를 창의적으로 사용한 표현이다. 현재에는 은유적 표현으로 사용되지만 이러한 표현을 많은

사람들이 계속 사용한다면 어휘의 은유적 의미로 굳어질 수 있는 것이다. 영어에서 사용될 수 있는 은유적 표현의 예는 다음과 같다(McCarthy, 1990: 27-28).

They ***bombarded*** me with objections.
She won't ***retreat from*** her position.
She ***pounced on*** his last remark.
I ***came under fire*** from all directions.

'bear'는 '참다', '지탱하다', '감당하다', '낳다', '곰' 등의 의미를 전달하는데, '참다'가 핵심 의미가 되며 '지탱하다'와 '감당하다', '낳다'는 '참다'라는 핵심 의미의 특성을 활용하여 은유적으로 확장한 의미라 할 수 있다. 반면에 '곰'을 나타내는 'bear'는 '참다'를 나타내는 'bear'와 동음동철이의어의 관계이다. 즉, 'bear(참다)'와 'bear(곰)'는 형식적으로 같지만 의미적으로는 연관성이 없다. 이와 같이 낱말의 은유적 의미와 동음이의어, 동철이의어, 동음동철이의어 관계는 구별할 수 있어야 한다. 'bear'가 문장에서 사용된 예는 다음과 같다.

The pain was more than he could ***bear***.
The ice is too thin to ***bear*** your weight.
I can't ***bear*** the expenses.
She was not able to ***bear*** children.
A large ***bear*** stood on its hind legs.

개별 어휘가 나타낼 수 있는 핵심 의미와 은유적 의미의 가능성(meaning potential)은 의미적 특성(semantic feature)에 의해서 결정되는데, 어휘가 가지고 있는 의미적 특성을 벗어나는 의미를 표현하려면 다른 어휘가 필요하다. 예를 들어, 아래 그림에서 어떤 것들을 'cup'이라고 할 수 있는지 알아보자 (McCarthy, 1990: 46). 'cup'의 중요한 의미적 특성이 손잡이가 있어야 한다는 점에서 우선 2번과 3번, 4번을 'cup'이라 할 수 있다. 또한 모양도 중요한 의미적 특성으로 3번은 'cup'

이라고 하기에는 모양이 약간 어색하다. 한편, 1번과 5번, 6번은 'cup'의 의미적 특성을 벗어나므로 'vase'나 'bowl'과 같은 다른 낱말을 사용하는 것이다.

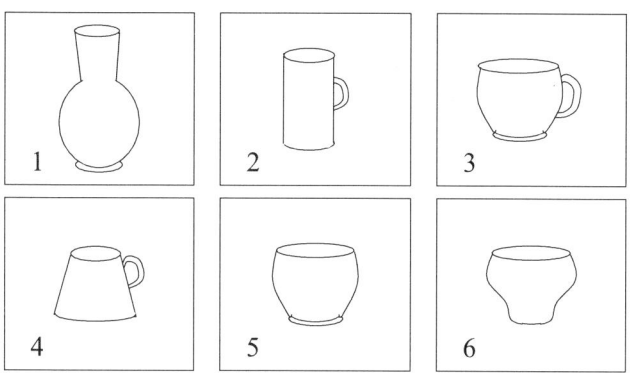

이러한 어휘의 의미적 특성은 의미적 특성 분석(semantic feature analysis)을 통하여 알아볼 수 있는데, 'pets'의 의미적 특성을 분석한 결과는 아래와 같다 (Schmitt, 2000: 25). 여기서 '+' 또는 '-'는 의미적 특성이 있고 없음을 의미하고 '?'는 판단하기 어려운 경우를 말한다.

○ 어휘의 의미적 특성 분석

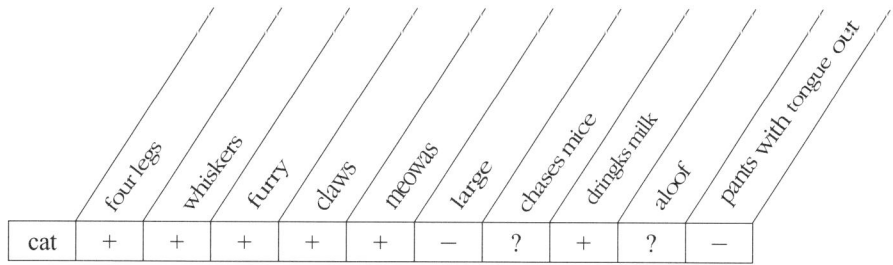

의미적 특성에 따라 특정 어휘를 의미적으로 사용 가능한 영역을 그 어휘의 의미 영역(semantic space)이라고 하는데, 어휘의 의미 영역은 언어마다 다를 수 있다. 예를 들어, 영어의 'put on'의 경우에 한국어에서는 '(모자를) 쓰다', '(바지를) 입다', '(양말을) 신다', '(장갑을) 끼다' 등의 의미로 구현된다. 언어에 따라 달라지는

'tree'와 'wood'의 의미 영역을 비교하면 다음과 같다(Schmitt, 2000: 125).

English	French	Danish	Swedish
tree	arbre	træ	träd
wood (material)	bois		trä
wood (small forest)		skov	skog
forest	forêt		

대부분 어휘들은 화역(register) 측면에서 중립적이다. 화역이란 어휘가 사용되는 대화자, 장소, 시간 등과 관련된 상황을 의미하는데, 대부분 어휘들은 개별 어휘가 가지고 있는 기본 의미 또는 함축적 의미를 전달하기 위해 어떤 상황에서도 자유롭게 사용할 수 있다. 하지만, 일부 어휘들은 화역 측면, 특히 함축적 의미(connotation), 시간적 차이(temporal variation), 지역적 차이(regional variation), 사회적 역할 차이(social role variation), 장르적 차이(genre variation), 담화 방식의 차이(mode of discourse variation)에 따라 제한적으로 사용된다(Schmitt, 2000). 특정 어휘의 화역을 익히기 위한 학습 활동의 예는 다음과 같다(Taylor, 1990: 46).

Which of the following sentences would you be most likely to find in a technical or specialised context?
(a) She has a big nose.
(b) He studied the proboscis of the insect.
(c) This water is salty.
(d) Water is which salt has been dissolved is called a saline solution.
(e) The eyeballs are covered with a thin membrane.
(f) He has a sore knee.

대부분의 어휘들은 명시적 의미(denotation)를 중립적인 의미로 전달하나 일부 어휘는 명시적 의미와 함께 긍정적 또는 부정적인 의미를 포함하고 있는데 이를 함축적 의미(connotation)이라고 한다. 예를 들어, 'thin', 'slim', 'skinny'는 모두

'(몸이) 마른'의 명시적 의미를 전달하는데 'thin'은 중립적인 의미, 'slim'은 긍정적인 의미, 'skinny'는 부정적인 의미가 담겨 있다. 즉, 'slim'과 'skinny'는 둘다 '마른'이라는 명시적 의미와 함께 긍정적 또는 부정적인 함축적 의미를 가지고 있는 것이다. 따라서, 부정적 의미를 전달하는데 'slim'을 사용하거나 반대로 긍정적 의미를 전달하는데 'skinny'를 사용하는 경우 의사소통에 문제가 생길 수 있다.

○ 명시적 의미와 함축적 의미 비교

Word	Denotation	Connotation
thin	not overweight	neutral image
slim	not overweight	positive image
skinny	not overweight	negative image

시간적 차이는 어휘가 옛날에 사용되었는가, 최근에 사용되고 있는가와 관련된다. 지역적 차이는 영어가 사용되는 지역과 관련되는 것으로 예를 들어 미국식 영어에서 사용되는 어휘인가, 영국식 영어에서 사용되는 어휘인가의 문제이다. 사회 역할 차이는 사회 계층에 따른 어휘 사용의 차이를 말하며, 장르적 차이는 텍스트의 종류에 따른 어휘 사용의 차이를 의미한다. 담화 방식의 차이는 음성 언어와 문자언의 차이를 말한다. 화역에 있어서 제한적인 어휘를 다른 상황에서 사용하는 경우에는 의사소통에 문제가 생길 수 있으므로 개별 어휘의 화역에 관한 지식은 중요한 어휘 지식이라 할 수 있다.

3.4.2 어휘의 의미 관계에 관한 지식

어휘의 의미 관계에 관한 지식은 개별 어휘가 다른 어휘들과 어떤 의미적 관계를 이루는가에 대해 아는 것을 말한다. 이러한 의미 관계에 대한 지식은 개별 어휘의 의미를 더욱 명확하게 이해하는 데 필요하며, 의사소통을 위해 유창하고 정확하게 목표어를 사용하는데 도움이 된다. 예를 들어, 'freezing'의 의미는 유의어인 'cold'와 반의어인 'sizzling'의 의미와 비교하면 더욱 명확해진다. 또한 의사소통 측면에서 'bad'와 'cold'의 의미 관계를 알면 'a bad cold'라는 표현을 좀 더 유창하게 사용할 수 있고, 'hot'과 'sizzling'의 의미 관계를 알면 'It's hot'보다는 'It's sizzling'이라고 표현하면서 현재 상태를 좀 더 정확하게 전달할 수 있을 것이다. 이러한 어휘들의 의미 관계는 다음과 같이 계열적 관계(paradigmatic relations)와 통사적 관계(syntagmatic relations)로 나눌 수 있다(McCarthy, 1990: 16).

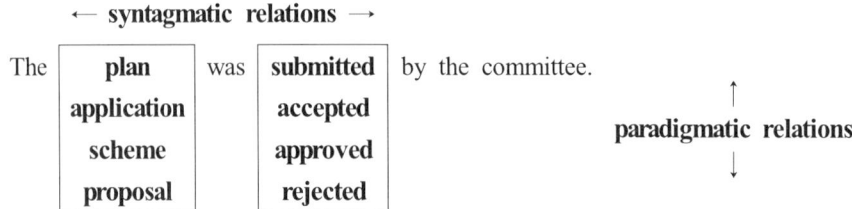

계열적 의미 관계는 같은 의미 범주(semantic filed)를 표현하는 어휘들의 의미 관계를 말하는데 유의어(synonym), 반의어(antonym), 상의어(hypernym), 하의어(hyponym) 등이 여기에 해당된다. 계열적 의미 관계에 있는 어휘들은 서로의 의미를 명확하게 이해하는데 도움이 되며, 의사소통 상황에서 함께 사용할 가능성이 많다. 통사적 의미 관계는 문장 속에서 함께 사용되는 어휘들의 의미 관계를 말하는데, 주로 연어(collocation)를 구성하는 어휘들이 통사적 의미 관계를 이룬다. 'The plan was submitted'와 같이 연어는 주로 내용어와 내용어로 이루어지는데, 'submitted by', 'accepted by' 'rejected by'와 같이 내용어와 기능어가 빈번하게 사용된다면 이들도 연어(colligation)라 할 수 있다.

계열적 의미 관계 측면에서 유의어는 같은 의미 범주에 있는 비슷한 의미를 표현하는 어휘들을 말하는데, 예를 들어, 'gather', 'collect', 'harvest', 'accumulate', 'assemble', 'congregate' 등은 유의어 관계(synonymy)를 이룬다. 유의어들은 미묘한 의미 차이를 정확하게 전달하기 위해 사용되는 것으로 완전히 동일한 의미를 나타내는 것은 아니다. 이러한 유의어들의 의미 차이는 각 어휘들의 의미적 특성 분석을 통하여 알아볼 수 있으며, 그 예는 다음과 같다(Blachwicz and Fisher, 2010: 174).

	done with people	done to things	formal	deliberate	work	additional features
gather	+	+	?	+	?	
collect	+	+	?	+	?	
harvest	-	+	?	+	+	
accumulate	-	+	-	-	-	
assemble	+	+	+	+	?	
congregate	+	-	-	+	?	

유의어들은 미묘한 의미적 차이로 인하여 연어를 이루는 어휘가 달라질 수 있다. 또한 한국어와 영어에서 사용하는 연어가 달라질 수 있으므로 유의어에 대한 지식과 함께 빈번하게 사용되는 어휘들을 연어로서 학습할 필요가 있다. 예를 들어, 'spend', 'invest', 'devote', 'expend', 'pay' 등은 유의어 관계를 이루는데, 미묘한 의미적 차이로 인해서 아래와 같이 연어를 이루는 어휘가 다를 수 있다(Liu, Wible and Tsao, 2011: 116).

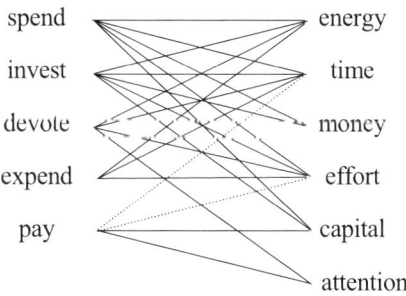

반의어는 같은 의미 범주에서 서로 반대되는 의미를 나타내는 어휘들을 말하는데, 예를 들어 'big'와 'little', 'hot'와 'cold', 'alive'와 'dead', 'pass'와 'fail' 등은 반의어 관계(antonymy)이다. 반의어는 'alive'와 'dead'처럼 등급화할 수 없는 반의어(ungraded antonym)와 'hot'와 'cold'처럼 등급화할 수 있는 반의어(graded antonym)로 나눌 수 있다. 등급화할 수 없는 반의어는 'alive'와 'dead'처럼 두 개의 어휘만 있는 반면에, 등급화할 수 있는 반의어는 'hot', 'warm', 'cool', 'cold'와 같이 반의어 관계에 있는 어휘가 둘 이상 있을 수 있다. 반의어 관계에 있는 어휘은 보통 같은 어휘와 연어를 이루면서 반대의 의미를 나타낸다. 한편, 같은 어휘더라도 반대의 의미로서 연어를 이루는 어휘들은 다를 수 있는데, 그 예는 다음과 같다 (McCarthy, 1990: 18).

rough sea	calm sea	light bag	heavy bag
rough texture	smooth texture	light wind	strong wind
rough area	quiet area	light colors	dark colors
rough person	gentle person		
rough calculation	precise calculation		

상의어와 하의어 관계는 같은 의미 범주에서 상위 또는 하위 범주의 의미를 나타내는 어휘들을 말하는데, 예를 들어 'hammer', 'screwdriver', 'saw' 등은 'tool'에 속하므로, 'tool'은 상의어이며 'hammer', 'screwdriver', 'saw' 등은 'tool'의 하의어가 된다. 또한, 'saw'는 구체적으로 'fretsaw', 'chainsaw', 'jigsaw' 등으로 구분할 수 있으므로 'saw'는 상의어이고 'fretsaw', 'chainsaw', 'jigsaw' 등 'saw'의 하의어가 된다(Thornbury, 2002: 10).

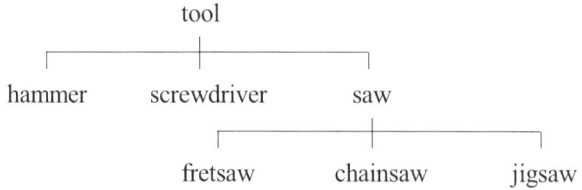

유의어, 반의어, 상의어, 하의어 등에 대한 지식은 의미 관계를 이루는 어휘의 의미를 명확하게 이해하는데 도움이 된다. 사전에서 특정 어휘를 정의할 때 계열적 의미 관계를 자주 이용하는데, 'Macmillan Dictionary'에서는 'happy'를 아래와 같

이 정의하고 있다. 이를 보면 'happy'의 의미를 정의하는데 상의어인 'feelings', 유의어인 'pleased'와 'satisfied', 반의어인 'worried'가 포함되어 있음을 알 수 있다. 이러한 측면에서 계열적 의미 관계에 관한 지식은 중요한 어휘 지식이라 할 수 있다.

> happy - feeling pleased and satisfied; satisfied that something is good or right, and therefore not worried about it;

통사적 의미 관계는 문장 속에서 함께 사용되는 어휘들의 의미 관계로서, 낱말군과 연어, 패턴 등을 이루는 어휘들의 의미 관계를 말한다. 낱말군(multiword unit)은 둘 이상의 낱말들이 함께 사용되면서 독립적인 의미를 나타내는 것을 말하며 항상 같은 낱말들이 형식이 거의 변하지 않고 사용된다. 낱말군의 경우에는 개별 낱말들의 의미를 분석하여 익힐 것인가 아니면 낱말군이 전달하는 의미를 바로 학습할 것인가에 따라 통사적 의미 관계에 관한 지식의 중요성이 달라진다. 예를 들어, 'go west'나 'put up with'과 같은 낱말군은 개별 낱말들이 낱말군의 의미를 이해하는데 별로 도움이 되지 않는다. 이에 반해 'in and out', 'to and fro', 'back and forth' 등은 개별 낱말들이 낱말군의 의미를 생성하는데 중요한 역할을 하므로 이러한 경우에는 개별 낱말의 동사적 의미 관계에 관한 지식이 필요하다.

연어(collocation)는 'take a picture', 'a beautiful river', 'walk slowly'와 같이 둘 이상의 낱말들이 의미가 자연스럽게 연결되어 자주 함께 사용되는데 개별 낱말들의 의미가 그대로 구현되는 형식을 말한다. 연어는 함께 자주 사용되므로 개별 낱말로 분석하여 익히는 것보다는 연어를 덩어리(chuck)로 기억하는 것이 이를 유창하고 정확하게 사용하는데 도움이 된다. 그런데 연어 학습을 위해서는 개별 낱말들이 어떤 낱말과 연어를 이루는가를 알아야 하므로 개별 낱말의 통사적 의미 관계로서 연어에 관한 지식이 필요한 것이다. 즉, 연어의 경우에는 통사적 의미 관계를 파악하여 학습을 한 후 덩어리로 기억하여 사용하는 것이 효과적이다. 한편, 연어를 이루는 낱말들의 조합은 한국어와 영어 간에 차이가 있을 수 있는데, 이러한 경우에 한국어의 언어 지식을 그대로 적용하면 오류를 범하게 된다. 예를 들어, '약을 먹다'의 영어 표현은 'take medicine'인데 우리말 그대로 직역을 하면 'eat medicine'이 되면서 어색한 영어 표현이 된다. 따라서 특정 어휘가 어떤 어휘들과 연어를 이룰 수 있는가에 대한 언어 지식은 중요한 어휘 지식이 된다. 통사적 의미 관계로서 연어 지식을 익히기 위한 활동의 예는 다음과 같다(Lewis, 1997: 92).

Choose from these words five which make strong word partnerships in business English with each of the verbs below:

bill	presentation	costs	invoice	discount
debt	lunch	message	expenses	deal
service	calculation	mistake	money	promise

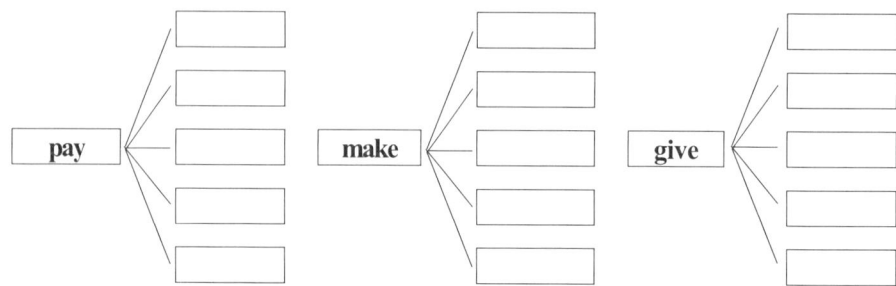

연어는 보통 내용어와 내용어가 결합된 형식을 말하지만 자주 함께 사용되는 내용어와 기능어의 결합도 연어라 할 수 있다. 예를 들어, 'at seven', 'on Monday', 'in March' 등은 내용어와 기능어로 연결된 연어이다. 내용어와 기능어로 이루어진 표현은 예전에는 문법 학습 측면에서 다루었지만 이들이 자주 함께 사용되면서 독립적인 의미를 전달한다면 연어로 학습하는 것이 필요하다. 한편, 내용어와 기능어로 연결된 연어가 더욱 확장된 형태가 패턴이다. 패턴이란 둘 이상의 낱말로 이루어져 빈번하게 사용되는 언어 형식으로 과거에는 문법으로 다루었던 언어 형식이다. 연어는 주로 개별 낱말이 같은 의미 범주에 있는 낱말들과 연결되어 사용되는데 반해 패턴은 다양한 낱말들이 사용되면서 비교적 연결이 자유롭다. 패턴을

익히기 위한 활동의 예는 다음과 같다(Lewis, 2001: 106).

Complete these dialogues with one of these pairs of words:

| might + promise | might + let | might + doubt |
| should + do | should + need | should + knew |

1. Do you think it will do any good?
   → It ... help, but I ... it.
2. I just don't know how to tell him.
   → It ... be better if you ... me do it.
3. I'll see you there tomorrow, then.
   → I ... be there, but I can't ....
4. Why didn't you tell me as soon as you knew?
   → I ... have told you, but I ... you'd be upset.
5. Do you think it's all right to take pictures here?
   → I ... think so, but you ... to ask.
6. Do you think we need to ask first?
   → I suppose we ..., but we never ....

이러한 낱말군과 연어, 패턴 등을 개별 낱말로 분석하여 학습할 것인가 아니면 어휘로서 의미 단위로 학습할 것인가에 따라 학습되는 지식이 달라진다. 즉, 낱말군과 연어, 패턴을 개별 낱말로 분석하는 경우에는 개별 낱말과 문법에 관한 지식이 학습될 것이고, 어휘로서 의미 단위를 강조하는 경우에는 낱말들의 통사적 의미 관계에 대한 지식이 학습될 것이다. Willis(2003)에 의하면 개별 낱말뿐만 아니라 낱말군, 연어, 패턴 학습에 있어서도 어휘적 접근법이 필요하다. 즉, 개별 낱말들과 문법에 의해 수많은 표현들을 생성할 수는 있지만 사실상 그 중에서 일부 표현들이 빈번하게 사용되므로 이 표현들을 유창하고 정확하게 사용하기 위해서는 통사적 의미 관계에 대한 지식이 필요한 것이다.

주제별 의미 관계란 특정 주제(topic)로 구성된 텍스트에서 함께 사용될 수 있는 어휘들의 의미 관계를 말한다. 여기에서 주제란 음성 언어나 문자 언어 텍스트에서 다루어지는 소재를 말한다. 주제별 의미 관계가 있는 어휘들은 특정 주제에서 함께 사용되면서 의미가 자연스럽게 연결될 수 있으므로 주제별 의미 관계에 대한 지식은 중요한 어휘 지식이라 할 수 있다. 한편, 계열적 의미처럼 의미가 밀접하게 연결되면 어휘 학습을 하는데 있어서 간섭이 일어날 수 있는데, 특히 유의어들은 미묘한 의미 차이로 인해서 간섭이 흔히 일어난다. 반면에 주제별 의미 관계에 있는 어휘들은 의미가 상대적으로 느슨하게 연결되면서 효과적으로 어휘를 학습하면서 간섭은 줄일 수 있다. 예를 들어, 다음에 제시된 텍스트는 'camping'을 주제로 구성되어 있는데 여기에서 'camping', 'wonderful', 'vacation', 'money', 'hotel', 'stay', 'campsite', 'park', 'forest', 'beautiful', 'lake', 'river', 'mountain', 'tent', 'cooking', 'campfire', 'nature', 'outdoors' 등이 주제별 의미 관계를 이루고 있다(Blanchard and Root, 2005: 48).

> Camping is a wonderful way to spend a vacation. First of all, it doesn't cost very much money. Instead of paying for a hotel, you can stay at a campsite in a state park or national forest. Most campgrounds are located in beautiful places with lakes, rivers, or mountains. You can take walks through a forest, climb up a mountain, or swim in a river. Sleeping inside a tent and cooking over a campfire can be lots of fun. Children especially like to go camping, but people of all ages who love nature and the outdoors will enjoy camping.

주제별 의미 관계에 있는 어휘들은 그래픽 조직자(graphic organizer) 활동을 통해서 파악할 수 있는데, 그 예로서 'population growth'라는 주제에서 사용될 수 있는 어휘들을 그래픽 조직자로 구성하면 다음과 같다(Blachowiz and Fisher, 2010: 109).

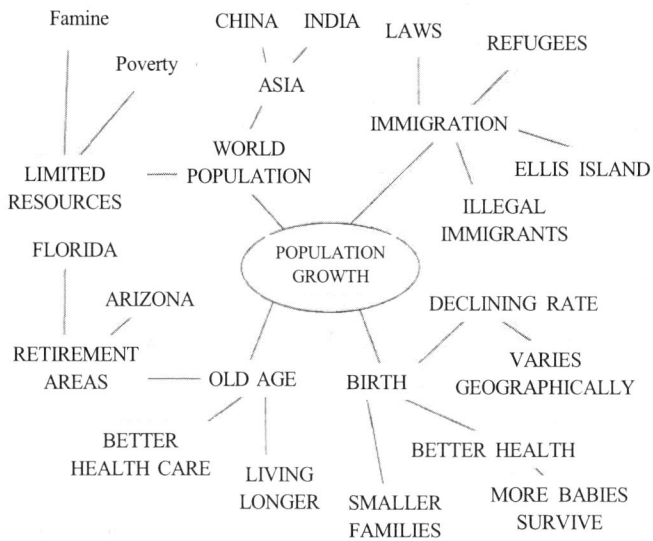

3.5 어휘 기능

어휘 기능은 어휘 지식을 듣기, 말하기, 읽기, 쓰기 활동에서 유창하고 정확하게 사용할 수 있는 능력을 말한다. 한편 어휘 지식은 어휘 기능으로 전이될 수 있는가 아니면 지식 학습과는 별도로 어휘 기능 학습이 필요한가? 경험적으로 볼 때 특정한 어휘 지식은 알고 있지만 의사소통에서 이 지식을 자연스럽게 사용하지 못하는 경우가 있어서 어휘 지식과 어휘 기능을 구별하는 것은 타당하다. 어휘 지식과 어휘 기능의 차이점은 어휘 지식이 자동화(automatizing)되어 있느냐 그렇지 않느냐의 문제라 할 수 있다(Brown, 2014). 자동화란 장기 기억에 저장된 어휘 지식을 의사소통을 위한 듣기, 말하기, 읽기, 쓰기 활동에서 큰 어려움 없이 유창하고 정확하게 사용할 수 있는 수준을 말한다. 즉, 실제 의사소통 상황에서는 실시간으로 어휘를 이해하고 표현하며, 다양한 어휘 지식을 통합적으로 사용해야 하므로 어휘 지식이 자동화되어 있어야 한다.

이러한 어휘 기능은 의사소통 방식과 관련하여 음성언어를 사용할 수 있는 능력으로서 음성언어 기능(oral skills)과 문자언어를 사용할 수 있는 능력으로서 문자언어 기능(written skills)으로 구분된다. 음성언어 기능은 듣기(listening skills)와 말하기(speaking skills), 문자언어 기능은 읽기(reading skills)와 쓰기(writing skills)를 말한다. 또한, 의미 이해와 표현 측면에서 말이나 글이 전달하는 의미를 이해하는데 필요한 능력으로서 이해 기능(receptive skills)과 전달하고자하는 의미를 말이나 글로 표현하는데 필요한 능력으로서 표현 기능(productive skills)로 구분할 수 있다. 이해 기능은 듣기와 읽기, 표현 기능은 말하기와 쓰기를 말한다. 아울러, 어휘 기능은 의사소통을 위한 어휘 사용과 관련하여 유창성(fluency)과 정확성(accuracy)으로 나눌 수 있다. 유창성은 의사소통을 하면서 의미에 중점을 두어 어휘가 전달하는 의미를 자연스럽게 이해하고 표현할 수 있는 능력이며, 정확성은 형식을 강조하여 어휘의 형식을 정확하게 파악하고 표현할 수 있는 능력을 말한다(Brumfit, 1984).

○ 어휘 기능의 분류

	음성언어 기능	문자언어 기능
이해 기능	듣기	읽기
표현 기능	말하기	쓰기

↕

유창성	정확성

3.6 요약

어휘 지식이란 의사소통을 위해 어휘에 대해서 알아야할 것으로 개별 낱말에 관한 지식과 함께 다른 낱말과의 관계에 관한 지식을 포괄한다. 어휘 지식은 형식에 관한 지식과 형식 관계에 관한 지식, 의미에 관한 지식과 의미 관계에 관한 지식으로 구분할 수 있다. 형식에 관한 지식은 낱말의 형식으로서 발음과 철자 지식을 말하며, 다른 낱말과의 형식 관계에 관한 지식은 형태소로 연결되는 기본어,

굴절어, 파생어, 합성어에 관한 지식과 의미상 관련이 없는 낱말들이 발음과 철자의 형식적 측면에서 유사한 경우로서 동음이의어와 동철이의어, 동음동철이의어에 관한 지식을 의미한다. 의미에 관한 지식은 개별 낱말의 의미로서 핵심 의미, 은유적 의미, 화역에 관한 지식을 말하고, 다른 낱말과의 의미 관계에 관한 지식은 계열적 의미 관계와 통사적 의미 관계에 관한 지식, 주제별 의미 관계에 관한 지식을 의미한다. 어휘 기능은 어휘 지식을 자동화하여 듣기, 말하기, 읽기, 쓰기 활동에서 유창하고 정확하게 사용할 수 있는 능력을 말한다.

4. 어휘 학습 과정

어휘 학습 과정은 의사소통에 필요한 어휘 지식과 기능을 익히는 과정을 말하며, 효과적인 어휘 학습을 위해서는 자연스러운 어휘 학습 과정을 이해하고 이를 고려해야 한다. 이러한 측면에서 이 장에서는 자연스러운 어휘 학습 과정에 대해 논의한다.

4.1 영어 학습 과정

개별 낱말과 낱말군, 연어, 패턴 등의 어휘를 효과적으로 학습하기 위해서는 자연스러운 어휘 학습 과정을 이해할 필요가 있다. 이러한 관점의 전제는 자연스러운 영어 학습 과정, 특히 모국어나 제이언어로서 영어를 배우는 일반적인 과정을 이해하고 이러한 과정을 고려해야 외국어로서 영어를 효과적으로 학습할 수 있다는 것이다(Krashen, 1985; Krashen and Terrell, 1983). 어휘 학습은 영어 학습 속에서 이루어지므로 어휘 학습 과정은 거시적인 관점에서 영어 학습 과정과 연계하여 살펴볼 필요가 있다. 이러한 측면에서 영어 학습 과정은 행동주의(behaviorism), 인지주의(cognitivism), 구성주의(constructivism), 신경언어학(neurolinguistics), 상호작용이론(interaction theory) 등의 관점에서 설명할 수 있다.

행동주의에서는 행동 학습과 인지적 학습을 동일시하면서 자극(stimulus), 반응

(response), 강화(reinforcement), 조건화(conditioning) 등의 개념으로 영어 학습 과정을 설명한다(Richards and Rodgers, 2014). 영어 학습의 출발점으로서 새로운 영어 입력인 자극이 주어지면 학습자는 자극에 대해 반응을 하고, 이어서 학습자의 반응에 따라 외부로부터 긍정적 또는 부정적 피드백으로서 강화가 이루어진다. 행동주의에서는 자극과 반응, 강화가 연합하여 반복적으로 이루어지면서 조건화가 되고 그 결과로서 학습이 일어난다고 본다. 이러한 관점에서는 외부로부터의 자극과 강화를 언어 학습의 핵심으로 보고 이들을 반복적으로 제시하는데 중점을 둔다. 한편, 학습자는 자극에 대해 단순히 반응만을 하는 수동적인 존재로 인식한다. 이와 같은 행동주의 학습 이론은 영어 학습에 대한 형식 중심 접근법에 많은 영향을 주었지만, 이론적 한계와 교육적 효과에 대한 비판이 늘어나면서 점차 쇠퇴하였다.

○ 행동주의 학습 이론

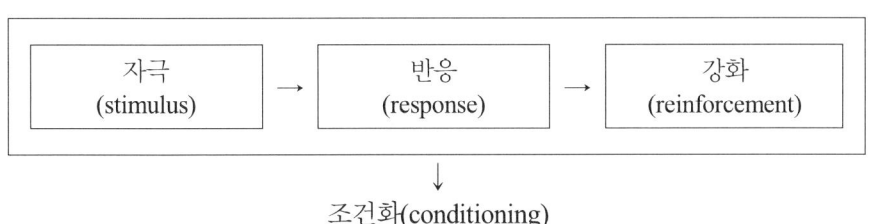

인지주의에서는 학습자들이 가지고 있는 선행 지식(prior knowledge)을 강조하고 이를 학습과 연계한 동화(assimilation)와 조절(accommodation)의 개념으로 영어 학습 과정을 설명한다(Brown, 2014). 새로운 언어 입력을 접하면 학습자들은 단순히 반응을 하는 것이 아니라 선행 지식을 이용하여 능동적으로 입력을 이해하려고 한다. 이 때 입력이 선행 지식으로 이해 가능하면 입력을 선행 지식에 포섭(subsumption)하여 동화시키고, 그렇지 않은 경우에는 선행 지식을 수정해야 하는 조절이 일어난다. 즉, 영어 학습 과정의 핵심은 선행 지식을 활용하는 내적인 정신과정으로서 동화와 조절이라는 것이다. 인지주의에서는 외부로부터 자극과 강화가 제공되더라도 선행 지식을 활용하는 동화와 조절이 일어나지 않으면 효과적인 영어 학습으로서 유의미 학습(meaningful learning)이 일어나기 어렵다고 본다. 즉,

새로운 입력에 대한 학습이 이루어지려면 학습자들이 가지고 있는 선행지식과 관련하여 의미가 있어야 하는 것이다. 이러한 관점에서는 영어 학습을 위해서 외부의 자극과 강화도 필요하지만, 학습자의 내부에서 일어나는 동화와 조절을 통한 유의미 학습이 영어 학습의 핵심이다. 이와 같은 인지주의 학습 이론에서는 학습자를 영어 학습의 주체로 보면서 영어 학습과 관련된 내부적인 현상을 강조하는데, 이는 의미 중심 접근법에 많은 영향을 주었다.

○ 인지주의 학습 이론

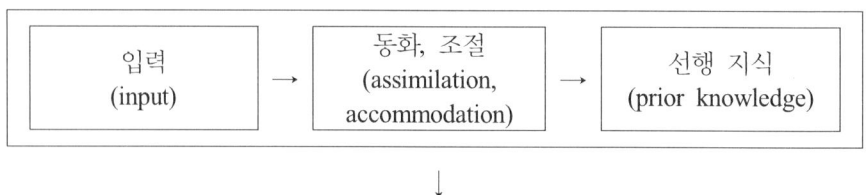

유의미 학습(meaningful learning)

구성주의에서는 상호작용을 통한 영어 학습을 강조하면서 근접 발달 영역(zone of proximal development)과 비계(scaffolding)의 개념을 이용하여 영어 학습 과정을 설명한다(Batstone, 2010). 효과적인 영어 학습을 위해서는 인지주의에서 강조하는 동화와 조절을 통한 유의미 학습이 일어나야 하는데, 상호작용을 하면서 학습자의 근접 발달 영역을 고려하여 제공되는 비계가 동화와 조절을 촉진시킬 수 있다. 여기에서 비계는 동화와 조절이 효과적으로 일어날 수 있도록 학습자에게 제공되는 도움인데 주로 언어적 도움을 말하며, 근접 발달 영역은 비계를 제공받아 동화와 조절이 일어날 수 있는 언어적 수준을 말한다. 즉, 학습자의 근접 발달 영역을 고려한 입력과 상호작용을 통한 비계가 제공되어야 효과적으로 영어 학습이 일어날 수 있는 것이다. 이와 같은 구성주의 학습 이론에서는 영어 학습에 있어서 학습자의 능동적인 역할과 상호작용을 통한 협력적인 도움을 모두 중요시하는데, 이러한 관점은 활동 중심 접근법에 많은 영향을 주었다.

○ 구성주의 학습 이론

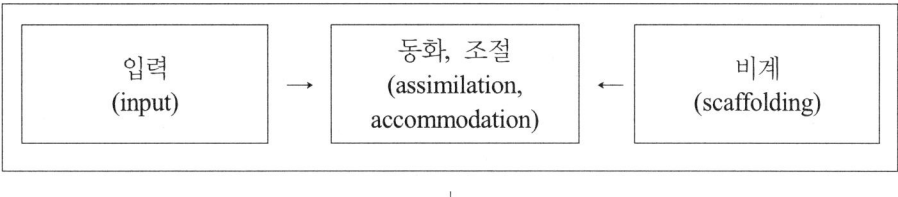

근접 발달 영역(zone of proximal development)

최근에는 과학 기술이 발달하면서 여러 가지 장치들을 이용하여 뇌에서 일어나는 현상으로서 영어 학습과 관련된 인지과정(cognitive process)을 관찰하는 것이 어느 정도 가능해졌고 이와 관련된 연구들이 활발하게 이루어지면서 신경언어학이 발달하였다. 즉, 신경언어학은 학습자 내부에서 일어나는 인지 과정을 영어 학습 과정을 이해하는 핵심으로 보면서 영어 학습과 관련하여 뇌에서 일어나는 현상을 연구하는 학문이라 할 수 있다. 이러한 신경언어학에서는 기억을 구성하는 메커니즘과 특성, 정보 처리(information processing)와 관련되는 인지과정을 중심으로 영어 학습 과정을 설명하고 있는데, 정보 처리와 저장과 관련된 기억과 영어 학습에 필요한 인지과정의 관계는 다음과 같다(Dörnyei, 2009; Robinson, 2003).

○ 기억과 인지과정

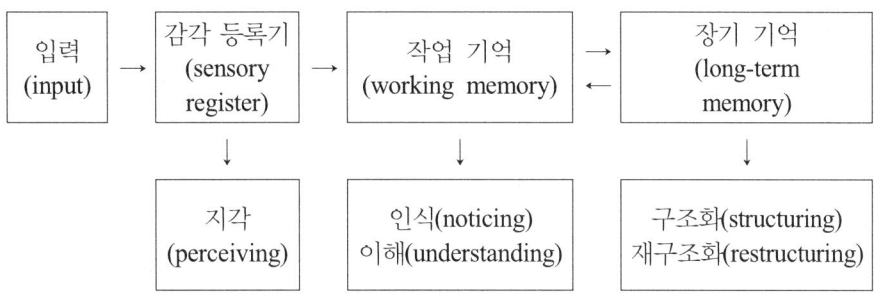

영어 입력은 주로 시각과 청각을 담당하는 눈이나 귀와 같은 감각 수용 기관을 통하여 지각(perceiving)하게 되는데, 지각된 정보는 임시 저장소인 감각 등록기(sensory register)에 저장된다. 그런데 감각 등록기에 저장되는 정보의 양과 지속

시간은 한계가 있어서 관심을 갖고 주의를 기울이면서 선택적으로 지각된 일부 정보만이 짧은 시간 동안 저장된다. 감각 등록기를 통하여 많은 정보들을 동시에 지각하는 데에는 한계가 있으며, 지각된 정보도 즉시 처리되지 않으면 곧 유실된다. 시각 정보인 경우에는 약 1초 정도, 청각 정보인 경우에는 약 4초 정도를 저장할 수 있는 것으로 알려져 있다. (Robinson, 2011) 따라서 새로운 입력이 지각되지 않으면 다음 단계의 인지 과정이 일어날 수 없으므로 중요한 정보는 반드시 지각되고, 오랫동안 감각 등록기에 저장될 수 있도록 다양한 도움을 제공할 필요가 있다.

지각된 정보는 작업 기억(working memory)으로 이동하여 처리하게 되는데 여기에서는 지각된 정보가 처리할 가치가 있는지 인식(noticing)하고, 가치가 있다면 선행지식을 활용하여 언어 형식과 의미 관계를 이해(understanding)하게 된다. 한편, 작업 기억에 저장되는 정보의 양과 지속 시간 또한 한계가 있어서 여러 가지 정보를 동시에 처리하기는 어려우므로 작업 기억의 부담을 줄일 수 있도록 선택과 집중이 필요하다. 성인의 경우 보통 5-9개의 정보가 약 20초 정도 저장되면서 처리될 수 있다고 한다(Robinson, 2011). 이러한 측면에서 청킹(chinking)의 역할은 매우 중요한 의미를 갖는데, 청킹이란 분리되어 있는 항목을 보다 큰 묶음으로, 보다 의미 있는 단위로 조합하는 것을 의미한다. 예를 들어, 'e, a, t'라는 세 글자는 작동 기억 속에서 세 개의 단위로 자리하지만, 이들이 'eat'라는 낱말로 조합되면 하나의 단위로 자리하게 된다. 이와 같은 청킹의 적극적인 활용은 제한된 작업 기억의 수용량을 증가시키는 데 도움이 된다.

인식과 이해 과정을 거친 정보는 장기 기억에 구조화(structuring) 또는 재구조화(restructuring)되면서 지식으로 저장된다. 구조화란 입력에 대한 지식을 구성하는 것이며, 재구조화란 저장되어 있는 기존 지식을 수정하여 다시 저장하는 것을 말한다. 새로운 입력에 대한 지식은 한 번의 학습만으로는 정확하게 구조화되지 못하는 경우가 흔하다. 이로 인해 정확하지 않은 지식을 사용하면서 형식적 또는 의미적 오류를 범할 수 있는데, 이를 중간언어(interlanguage)라고 한다(Selinker, 1972). 이러한 중간언어는 의사소통을 위해 반복하여 사용하면서 목표어 입력과 비교하여 정확한지 실험을 되고, 피드백을 받아 오류를 수정하여 재구조화하게 된다. 이와 같이 구조화와 재구조화의 과정이 반복되면서 지식적인 측면에서 입력에 대한 학습이 이루어지는 것이다. 한편, 장기 기억은 무한한 양의 정보를 영구적으로 저장할 수 있는 곳으로 여기에 저장되는 정보는 서로 연관을 맺으면서 체계적인 네트워크를 구성하게 된다. 즉, 장기 기억 속에 존재하는 정보들은 개별적으로 분리되어 존재하는 것이 아니라 서로 관계성을 맺고 상호 연결되어 있다(Dörnyei, 2009). 이러한 측면에서 유의미 학습은 매우 중요하다고 할 수 있다. 이와 같은 신경생리학에 근거한 학습 이론은 영어 학습에 필요한 인지과정을 기반으로 영어 학습 과정을 더욱 타당하고 정확하게 이해하는 데 도움을 주고 있다.

상호작용이론에서는 영어 학습에 있어서 의사소통 활동 중에 일어나는 상호작용의 역할을 강조한다. 특히 다양한 의사소통 활동을 통하여 상호작용을 하면서 일어나는 이해가능 입력(comprehensible input), 이해가능 출력(comprehensible output), 상호작용적 피드백(interactional feedback), 수정된 출력(modified output) 등의 상호작용 양상을 영어 학습을 위한 핵심 요소로 본다(Mackey, 2012). 즉, 이러한 상호작용 양상은 영어 학습에 필요한 인지 과정으로서 입력에 대한 지각, 인식, 이해, 구조화, 재구조화를 촉진시켜서 효과적으로 목표어를 학습할 수 있도록 하는 데 중요한 역할을 한다는 것이다. 언어학습에 필요한 상호작용 양상으로서 이해가능 입력은 학습자의 근접 발달 영역을 고려하여 제시되며 선행 지식을 활용하여 이해할 수 있는 수준의 언어 입력이며, 이해가능 출력은 학습자가 자신들이 이해한 새로운 입력에 대한 지식을 활용하여 오류를 범하더라고 적극적으로 사용해 보는 것을 말한다. 상호작용적 피드백은 학습자가 표현한 이해가능 출력에 대해 제공되는 긍정적 또는 부정적 피드백을 말하고, 수정된 출력은 이해가능 출력에 오류가 있는 경우 부정적 피드백을 제공받아 학습자가 자신의 오류를 수정한 출력을 의미한다.

○ 언어 학습에 필요한 상호작용 양상

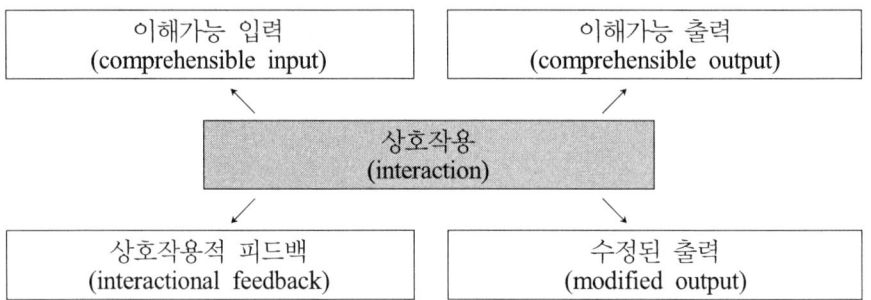

이해 가능 입력과 이해 가능 출력, 상호작용적 피드백, 수정된 출력이 나타나있는 상호작용의 예는 다음과 같다.

    T: Look at the picture. <u>Ted played soccer last weekend</u>. (comprehensible input)
       What did he do?
    Ss: He played soccer.
    T: Yes. <u>He played soccer with his friend</u>. (comprehensible input)
       How about you, S1? What did you do last weekend?
    S1: <u>I play baseball</u>. (comprehensible output)
    T: Oh, <u>you played baseball</u>. (interactional feedback)
    S1: Yes, <u>I played baseball</u>. (modified output)

영어 학습 과정을 정확하게 이해하기 위해서는 행동주의, 인지주의, 구성주의, 신경언어학, 상호작용이론의 관점을 종합적으로 고려해야 한다. 즉, 이 이론들은 배타적이라기보다는 서로 보완적인 역할을 하는 것으로 이해할 필요가 있다. 이러한 측면에서 보면 행동주의에서는 자극, 반응, 강화, 조건화 등으로 영어 학습의 기본적인 과정을 제시하였고, 인지주의에서는 행동주의에서 간과했던 선행지식을 활용한 동화와 조절을 강조하면서 내적인 정신과정으로서 영어 학습 과정을 이해하는데 도움을 주었다. 구성주의에서는 강화의 개념을 학습자의 근접 발달 영역을 고려하여 제시하는 비계로 발전시켰으며, 신경생리학에서는 기억과 인지 과정을 연계하면서 영어 학습과 관련된 인지 과정을 이해하는데 도움을 주었다. 상호작용 이론에서는 영어 학습에 있어서 상호작용을 강조하면서 영어 학습 과정을 촉진시키는 이해 가능 입력, 이해 가능 출력, 상호작용적 피드백, 수정된 출력의 상호작용 양상을 제시하였다.

4.2 어휘 학습 과정

지금까지 논의한 영어 학습 과정은 어휘 학습 과정에도 적용될 수 있다. 여기에서 어휘 학습이란 의사소통을 위해 어휘를 이해하고 표현하는데 필요한 지식과 기능을 익히는 것이며, 어휘 학습 과정은 이러한 어휘에 관한 지식과 기능을 학습하는 과정을 말한다. 어휘 학습 과정을 이해하기 위해서는 개별 어휘에 관한 지식과 기능은 어떠한 과정을 거쳐서 학습되는가와 다양한 유형의 어휘 지식과 기능들은 어떠한 순서로 학습되는가에 관한 논의가 필요하다.

4.2.1 어휘 지식 학습 과정

어휘를 효과적으로 학습하기 위해서는 우선 어휘 지식으로서 개별 어휘의 형식에 관한 지식, 개별 어휘의 의미에 관한 지식, 다른 어휘와의 형식 관계에 관한 지식, 다른 어휘와의 의미 관계에 관한 지식이 어떠한 과정을 거쳐서 학습되는가를 이해하고 이를 고려할 필요가 있다. 앞에서 논의한 영어 학습 과정을 어휘 지식 학습 과정과 연계하면 어휘 지식 학습은 새로운 입력을 접하면서 시작된다. 이때 새로운 입력은 학습자의 근접 발달 영역을 고려하여 이해 가능한 수준으로 제시되어야 한다. 예를 들어, 'piano'는 외래어이면서 일상생활에서 흔히 접할 수 있으므로 형식과 의미를 쉽게 파악할 수 있는 반면에 'embargo'는 전문적인 용어로서 쉽게 접할 수 없으므로 '통상 금지'라는 뜻을 알려주더라도 이해하기가 쉽지 않을 것이다.

　이해 가능 입력을 제공하더라도 이를 지각해야 하는데, 지각이란 특정 어휘에 대해 선택적으로 관심을 갖고 주의를 집중하는 것을 말한다. 의사소통 상황에서 학습자들은 선행지식을 활용하여 이해하고 표현하는데에 집중하면서 새로운 어휘를 지각하지 못하는 경우가 많다. 즉, 이해 가능한 수준의 어휘를 제공하더라도 학습자들이 입력에 대한 관심이 낮고 주의를 기울이지 않으면 지각되지 않는 것이다. 한편, 새로운 어휘를 접할 때 형식을 먼저 접하게 되므로 우선 새로운 어휘의 형식에 익숙해질 것이지만, 형식에 대해 익숙해진다는 것이 형식에 대한 정확한 지각을 의미하는 것은 아니다. 어휘를 접하면 보통 첫부분과 끝부분에 있는 소리 또는 철자에 집중하게 되는데 이를 '욕조 효과(bathtup effect)'라고 부른다(Aitchison, 2012). 그 결과 가운데 부분에 해당하는 형식이 상대적으로 늦게 학습될 수 있다. 아울러, 개별 어휘의 형식을 익힌 후에도 형식이 비슷한 다른 어휘들을 접하게 되면 서로 혼동되어 오류를 범할 수 있다. 이러한 경우에는 형식 관계를 파악할 수 있도록 유도하여 개별 어휘의 형식을 정확하게 익힐 수 있도록 해야 할 것이다.

　감각 기관을 통하여 지각된 정보는 선행지식과 관련하여 처리할 가치가 있는지를 판단하게 되는데 이를 인식이라고 한다. 즉, 인식은 지각된 정보에 대한 학습자의 의식적인 판단이라 할 수 있다. 처리할 가치가 있다고 판단되면 어휘의 형식과 의미 관계 측면에서 이해를 해야 하는데, 학습자들이 한국어를 알고 있으므로 보통 영어 어휘를 한국어로 번역하여 이해하게 된다. 그러나 두 언어에서 어휘의 의미 영역이 다를 수 있어 하나의 영어 어휘가 두 개 이상의 한국어로, 두 개 이상의 영어 어휘가 하나의 한국어로 번역될 수 있으므로 주의가 필요하다. 예를 들어, 'put on'은 '입다', '쓰다', '신다', '바르다' 등으로 번역될 수 있다. 따라서 어휘의 의미는 가능하면 구체적인 예로서 그림이나 실물, 동작 등을 통하여 이해하도록 유도하는 것이 바람직하다. 또한, 어휘의 의미는 사용되는 상황에 따라 다를 수 있어 구체적인 상황 속에서 이해해야 한다. 예를 들어, 'hot'는 사용되는 상황에 따라 '뜨거운', '더운', '매운', '인기 있는' 등으로 다르게 해석될 수 있다.

　한편, 대부분 어휘들은 다의어(polysemy)로서 하나의 어휘가 여러 가지 의미들을 전달하는데, 이러한 측면에서 어휘의 의미는 핵심 의미와 은유적 의미로 나눌 수 있다. 핵심 의미는 가장 자주 사용되고 심리적으로 가장 먼저 떠올리는 의미이며, 은유적 의미는 핵심 의미의 특성을 확장해서 사용하는 것을 말하는데, 일반적으로 핵심 의미를 먼저 학습하게 된다. 아울러 어휘의 의미를 이해하는 것은 다른 어휘와의 의미 관계를 아는 것을 포함한다. 예를 들어, 'hot'이 '더운' 또는 '뜨거운'의 의미라는 것을 알아야 하지만, 아울러 계열적 의미 관계로서 'warm', 'cold', 'spicy', 'bland' 등과 어떤 공통점과 차이점이 있는가를 알아야 한다. 또한 통사적 의미 관계로서 'water', 'weather', 'summer', 'meal', 'spot' 등과 자주 함께 사용될 수 있음을 알 필요가 있다. 이러한 계열적, 통사적 의미 관계에 대한 이해는 어휘를 정확하고 유창하게 사용하기 위해 필요하다.

이해 과정을 거친 어휘의 형식과 의미는 선행지식과 관련하여 구조화되어 장기 기억에 저장되는데, 처음에는 새로운 어휘의 형식과 의미가 정확하게 구조화되지 않을 수 있다. 이는 새로운 어휘 입력을 정확하게 지각하지 못했거나 지각을 하였지만 다른 어휘와 형식 또는 의미가 비슷하여 혼동을 일으켰을 수도 있다. 따라서 어휘 지식을 정확하게 구조화하기 위해서는 개별 어휘의 형식과 의미에 관한 지식뿐만 아니라 다른 어휘와의 형식 관계와 의미 관계에 대한 지식이 필요하다. 한편, 불완전하게 구조화된 지식은 의사소통을 위해 반복하여 사용하면서 목표어 입력과 비교하여 어휘의 형식과 의미가 정확한지 실험을 하고, 그러한 과정에서 피드백을 받아 오류를 수정하여 재구조화하게 된다. 이와 같이 어휘 학습에 필요한 인지 과정으로서 지각, 인식, 이해, 구조화, 재구조화가 반복되면서 새로운 어휘의 지식 학습이 이루어지며, 이 과정에서 의사소통 상황, 선행지식, 상호작용 등이 중요한 역할을 하게 된다.

○ 어휘 지식의 학습 과정

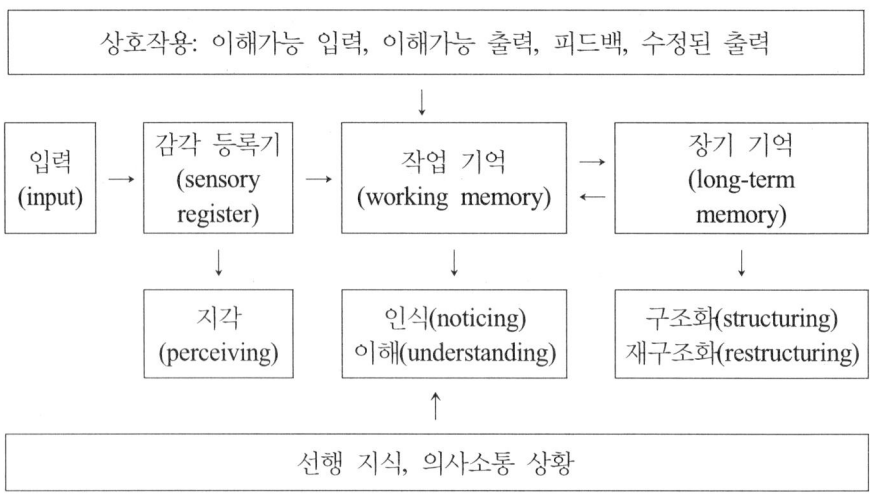

　어휘 지식은 개별 어휘의 형식과 의미에 관한 지식, 다른 어휘와의 형식과 의미 관계에 관한 지식으로 나눌 수 있는데, 단순히 생각하면 개별 어휘의 형식을 먼저 접하고, 다양한 상황에서 형식을 반복하여 접하면서 형식이 전달하는 의미를 이해할 것이다. 따라서 형식에 관한 지식을 먼저 학습하고 다음으로 의미에 관한 지식을 학습할 것이다. 그런 후에 형식 또는 의미 측면에서 비슷한 어휘들을 접하고 서로 구별하면서 다른 어휘와 형식 관계에 관한 지식과 의미 관계에 관한 지식을 학습할 것이다. 따라서 개별 어휘의 형식에 관한 지식, 개별 어휘의 의미에 관한 지식, 다른 어휘와의 형식 관계와 의미 관계에 관한 지식 순으로 학습할 것으로 예상된다. 하지만 실제 어휘 지식 학습을 보면 형식에 관한 지식, 의미에 관한 지식, 형식과 의미 관계에 관한 지식은 상호 보완적인 관계를 이루면서 학습된다. 이러한 경우에 다른 어휘와의 형식과 의미 관계에 대한 지식은 개별 어휘의 형식과 의미에 관한 지식을 강화하는 역할을 하는 것이다. 또한 이러한 어휘 지식은 한 번의 학습으로 완벽하게 학습되는 것이 아니라 구조화와 재구조화의 과정을 거치면서 점진적으로 발전하게 된다(Nation, 2013; Schmitt, 2000).

4.2.2 어휘 기능 학습 과정

어휘 기능은 실제적인 의사소통을 위한 듣기, 말하기, 읽기, 쓰기 활동에서 어휘 지식을 유창하고 정확하게 사용할 수 있는 능력을 말한다. 이러한 측면에서 어휘 지식은 어휘 기능으로 전이될 수 있는가 아니면 지식 학습과는 별도로 기능 학습이 필요한가? 어휘 기능 학습이 별도로 필요하다면 어휘 지식 학습 과정과는 차이가 나는 기능 학습 과정이 있을 것이므로 이를 이해할 필요가 있다. 이러한 점에서 보면, 영어 교육에 대한 형식 또는 의미 중심 접근법에서는 형식이나 의미에 관한 지식이 기능으로 전이된다고 보면서 지식 학습에 중점을 두었다. 반면에 활동 중심 접근법에서는 지식 학습과 기능 학습을 구별하면서 다양한 활동을 통하여 지식과 기능을 균형적으로 익힐 수 있도록 한다.

이러한 관점은 어휘 지식과 기능 학습에도 적용될 수 있는데, 특정한 어휘 지식은 알고 있지만 의사소통에서 사용하지 못하는 경우가 있어서 어휘 지식과 기능을 구별하는 것은 타당하다. 이와 관련하여 어휘 지식과 기능의 차이점은 어휘 지식이 자동화(automatizing)되어 있느냐 그렇지 않느냐의 문제라 할 수 있다(Brown, 2014). 자동화란 장기 기억에 저장된 어휘 지식을 의사소통을 위한 듣기, 말하기, 읽기, 쓰기 활동에서 유창하고 정확하게 사용할 수 있는 수준을 말한다. 여기서 유창성(fluency)은 의사소통을 하면서 의미에 중점을 두어 어휘가 전달하는 의미를 자연스럽게 이해하고 표현할 수 있는 능력이며, 정확성(accuracy)은 형식을 강조하여 어휘의 형식을 정확하게 파악하고 표현할 수 있는 능력을 말한다(Brumfit, 1984). 실제 의사소통 상황에서는 실시간으로 어휘를 이해하고 표현하며, 다양한 어휘 지식을 통합적으로 사용해야 하므로 어휘 지식이 자동화되어 있어야 유창하고 정확하게 사용할 수 있는 것이다.

다양한 의사소통 경험을 하면서 장기 기억에 저장되어 있는 어휘 지식을 반복적으로 사용하면 듣기, 말하기, 읽기, 쓰기 기능으로 자동화되는데, 이와 같이 어휘 지식이 자동화된 수준을 어휘 기능이라 할 수 있다. 즉, 어휘 기능이란 다양한 의사소통 상황에서 별 어려움 없이 어휘 지식을 쉽게 인출(retrieval)하여 사용할 수 있는 능력이며, 이러한 능력을 기르기 위해서는 다양한 의사소통 활동을 하면서 어휘 지식을 사용해야 한다. 인출의 성공과 실패는 이용 가능성(availability)과 접근성(accessibility)로 설명할 수 있다. 즉, 저장된 정보는 장기 기억의 어딘가에는 지식으로 존재하여 이용 가능성 있지만 그 지식을 별 어려움 없이 인출할 수 있느냐 하는 것은 정보에 어느 정도 쉽게 접근할 수 있느냐에 달려 있다. 어휘 지식에 따라 다르기는 하지만 보통 10번 이상 반복 학습이 이루어져야 자동화가 되는 것으로 알려져 있다(Webb, 2007). 따라서 어휘 기능 학습 과정은 어휘 지식 학습 과정을 따르되 자동화가 추가되는 것으로 이해할 수 있다.

○ 어휘 기능의 학습 과정

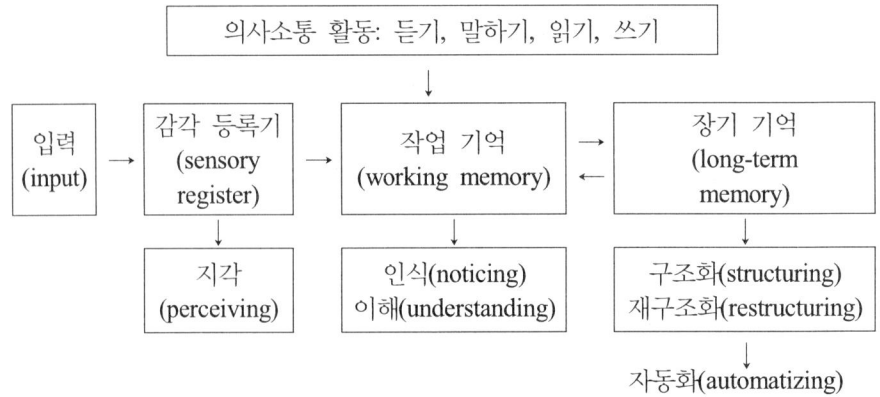

 개별 어휘의 기능 학습 과정은 모국어나 제이언어 학습과 외국어로서 영어 학습 상황에서 다를 수 있다. 모국어나 제이언어 학습의 경우에는 일반적으로 문자 언어 기능으로서 읽기와 쓰기보다는 음성 언어 기능으로서 듣기와 말하기를, 표현 기능으로서 말하기와 쓰기보다는 이해 기능으로서 듣기와 읽기를 먼저 익히게 된다. 이러한 측면에서 모국어 학습 원리를 강조하는 접근법에서는 듣기, 말하기, 읽기, 쓰기의 학습 순서를 강조한다. 외국어 학습에서도 보통 이러한 과정을 따르게 되지만 그렇지 않은 경우도 있다. 예를 들어, 의미를 전달하기 위해 특정한 어휘를 사용하여 말을 할 수 있지만 원어민이 그 어휘를 발음하는 경우에 알아듣지 못하는 경우도 있다. 즉, 이해 기능이 표현 기능을 항상 선행하는 것은 아니며, 음성 언어 기능과 문자 언어 기능도 마찬가지이다. 따라서 개별 어휘의 기능 학습에 있어서 듣기, 말하기, 읽기, 쓰기 기능이 상호 보완적인 관계를 이루면서 점진적으로 학습된다고 할 수 있다.

아래 제시된 예(Tylor, 1990: 6-7)처럼 모국어로서 영어를 배우는 상황에서는 다양한 의사소통 속에서 상호작용을 하면서 지식을 자동화할 수 있는 기회가 자연스럽게 주어지므로 어휘 지식과 기능을 동시에 학습할 수 있다. 상호작용 과정에서 나타나는 이해가능 입력, 이해가능 출력, 피드백, 수정된 출력 등은 어휘 지식을 익히고 이를 자동화하여 어휘 기능으로 발전시키는데 중요한 역할을 한다. 반면에 외국어로서 영어 학습에서는 주로 교실에서 배우기 때문에 어휘 지식 학습은 어느 정도 가능하나 의사소통 활동 경험이 제한적이므로 어휘 기능을 효과적으로 익히는 데에는 한계가 있다. 이러한 측면에서 교실 수업에서도 다양한 의사소통을 경험하면서 듣기, 말하기, 읽기, 쓰기와 관련된 어휘 기능을 효과적으로 익힐 수 있도록 유도하는 것이 필요하다.

M = Mother, C = Child.

C: There. A man there. There. A man there. See there də man.

M: A man?

C: Yes.

M: What's that?

C: It's də man. də man. It stand up. It stand up.

M: It stands up, does it? Can you find a hat for that one?

C: Yes. ... No want that. Two got ones. Two got ones.

M: Mmm?

C: Two got ones.

M: You got two?

C: Yes. Got one you. This one and *back* one. And *back* one.

M: *Black* one.

C: Yes. I got three.

M: You got three?

C: Yes. Now I got three. Got three now. That one.

M: How many have you got now? You count.

C: 's də *back*. hizə *back*. hiz *back*.

M: Put that one *back*?

C: *Black*.

M: Oh *black*.

C: That one.

M: What colour's that?

C: Red.

M: Red? No, it isn't. Is it red?

C: No.

M: What is it?

C: Lellow.

M: No. It's green.

C: Green?

M: Mmm.

한편, 이해 과정과 표현 과정을 구별하고 이를 이해 기능 학습 과정과 표현 기능 학습 과정과 연계할 필요가 있다. 이해 과정은 말이나 글을 접하여 의미를 이해하는 과정이며, 표현 과정은 전달하고자 하는 의미를 말이나 글로 표현하는 과정을 말한다. 따라서 이해 기능 학습을 위해서는 음성 언어 또는 문자 언어 입력을 접하고 이를 분석하여 의미를 이해하는 경험을 해야 하며, 표현 기능 학습을 위해서는 전달하고자 하는 의미를 음성 언어나 문자 언어로 생성하고 표현하는 경험을 해야 한다. 즉, 이해 기능 학습이 표현 기능 학습으로, 표현 기능 학습이 이해 기능 학습으로 전이되는 것은 한계가 있으므로 이해 기능 학습 과정과 표현 기능 학습 과정을 구별할 필요가 있는 것이다. 또한, 음성 언어 기능 학습과 문자 언어 기능 학습도 이와 마찬가지이다(Barcroft, 2006).

○ 이해 과정

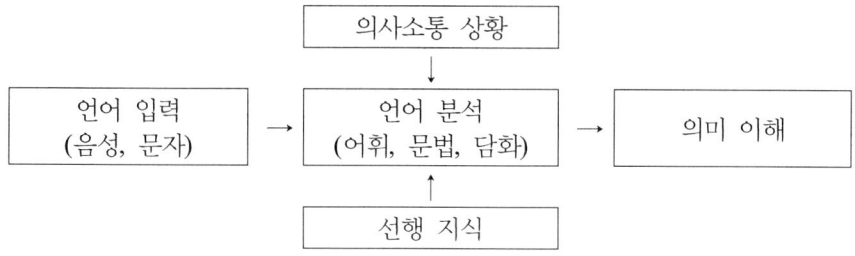

○ 표현 과정

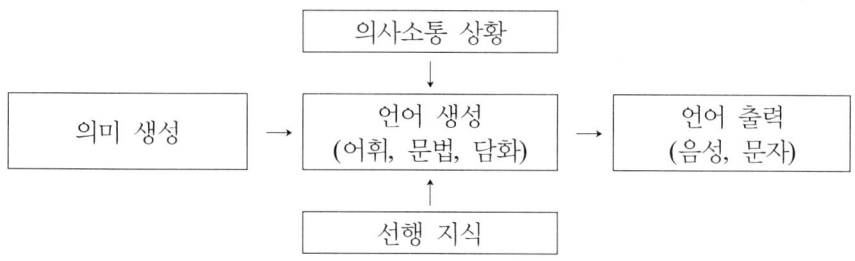

　어휘는 개별 낱말뿐만 아니라 둘 이상의 낱말이 연결되어 자연스러운 의미 단위를 이루는 낱말군, 연어, 패턴 등을 포괄하는데 어휘 학습 과정과 관련하여 다음과 같은 문제를 생각할 수 있다. 개별 낱말이 학습된 후에 이 낱말이 포함된 낱말군과 연어, 패턴이 학습되는가 아니면 낱말군과 연어, 패턴이 하나의 의미 단위인 덩어리(chunk)로 먼저 학습되는가? 이 문제와 관련하여 형식 중심 접근법에서는 언어를 형식 측면에서 분석하고, 개별 낱말과 낱말들을 연결하는 규칙의 학습을 강조한다. 낱말군과 연어, 패턴 등은 개별 낱말들이 연결된 단위로서 이들을 알고 있으면 낱말군과 연어, 패턴 등을 이해하는데 어려움이 없을 것으로 보면서 이러한 의미 단위들을 그다지 강조하지 않았다. 즉, 개별 낱말이 학습된 후에 이 낱말이 포함된 낱말군과 연어, 패턴 등을 학습하는 것으로 보았다. 반면에 의미 중심 접근법에서는 언어를 의미 단위로 분석하면서 개별 낱말과 함께 낱말군과 연어, 패턴 등도 중요하게 다룬다. 즉 의미 중심 접근법에서는 의미 전달을 위해서 필요한 경우에는 낱말군과 연어, 패턴을 하나의 의미 단위인 덩어리로 먼저 학습하는 것으로 본다.

장기 기억 속에 낱말군과 연어, 패턴 등이 하나의 의미 단위로서 덩어리로 기억되어 있는지 아니면 이들을 구성하는 낱말들을 함께 자주 사용하면서 낱말들 간의 연결이 자동화되어있는지는 확실하지 않지만 의미 단위로서 낱말군과 연어, 패턴 등의 학습은 강조할 필요가 있다.

4.3 어휘 학습 순서

어휘 학습 과정은 개별 어휘에 관한 지식과 기능이 어떠한 과정을 거쳐서 학습되는가의 문제뿐만 아니라 다양한 어휘의 지식과 기능들이 어떤 순서대로 학습되는가와의 문제와도 관련된다. 예를 들어, 다양한 문법 형태소들은 어떠한 순서대로 학습되는가? 즉, 모국어나 제이언어로서 영어를 배우는 상황에서는 다양한 어휘의 지식과 기능들이 일정한 순서대로 학습되는데 일반적으로 어떤 순서로 학습되는가와 그 이유, 어휘 학습에 주는 시사점을 논의할 필요가 있다. 이와 관련하여 Krashen과 Terrell(1983)은 모국어나 제이언어 학습 원리로서 자연적 순서 가설 (Natural Order Hypothesis)을 제시하였는데, 이 가설에 따르면 모국어나 제이언어 학습은 일정한 순서대로 이루어지는데 외국어 학습에서도 이를 고려해야 한다는 것이다. 그 예로서 어휘 지식 측면에서 문법 형태소의 일반적인 학습 순서는 다음과 같다(Krashen and Terrell, 1983: 29).

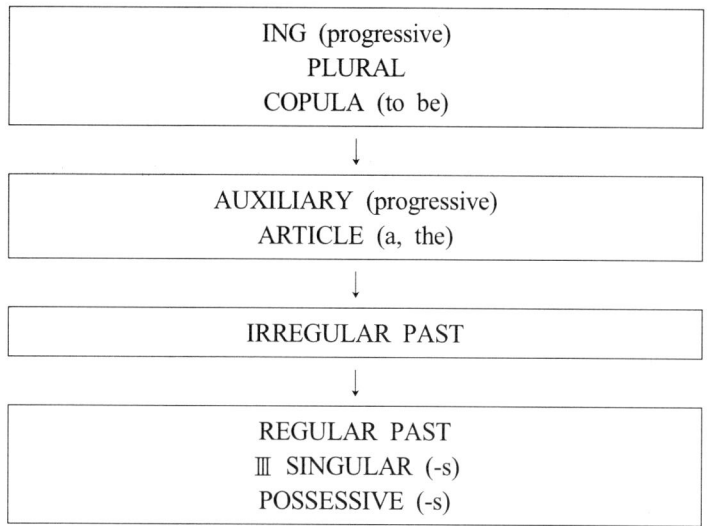

다양한 어휘의 지식과 기능들의 학습 순서는 어휘의 형식과 의미, 어휘의 빈도와 범위, 목표어와 모국어의 언어적 차이, 학습자의 흥미와 요구 등과 주로 관련되며 이들을 종합적으로 고려해야 어휘 학습 순서를 명확하게 이해할 수 있다.

○ 어휘 학습 순서에 영향을 미치는 요인들

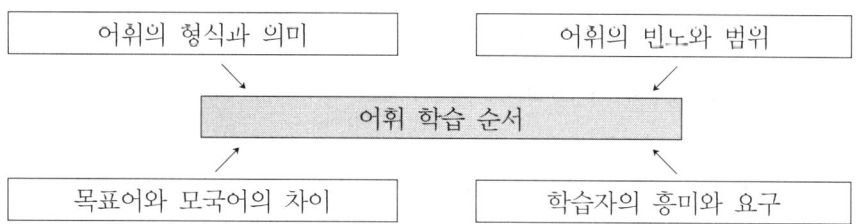

어휘의 형식에서 소리와 철자가 단순하고 소리와 철자 관계가 규칙적이며, 의미 측면에서 전달하는 의미가 단순하고 구체적이며 친숙할수록 먼저 학습된다. 다른 어휘들과 형식과 의미가 비슷한 경우에는 학습에 도움이 되기도 하고 방해를 하기도 한다. 예를 들어, 'teach'와 형태소 'er', 'ing'의 의미를 알고 있으면 파생어인 'teacher'와 'teaching'을 비교적 쉽게 학습할 수 있을 것이다. 반면에, 유의어 관계에 있는 'gather', 'collect', 'harvest', 'accumulate', 'assemble', 'congregate' 등은 미묘한 의미 차이로 인하여 학습을 하는데 있어서 서로 방해를 할 수 있다. Laufer(1997)는 어휘의 형식과 의미에 중점을 두고 어휘 학습 순서에 영향을 미치는 요인들을 다음과 같이 'facilitating factors', 'difficulty-inducing factors', 'factors with no clear effect'로 제시하였다.

○ Lexical factors which affect vocabulary learning
- Facilitating factors
  - familiar phonemes
  - familiar letter combinations (sland)
  - stress always on same syllable
  - consistency of sound-script relationship
  - inflectional regularity
  - derivational regularity
  - transparency of word parts (preview = look before)
  - general words with neutral register
  - one form for one meaning
- Difficulty-inducing factors
  - presence of foreign phonemes
  - unfamiliar letter combinations (ndasl)
  - variable stress
  - incongruency in sound-script relationship
  - inflectional complexity
  - derivational complexity
  - deceptive transparency (outline ≠ out of line)
  - similarity of word forms (affect/effect)
  - specific words with register constraints
  - idiomaticity
  - one form with several meanings

- Factors with no clear effect
  - word length
  - part of speech concreteness / abstractness

어휘의 빈도와 범위 측면에서는 기본적 의사소통과 관련된 다양한 상황에서 자주 접하는 어휘들을 먼저 학습할 것이다. 한편, 기능어(function words)의 경우 형식이 비교적 단순하고 빈번하게 사용되지만 문법적 역할을 하는 추상적인 의미를 전달하면서 어휘적 의미를 전달하는 내용어(content words)에 비해 늦게 학습된다. 이러한 이유로 영어 학습 초기에는 기능어를 빠뜨린 표현들이 흔히 사용된다(Ventriglia, 1982). 그 예로서 정보차 활동을 하는 학생들의 상호작용은 다음과 같다.

S1: Where is post office?
S2: Post office? It's next bank.
S1: Next bank?
S2: Yes. It's next bank. Where is museum?
S1: It's behind zoo.
S2: Behind zoo. Okay.

Bauer와 Nation(1993)은 빈도와 언어적 난이도를 고려하여 형태소로서 접사(affixes)의 학습 순서를 다음과 같이 제시하였다.

Level 1. Each form is a different word. Each derivative is counted as a separate type.
Level 2. Inflectional suffixes. Base words and their inflections are considered part of the same word family. Affixes include the plural, third person singular present tense, past tense, past particle, -ing, comparative, superlative, and possessive.
Level 3. The most frequent and regular derivational affixes. The affixes include

Level 4. Frequent, orthographically regular affixes. The affixes are -al, -ation, -ess, -ful, -ism, -ist, -ity, -ize, -ment, -ous, and in-, all with restricted uses.

Level 5. Regular but infrequent affixes. These affixes are not general enough to add greatly to the number of words that can be understood. They include -age, -al, -ally, -an, -ance, -ant, -ary, -atory, -dom, -eer, -en, -ence, -ent, -ery, -ese, -esque, -ette, -hood, -ian, -ite, -let, -ling, -ly, -most, -ory, -ship, -ward, -ways, -wise, anti-, ante-, arch-, bi-, circum, counter-, en-, ex-, fore-, hyper-, inter-, mid-, mis-, neo-, post-, pro-, semi-, sub-, and un-.

Level 6. Frequent but irregular affixes. These affixes cause major problems in segmentation. Some of these affixes are already listed above; those can be considered the transparent cases, whereas these are the opaque cases. They include -able, -ee, -ic, -ify, -ion, -ist, -ition, -ive, -th, -y, pre-, and re-.

Level 7. Classical roots and affixes. Bauer and do not deal with these roots and affixes, except to suggest that they should be explicitly taught to learners, and to note that many frequent English prefixes belong here, such as ab-, ad-, com-, de-, dis, ex-, and sub.

모국어와 목표어의 유사점 또는 차이점은 어휘 학습에 긍정적 또는 부정적인 영향을 미칠 수 있다. 보통 모국어와 목표어는 형식으로서 소리와 철자 측면에서 차이가 많은데, 모국어와 유사한 소리 또는 철자로 구성된 어휘가 먼저 학습될 가능성이 많다. 예를 들어, 영어와 스페인어 어휘에는 라틴어에서 유래된 것들이 많아 소리와 철자가 비슷하여 한 언어를 알고 있으면 다른 언어를 학습하는데 도움이 된다. 반면에, 한국어와 영어는 소리와 철자 측면에서 차이가 커서 영어의 형식적 특성을 이해해야 어휘 학습에 도움이 된다. 한편, 대부분의 목표어의 어휘는 모국어로 번역되지만, 의미 영역이 다른 경우에는 주의를 해야 한다. 예를 들어, 영어의 'put on'의 경우에 한국어에서는 '(모자를) 쓰다', '(바지를) 입다', '(양말을) 신다',

'(장갑을) 끼다' 등의 의미로 구현된다. 언어에 따라 달라지는 'tree'와 'wood'의 의미 영역을 비교하면 다음과 같다(Schmitt, 2000: 125).

English	French	Danish	Swedish
tree	arbre	træ	träd
wood (material)	bois		trä
wood (small forest)		skov	skog
forest	forêt		

학습자들의 흥미와 요구 측면에서 흥미와 요구가 높은 어휘에 주의를 보다 집중할 것이므로 이들이 먼저 학습된다. 한편, 어휘에 대한 흥미와 요구는 목표로 하는 의사소통 유형에 따라 달라질 수 있다. 예를 들어, 음성 언어 중심 의사소통을 원하는 경우에는 음성 언어에서 자주 사용되는 어휘를, 문자 언어 중심의 의사소통을 원하는 경우에는 문자 언어에서 자주 사용되는 어휘를 먼저 학습할 것이다. 마찬가지로 기본적 의사소통을 원하는 경우에는 기본적의사소통에서 자주 사용되는 어휘를, 학문적 의사소통을 원하는 경우에는 학문적 상황에서 자주 사용되는 어휘를 먼저 학습할 것이다.

지금까지 논의한 어휘 학습 과정이 어휘 학습에 주는 중요한 시사점은 다음과 같다. 첫째, 개별 어휘의 지식 학습 과정은 인지 과정으로서 지각, 인식, 이해, 실험, 구조화, 재구조화와 연계하여 이해할 수 있는데, 어휘 학습의 문제점이 발생하는 경우에 어떠한 인지 과정에서 일어나는가를 파악하여 이를 효과적으로 해결할 수 있을 것이다. 둘째, 개별 어휘의 지식과 기능 학습 과정은 차이가 있는데 그 차이를 자동화라고 볼 때, 어휘 기능 학습을 위해서는 다양한 듣기, 말하기, 읽기, 쓰기 활동에서 어휘 지식을 반복하여 사용하면서 자동화할 수 있는 기회를 제공해야 한다. 셋째, 어휘 학습 순서는 학습자의 오류 수정과 관련하여 중요한 정보를 제공한다. 예를 들어, 같은 양의 입력을 제공하더라도 특정 어휘는 쉽게 학습하는 반면에 그렇지 않은 어휘도 있다. 그렇지 않은 어휘의 경우에는 오류 수정의 효과가 크지 않을 수 있다. 이 경우에는 어휘의 형식과 의미, 어휘의 빈도와 범위,

목표어와 모국어의 차이, 학습자의 흥미와 요구 등을 종합적으로 고려해야 해결할 수 있다.

4.4 요약

효과적인 어휘 학습을 위해서는 어휘 학습 과정을 이해하고 이를 고려할 필요가 있다. 어휘 학습 과정은 의사소통에 필요한 어휘에 관한 지식과 기능을 익히는 과정으로서 이는 개별 어휘에 관한 지식과 기능은 어떠한 과정을 거쳐서 학습되는가와 다양한 어휘의 지식과 기능들은 어떠한 순서로 학습되는가로 나누어 살펴볼 수 있다. 개별 어휘의 지식 학습은 입력에 대한 지각, 인식, 이해, 구조화, 재구조화의 과정으로 이루어지는데, 이 과정에서 의사소통 상황과 선행지식, 상호작용 등이 중요한 역할을 하게 된다. 개별 어휘의 기능 학습은 어휘 지식 학습 과정을 따르되 자동화가 추가되는 것으로 이해할 수 있다. 다양한 어휘의 지식과 기능들의 학습 순서는 어휘의 형식과 의미, 어휘의 빈도와 범위, 목표어와 모국어의 차이. 학습자의 흥미와 요구 등을 종합적으로 고려해야 이해할 수 있다.

5. 어휘 학습 원리

효과적인 어휘 학습을 위해서는 어휘 학습 과정과 함께 어휘 학습 원리를 이해할 필요가 있는데, 어휘 학습 원리란 어휘 학습을 촉진시킬 수 있는 방안을 말한다. 이 장에서는 어휘 학습 원리의 기반이 되는 영어 학습 원리와 어휘 학습에 중점을 둔 원리에 대해 논의한다.

5.1 영어 학습 원리와 어휘 학습

어휘 학습은 영어 학습의 한 과정이므로 어휘 학습 원리는 영어 학습 원리와 연계하여 논의할 필요가 있다. 영어 학습 원리는 영어 학습을 촉진시킬 수 있는 방안을 말한다. Nation(2013)은 영어 학습에 관한 주요 연구들을 종합하여 거시적인 관점에서의 영어 학습 원리를 'comprehensible meaning-focused input', 'comprehensible meaning-focused output', 'language focused-learning', 'fluency development'로 제시하였는데, 어휘 학습 측면에서도 이 원리들을 적용할 필요가 있다. 구체적으로 말하면 어휘 학습과 관련된 목표 설정, 내용 선정, 활동 구안, 상호작용에서 이러한 원리들을 적극적으로 고려해야 할 것이다.

'comprehensible meaning-focused input'은 의미 중심의 이해 가능 입력을 강조하는 학습 원리이다. 이해 가능 입력이란 의사소통 상황이나 선행 지식을 활용하여 이해할 수 있는 수준의 언어를 말한다. 어휘 학습과 관련하여 보면, 의사소통 상황 측면에서 영어를 사용하는 상황과 한국어를 사용하는 상황이 대부분 비슷하므로 모국어 의사소통 경험을 바탕으로 추측 전략을 사용하여 새로운 어휘를 어느 정도 이해할 수 있다. 선행 지식 측면에서는 예를 들어, 'swim'과 형태소 '-er', 'ing'를 알고 있다면 'swimmer'와 'swimming'의 형식과 의미를 이해할 수 있을 것이다. 이해 가능 입력을 처음 접할 때에는 새로운 어휘의 형식으로서 소리와 철자를 정확히 익히기 보다는 형식이 전달하는 의미에 중점을 두면서 이해할 필요가 있다. 한편, 새로운 어휘를 자연스럽게 이해할 수 있으려면 텍스트를 구성하는 어휘의 95-98%를 알고 있어야 한다(Hu and Nation, 2000; Schmitt, 2000). 즉, 95-98%의 알고 있는 어휘를 활용하면서 추측 전략을 사용하여 2-5%의 새로운 어휘를 이해할 수 있는 것이다.

이러한 측면에서 등급화된 텍스트(graded readers)는 'comprehensible meaning-focused input'을 제공할 수 있는 최적의 자료라 할 수 있다(Nation, 2013). 등급화된 텍스트는 어휘의 사용 빈도(frequency)를 고려하고, 신출 어휘 수를 통제하여 단계별로 구성되어 있어 일정한 수의 어휘만 알고 있어도 텍스트를 이해할 수 있다. 이러한 텍스트는 일상생활에서 자주 접할 수 있는 어휘들로 구성되어 있으며, 이전 단계에서 학습한 어휘를 다음 단계에서 연계하여 사용하면서 시리즈로 구성되어 있으므로, 다독(extensive reading) 중심의 활동을 하면서 새로운 어휘를 자연스럽게 점진적으로 학습할 수 있다. 다독이란 학습자의 수준에 맞는 다양한 텍스트를 읽는 활동을 말한다. 또한 등급화된 텍스트는 친숙하고 흥미로운 주제로 구성되어 있어서 의미 중심의 어휘 학습을 하는데 도움이 된다. 등급화된 텍스트는 'beginner', 'elementary', 'intermediate', 'upper intermediate', 'advanced' 등으로 단계를 나눌 수 있으며, 각 단계에서 제시되는 신출 어휘 수의 예는 다음과 같다 (http://erfoundation.org/wordpress/graded-readers).

○ The Extensive Reading Foundation Graded Reader Scale

Levels		Headword Count
Beginner	Alphabet	1-50
	Early	51-100
	Mid	101-200
	High	201-300
Elementary	Early	301-400
	Mid	401-600
	High	601-800
Intermediate	Early	801-1000
	Mid	1001-1250
	High	1251-1500
Upper Intermediate	Early	1501-1800
	Mid	1801-2100
	High	2101-2400
Advanced	Early	2401-3000
	Mid	3001-3600
	High	3601-4500

한편, 의미 중심의 학습은 개별 어휘의 의미 학습뿐만 아니라 개별 어휘와 다른 어휘들과의 의미 관계에 대한 학습을 포함한다. 다른 어휘들과의 의미 관계는 계열적 의미 관계(paradigmatic meaning relations), 통사적 의미 관계(syntagmatic meaning relations), 주제별 의미 관계(thematic meaning relations)로 나눌 수 있다. 다른 어휘들과의 의미 관계에 대한 지식은 개별 어휘의 의미와 의미 영역(semantic space)을 더욱 명확하게 이해하는 데 필요하며, 의사소통을 위해서 어휘를 유창하고 정확하게 사용하는데 도움이 된다. 이러한 관점에서 계열적 의미 관계에 관한 지식을 학습하기 위한 내용과 활동의 예는 다음과 같다(Thornbury, 2002: 98).

Put these adjectives into two groups - positive and negative.

emotional	friendly	good-humoured	outgoing
confident	ambitious	rude	self-centred
offensive	kind	selfish	nice

'comprehensible meaning-focused output'은 표현 기능과 의미를 강조하는 원리이다. 즉, 말하기와 쓰기 학습 활동에서 의미 전달을 위한 어휘 사용을 강조한다. 어휘를 효과적으로 학습하기 위해서는 듣기와 읽기 중심의 이해 가능 입력만으로는 한계가 있다. 이해 가능 입력 중심으로 어휘를 학습하는 경우에는 어휘의 형식과 의미에 관한 지식이 정확히 구조화되지 못하는 경우가 흔하다. 반면에, 학습자가 의미 전달을 위해서 어휘를 사용하다 보면 자신이 알고 있는 어휘 지식의 수준을 파악하여 이후에 접하는 입력에 더 많은 관심과 주의를 기울이면서 어휘 지식을 재구조화할 수 있게 된다. 또한 입력 중심의 어휘 학습에서는 주로 개별 어휘에 관심을 두는 반면에 의미를 전달하기 위해 어휘를 사용하다 보면 다른 어휘와의 형식과 의미 관계도 고려하게 된다. 따라서 'comprehensible meaning-focused output'은 개별 어휘의 의미와 형식뿐만 아니라 다른 어휘와의 형식과 의미 관계에 관한 지식 학습에도 도움이 된다. 의미 중심의 표현 학습을 강조한 내용과 활동의 예는 다음과 같다(Thornbury, 2002: 96).

Work in pairs. Choose five words to describe yourself.

careful, interesting, clever, cold, confident, fit, funny, imaginative, intelligent, kind, lazy, nervous, optimistic, patient, pessimistic, polite, quiet, calm, rude, sad, sensitive, nice, serious, tidy, thoughtful

Think of other words you can use. *honest, friendly* ...
Discuss your choice of words with your partner.
I think I'm usually optimistic. And I'm always polite!
Does he/she agree with you?

'language focused-learning'은 개별 어휘의 형식과 다른 어휘와의 형식 관계의 학습을 강조하는 원리이다. 'meaning-focused input'과 'meaning-focused output'의 원리 측면에서는 의미 중심의 어휘 학습을 강조하기 때문에 어휘를 유창하게 사용하는데에는 도움이 되지만 정확성을 기르는데에는 한계가 있다. 그렇다고 학습 초기부터 어휘의 형식을 강조하면 어휘가 전달하는 의미를 소홀히 할 수 있으며, 어휘 학습에 대한 흥미와 자신감을 떨어뜨릴 수 있다. 따라서 어휘 학습 전반에 걸쳐 의미 중심의 입력과 출력을 강조하면서 필요한 경우에 개별 어휘의 형식과 다른 어휘와의 형식 관계에도 관심을 둘 수 있도록 해야 한다. 발음 또는 철자가 유사한 어휘들은 반드시 그렇지는 않지만 의미적으로 관련이 있는 경우가 많다. 영어는 개별 낱말에 형태소를 붙여서 의미상 관련있는 낱말을 만드는 경우가 많은데 이러한 낱말들은 형식적으로 유사하다. 예를 들어, 'teach'에 'ing'를 붙이면 'teaching', 'er'을 붙이면 'teacher'가 되면서 'teach', 'teaching', 'teacher'가 형식적으로 유사하게 된다. 이와 같이 어휘 형식에 관한 지식은 어휘의 의미와 의미 관계를 익히는데 도움이 되는데, 이러한 원리를 적용한 학습 내용과 활동의 예는 다음과 같다 (Thornbury, 2002: 108).

'Strengthen' is a verb which is formed from the adjective 'strong'. Work in pairs and complete this table.

Adjective	Noun	Verb
wide		
strong		
deep		
weak		
short		
high		

'fluency development'는 의사소통을 위해 어휘를 유창하게 사용할 수 있도록 의미의 이해와 표현에 중점을 두면서 어휘 지식이 기능으로 발전할 수 있도록 자동화를 강조하는 원리이다. 어휘 지식과 기능의 차이점은 지식이 자동화되어 있느냐

그렇지 않느냐의 문제라 할 수 있다(Brown, 2014). 즉, 어휘 기능은 실제적인 의사소통을 위한 듣기, 말하기, 읽기, 쓰기 활동에서 어휘 지식을 사용할 수 있는 능력으로서 어휘 지식과는 별개의 학습이 필요하다. 유창성 중심의 어휘 기능 학습을 위해서는 99% 이상의 어휘를 이미 알고 있어야 하는데, 모르는 어휘가 많으면 지식 중심의 학습이 되기 때문이다. 모국어나 제이언어로서 영어를 배우는 상황에서는 다양한 의사소통을 하면서 지식을 자동화할 수 있는 기회가 자연스럽게 주어지므로 지식과 기능을 동시에 학습할 수 있다. 그러나 외국어로서 영어를 학습하는 경우에는 주로 교실에서 배우기 때문에 어휘 지식 학습은 어느 정도 가능하나 의사소통 활동 경험이 제한적이므로 어휘 기능을 효과적으로 익히는 데에는 한계가 있다.

　이러한 측면에서 교실 수업에서도 다양한 의사소통 활동을 적용하여 학습자들이 듣기, 말하기, 읽기, 쓰기와 관련된 어휘 지식을 반복하여 사용하면서 어휘 기능으로 발전시킬 수 있도록 유도해야 한다. 한편, 의사소통 활동을 하면서 목표 어휘를 반복하여 사용하는 것도 중요하지만, 반복을 하는데 있어서 약간의 시차를 두는 것이 더욱 효과적이다(Baddeley, 1990). 어휘 지식에 따라 다르지만 보통 시차를 두고 10번 이상 반복 학습이 이루어져야 자동화가 되는 것으로 알려져 있다(Webb, 2007). 이와 관련하여 학습 후에 시간이 지나면서 망각(forgetting)되는 양과 시차를 두고 반복 학습이 이루어졌을 때 망각되는 양을 비교하면 다음과 같다(Schmitt, 2000: 131).

○ Typical pattern of forgetting

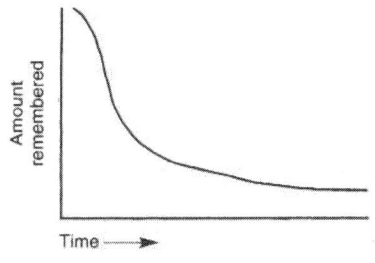
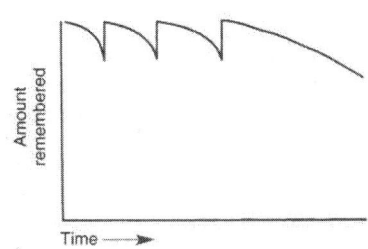

다독(extensive reading)은 자연스럽게 어휘의 반복학습을 유도할 수 있는데 빈도별 어휘에 따라 적어도 10번 정도 반복 학습을 하기 위해서 읽어야할 소설책과 낱말의 수는 다음과 같다(Nation, 2013: 214).

○ Corpus sizes needed to gain an average of at least ten repetitions at each of nine 1,000 word levels using a corpus of novels

1,000 word list level	Corpus size to get at least 10 repetitions (repetitions)	Number of families met	Number of novels
2nd 1,000 families	171,411 (13.4)	805 of 2nd 1,000	2
3rd 1,000 families	300,219 (12.6)	830 of 3rd 1,000	3
4th 1,000 families	534,697 (12.6)	812 of 4th 1,000	6
5th 1,000 families	1,061,382 (13.7)	807 of 5th 1,000	9
6th 1,000 families	1,450,068 (13.1)	795 of 6th 1,000	13
7th 1,000 families	2,035,809 (13.7)	766 of 7th 1,000	16
8th 1,000 families	2,427,807 (14.1)	755 of 8th 1,000	20
9th 1,000 families	2,956,908 (12.0)	805 of 9th 1,000	25
10th 1,000 families	2,956,908 (9.8)	754 of 10th 1,000	253

아울러 빈도별 어휘를 적어도 10번 정도 반복 학습을 하기 위해서 필요한 독서 시간은 다음과 같다(Nation, 2013: 214). 이 시간은 40주 동안, 1주일에 5번의 독서 활동을 기준으로 한 것인데, 각각 1분당 200 낱말(200 wpm)과 1분당 100 낱말(100 wpm)을 읽을 수 있다는 가정 하에 계산된 것이다.

○ A mount of reading in tokens and hours per week to meet the 1,000 word families around 10 times

1,000 word list level	Amount to read(in tokens)	Hours per week @ 200 wpm	Hours per week @ 100 wpm
2nd 1,000 families	171,411	21 minutes	42 minutes
3rd 1,000 families	300,219	38 minutes	1 hour 16 minutes
4th 1,000 families	534,697	1 hour 5 minutes	2 hour 10 minutes
5th 1,000 families	1,061,382	2 hours 12 minutes	4 hours 24 minutes
6th 1,000 families	1,450,068	3 hours	6 hours
7th 1,000 families	2,035,809	4 hours 5 minutes	8 hours 10 minutes
8th 1,000 families	2,427,807	5 hours 3 minutes	10 hours 6 minutes
9th 1,000 families	2,956,908	6 hours 10 minutes	12 hours 20 minutes
10th 1,000 families	2,956,908	6 hours 10 minutes	12 hours 20 minutes

한편, 어휘 지식을 기능 수준으로 자동화시키는데 효과적인 활동으로서 '4/3/2' 활동이 있다. 이 활동은 여러 가지 버전으로 응용하여 사용할 수 있는데 예를 들어, 지난 주말에 한 일들을 각각 다른 사람에게 이야기하도록 할 때, 첫 번째 사람에게는 4분 동안, 두 번째 사람에게는 3분 동안, 세 번째 사람에게는 2분 동안 말하게 한다. 즉, 동일한 어휘를 사용하여 똑같은 내용을 이야기하되, 말하는 시간을 4분, 3분, 2분으로 줄이면서 어휘 지식을 자동화할 수 있도록 유도하는 것이다(Nation, 2013).

어휘를 효과적으로 학습하기 위해서는 'comprehensible meaning-focused input', 'comprehensible meaning-focused output', 'language focused-learning', 'fluency development'의 네 가지 원리를 종합적으로 고려하여 특정 원리에만 치우치지 않도록 균형 잡힌 어휘 학습 프로그램을 구안해야 한다. 즉, 전체 어휘 학습 프로그램에서 각각의 원리를 적용한 학습 내용과 활동이 1/4정도를 차지하도록 구성할 필요가 있다. 이러한 관점에서 Nation과 Webb(2011: 579)는 네 가지 원리들을 적용한 균형 잡힌 어휘 학습 프로그램의 예를 다음과 같이 제시하고 있다.

○ A well-balanced vocabulary program

Strands	Activities and techniques
Meaning-focused input	• Reading graded readers. • Listening to stories. • Communication activities
Meaning-focused output	• Communication activities with written input. • Prepared writing. • Linked skills.
Language-focused learning	• Direct teaching of vocabulary. • Direct learning. • Intensive reading. • Training in vocabulary strategies.
Fluency development	• Reading easy graded readers. • Repeated reading. • Speed reading. • Listening to easy input. • 4/3/2 activities. • Rehearsed tasks. • Ten-minute writing. • Linked skills.

5.2 어휘 지식과 기능 학습 원리

효과적인 어휘 학습을 위해서는 타당한 연구 결과에 기반을 둔 어휘 학습 원리를 설정하고 이 원리를 따라야 한다. 그럼에도 불구하고 어휘 학습과 관련하여 근거가 없거나 빈약한 주장들이 있어 왔으며, 이들 중 일부는 어휘 학습과 함께 영어 학습 전반에 걸쳐 심각한 부정적인 영향을 미칠 수 있다. Folse(2004)는 그 예들을 다음과 제시하면서 어휘 학습에 있어서 타당한 연구와 연구 결과에 근거한 어휘 학습 원리를 강조하였다. 즉, 이러한 주장들은 연구를 수행하여 검증할 필요가 있다.

- In learning another language, vocabulary is not as important as grammar or other areas.
- Using word lists to learn second language vocabulary is unproductive.
- Presenting new vocabulary in semantic sets facilitates learning.
- The use of translations to learn new vocabulary should be discouraged.
- Guessing words from context is an excellent strategy for learning second language vocabulary.
- The best vocabulary learners make use of one or two really good specific vocabulary learning strategies.
- The best dictionary for second language learners is a monolingual dictionary.
- Teachers, textbooks, and curricula cover second language vocabulary adequately.

어휘 학습이란 어휘에 관한 지식과 기능을 익히는 것을 말하며, 효과적으로 어휘를 학습하기 위해서는 자연스러운 어휘 학습 과정을 고려해야 한다. 따라서 어휘 학습 원리는 어휘 지식, 어휘 기능, 어휘 학습 과정에 근거하여 설정할 수 있다. 어휘 지식 측면에서는 개별 어휘의 형식과 의미, 다른 어휘와의 형식 관계와 의미 관계에 관한 지식을 익힐 수 있도록 하며, 어휘 기능 측면에서는 듣기, 말하기, 읽기, 쓰기 활동에서 어휘 지식을 유창하고 정확하게 사용할 수 있도록 해야 한다. 어휘 학습 과정 측면에서는 개별 어휘의 지식과 기능 학습 과정, 다양한 어휘들의 지식과 기능 학습 순서를 이해하고 이를 고려해야 한다. 어휘 학습 원리는 어휘 관련 학습 목표를 설정하고 학습 내용을 선정하며, 학습 활동을 구안하고 상호작용을 하는데 있어서 지침이 된다.

○ 어휘 학습 원리와 어휘 학습

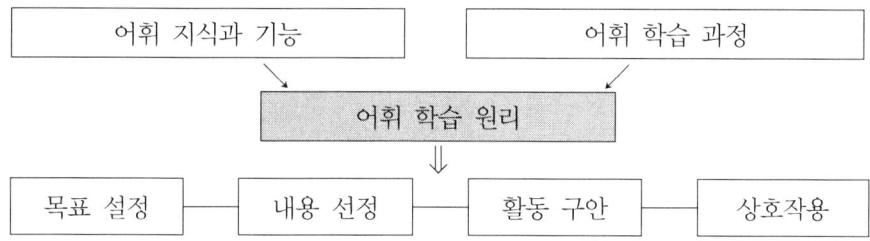

Sökmen(1997)은 어휘 지식과 기능의 통합적인 관점에서 어휘 학습 원리를 아래와 같이 제시하였다. 여기에서는 시각 어휘(sight vocabulary), 선행 어휘 지식, 반복 학습, 인지적 깊이(cognitive depth), 이미지 학습(imaging), 학습자의 수준, 다양한 학습 활동, 학습 전략(learning strategies) 등을 강조하고 있다.

- Build a large sight vocabulary
- Integrate new words with old
- Provide a number of encounters with a word
- Promote a deep level of processing
- Facilitate imaging
- Make new words 'real' by connecting them to the student's world in some way
- Use a variety of techniques
- Encourage independent learning strategies

Nation(2013: 126-127)은 개별 어휘의 의미와 다른 어휘와의 의미 관계에 중점을 두면서 어휘 학습 원리를 다음과 같이 제시하고 있다.

- Provide clear, simple, and brief explanation of meaning.
- Draw attention to the generalisable underlying meaning of word.
- Give repeated attention to words.

- Help learners recognise definitions.
- Prioritise what should be explained about particular words.
- Help leaners remember what is explained.
- Avoid interference from related words.

Nation(2013: 171)은 어휘 기능 학습 측면으로 듣기 활동에서 어휘 학습을 촉진시키는 조건을 'interest', 'comprehension', 'repeated retrieval', 'decontextualisation', 'deep processing'으로 나누어 주요 특징을 다음과 같이 제시하고 있다.

○ Conditions and features enhancing vocabulary learning from listening tasks

Conditions		Features
Interest	Useful	• Involve the listeners
	Very good	• Serialise
	Excellent	• Use interesting material
Comprehension	Useful	• Choose easy words to focus on
	Very good	• Control the pace • Simplify
	Excellent	• Choose easy material • Use pictures
Repeated retrieval	Useful	• Don't note up words on the board too soon • Don't wait too long between readings
	Very good	• Serialise a long story • Use related texts
	Excellent	• Reread/retell the same stories
Decontextualisation	Useful	• Put words on the blackboard • Point to a word on the blackboard
	Very good	• Encourage negotiation
	Excellent	• Define simply • Translate

Deep processing	Useful	• Use contextual definitions
	Very good	• Use pictures
	Excellent	• Serialise • Retell differently

아울러 말하기 활동에서 어휘 학습을 촉진시키기 위한 원리는 다음과 같다 (Nation, 2013: 96).

1. Make sure that the target vocabulary is in the written input to the task and occurs in the best place in the written input.
   • Have a plenty of written input.
   • Make sure about 12 target words occur in the written input.
   • Try to predict what parts of the written input are most likely to be used in the task and put wanted vocabulary there.
2. Design the task so that the written input needs to be used.
   • Avoid the use of numbering in lists of items or choices.
   • Use retelling, role play, problem-solving discussion based on the written input.
   • Have a clear outcome to the task, such as ranking, choosing, problem sloving, completion.
3. Get each learner in the group actively involved.
   • Split the information.
   • Assign jobs or roles.
   • Keep the group size reasonably small (about four or five learners).
   • Have learners of roughly equal proficiency in group who feel comfortable negotiating with each other.
4. Ensure that the vocabulary is used in ways that encourage learning.
   • Use tasks such as role play that require changing the context of the vocabulary.
   • Use a procedure such as the pyramid procedure or reporting back to get

the vocabulary reused.
- Remove the input so that recall is required, or after looking at the detailed sheet, use a reduced one for the task.
- After the task is completed, get the learners to reflect on what vocabulary they learned.

Day와 Bamford(2002)는 읽기 활동에서의 어휘 학습 측면에서 다독(extensive reading)을 강조하면서 이와 관련하여 다음과 같은 원리를 제시하였다.

1. The reading material is easy.
2. Learners read as much as possible.
3. Reading is individual and silent.
4. Reading is its own reward.
5. The extensive reading course has a meaning-focused input strand and a fluency strand.
6. Reading speed is usually faster rather than slower.
7. A variety of reading material on a wide range of topics must be available.
8. Learner choose what they want to read.
9. The purpose of reading is usually related to pleasure, information and general understanding.
10. Teachers orient and guide their students.
11. The teacher is a role model of a reader.

5.3 어휘 학습 과정과 어휘 학습 원리

어휘 학습 과정을 고려한 어휘 학습 원리는 'motivation', 'noticing', 'retrieval', 'creative use', 'retention'으로 다음과 같이 제시할 수 있다. 이 원리들은 효과적인

어휘 학습 활동을 구안하기 위한 체크리스트로 활용될 수 있다. (Nation and Webb, 2011: 7)

○ A checklist for Technique Feature Analysis

Criteria	Scores
Motivation	
Is there a clear vocabulary learning goal?	0 1
Does the activity motivate learning?	0 1
Does the learners select the words?	0 1
Noticing	
Does the activity focus attention on the target words?	0 1
Does the activity raise awareness of new vocabulary learning?	0 1
Does the activity involve negotiation?	0 1
Retrieval	
Does the activity involve retrieval of the word?	0 1
Is it productive retrieval?	0 1
Is it recall?	0 1
Are there multiple retrievals of each word?	0 1
Is there spacing between retrievals?	0 1
Generation	
Does the activity involve generative use?	0 1
Is it productive?	0 1
Is there a marked change that involves the use of other words?	0 1
Retention	
Does the activity ensure successful linking of form and meaning?	0 1
Does the activity involve instantiation?	0 1
Does the activity involve imaging?	0 1
Does the activity avoid interference?	0 1
Maximum score	18

어휘 학습에 대한 동기 유발(motivation)은 어휘 학습의 출발점으로서 입력을

지각(perceiving)하고 인식(noticing)하기 위한 중요한 조건이므로 어휘 학습 활동은 학습자들의 어휘 학습 동기를 유발시킬 수 있어야 한다. 동기 유발 없이는 입력에 대한 지각과 인식의 정도가 약하고, 그러한 경우에는 다음 단계의 인지 과정이 일어나는데 한계가 있으므로 어휘 학습에 있어서 동기 유발은 매우 중요하다. 어휘 학습에 대한 동기를 유발하기 위해서는 명확한 어휘 학습 목표가 설정되어야 하는데, 이러한 측면에서 교사가 의도하는 교수 목표와 학습자가 원하는 학습 목표가 일치되는 것이 중요하다. 또한, 어휘 학습 활동에 대한 흥미와 도전감, 성공에 대한 기대감을 높이고, 학습자의 흥미와 요구, 수준을 반영하여 학습할 어휘를 선정해야 한다.

어휘 학습은 새로운 입력의 형식과 의미를 인식(noticing)하는 것으로 부터 시작되므로 어휘 학습 활동은 목표 어휘를 쉽고 명확하게 인식할 수 있도록 구성되어야 한다. 보통 어휘 학습 과정 측면에서 인식과 이해(understanding)를 구별하지만 여기에서는 이해를 인식의 개념에 포함하여 사용하고 있다. 새로운 입력의 형식에 대한 인식을 높이기 위해서는 학습자들이 학습해야할 어휘의 발음 또는 철자에 집중할 수 있도록 협상(negotiation), 정의(definition), 입력 증진(input enhancement), 의식 고양(consciousness raising) 등 다양한 도움을 제공해야 한다 (Smith, 1993). 협상은 새로운 어휘의 형식과 의미에 대해 다양한 정보를 주고 받는 것을 말하는데, 이는 어휘에 대한 지각과 이해의 정도를 높이는데 중요한 역할을 한다. 따라서 어휘에 대한 협상이 활발히 일어나도록 유도할 필요가 있다. 정의는 어휘의 의미를 제시하는 것으로 그림, 사진, 실물, 동작, 모국어를 등을 이용하거나 의미 관계가 있는 목표어 어휘를 사용할 수 있다. 또한 의사소통 상황을 제시하여 추측하게 할 수 있다. (Nation, 2013: 121)

○ Communicating word meanings
  - by showing pictures or diagrams
  - by showing objectives
  - by performing actions
  - by defining in the first language (translation)

- by defining in the target language
- by providing language context clues

○ Definition strategies (Richards and Taylor, 1992)

Types	Examples
synonym	*beautiful* means *nice*
antonym	*young* means not *old*
analytic definition	An X is a Y which ...
taxonomic definition	*autumn* is a season
definition by exemplification	*furniture* - something like a chair, sofa, etc.
definition by function	*pen* - use it to write
grammatical definition	*worse* - comparison form of *bad*
definition by association	*danger* - lives have not been protected
definition by classification	*family* - a group of people

의사소통을 하면서 특정 어휘의 의미를 간단히 설명을 한다면 학습자들의 관심과 주의를 집중시킬 수 있을 것이다. 입력 증진은 목표 어휘의 형식을 강조하여 제시하는 것으로, 예를 들어 새로운 어휘의 발음을 강조하여 여러 번 들려주거나 철자에 밑줄을 그어 제시할 수 있다. 의식 고양이란 어휘 학습의 중요성에 대한 학습자의 의식을 높이는 것이다. 이를 위해서는 의미의 이해와 표현을 위해서 어휘가 얼마나 중요한 역할을 하는가를 알도록 할 필요가 있다. 이러한 측면에서 인식을 높이기 위한 교수 학습 활동의 예는 다음과 같다(Nation, 2013: 103).

- While listening or reading, the learner notices that a word is a new word, or thinks, 'I have seen that word before', or thinks, 'That word is used differently from the ways I have seen it used before'.
- The teacher draws attention to a word by writing it on the blackboard.
- Learners negotiate the meaning of a word with each other or with the teacher.

- The teacher explains a word for the learners by giving a definition, a synonym or a first language translation.

어휘의 형식과 의미에 대한 이해는 다른 어휘와의 형식과 의미 관계에 대한 이해를 포함한다. 영어 학습 초기에는 형식과 의미가 비슷한 어휘를 함께 접하는 경우가 드물지만, 영어 학습이 진행될수록 그런 기회가 증가할 것이다. 그러한 경우에는 어휘들의 형식과 의미의 차이를 구별해야 할 것이다. 따라서 어휘의 형식과 의미에 대한 지식과 이해 과정에서 다른 어휘와의 형식과 의미 관계를 다룰 필요가 있는데, 이러한 측면에서 Blachowicz와 Fisher(2010: 102-103)는 다음과 같은 전략을 제시하고 있다.

○ Strategies that focus on discriminating features
1. Define the new concept, discriminating the attributes relevant to all instances of the concept.
2. Discriminate the relevant from the irrelevant properties if instances of the concept.
3. Provide an example of the concept.
4. Provide a nonexample of the concept
5. Relate the concept to a subordiante concept.
6. Relate the concept to a superordinate concept.
7. Relate the concept to a coordiante term.

Word: *Treasure*
Step 1. The discriminating attributes of *treasure* are members in an organization and responsibility for the accounts.
Step 2. The amount of money the treasure is responsible for is an irrelevant attribute.
Step 3. The 'treasure of the school board' and the 'treasurer of the school book

club' are examples of the word.
Step 4. The 'chairman or secretary of the board' and 'a banker' are nonexamples of the concept.
Step 5. Examples of subordinate concepts would be particular generic instances of a treasurer, such as the treasurer of a country club or boy's club.
Step 6. The superordinate concept is "people who deal with money".
Step 7. A coordinate term is *bookkeeper*.

　이해 과정을 거친 어휘 지식은 구조화되어 장기 기억에 저장되며 의사소통하면서 맞는지 실험을 하고 필요한 경우에 재구조화를 하게 된다. 즉, 어휘 지식이 정확하게 구조화 또는 재구조화되기 위해서는 장기 기억에 저장된 어휘 지식을 다시 사용(retrieval)해야 한다. 이와 관련하여, 어휘 학습 활동은 학습자들이 의미를 이해하고 표현하기 위해서 구조화된 어휘 지식을 반복하여 사용할 수 있도록 구성되어야 한다. 한편, 반복을 하는데 있어서 약간의 시차를 두는 것이 필요한데, 어휘 학습을 위해서는 적어도 10번 이상의 시차를 둔 반복 학습이 필요하다(Baddeley, 1990). 시차와 관련해서는 적어도 최초 학습 후 한 달이 지나기 전에는 복습이 필요한 것으로 알려져 있다(Nation, 2013). 즉, 지각과 이해 과정을 거쳐 구조화된 어휘 지식을 유창하고 정확하게 사용할 수 있으려면 일정한 시간 간격으로 10번 이상의 반복 학습이 필요하다.

　구조화된 어휘 지식을 다양한 상황에서 새롭게 사용하는 것(generative use)은 어휘 지식 사용에 대한 동기를 부여하고 어휘 지식을 재구조화하고 자동화하는데 중요한 역할을 한다. 이와 관련하여 어휘 학습 활동은 학습자들이 구조화된 어휘 지식을 새로운 상황에서 사용할 수 있도록 구성되어야 한다. 즉, 학습자들이 활동을 하면서 다양한 상황에서 목표 어휘를 이해하고 표현할 수 있도록 유도하는 것이 필요하다. 특히, 등급화된 텍스트(graded readers)는 이러한 활동을 가능하게 하는 최적의 자료라 할 수 있다(Nation and Wang, 1999). 또한 개별 어휘의 형식과 의미 뿐만 아니라 다른 어휘와의 형식과 의미 관계를 파악할 수 있도록 활동을 구안해야 한다. 이와 관련하여 Joe(1998)은 어휘 지식을 새롭게 사용하는데 있어서

'generativity'의 정도를 다음과 같이 제시하고 있다.

0	No generation - repeating what is in the text
1	Low generation - small grammatical or inflectional changes
2	Reasonable generation - used with some new collocations or substantial grammatical changes
3	High generation - elaborating or stretching the meaning, using new collocations that stretch meaning, applying or removing derivational affixes.

 마지막 원리는 이해 과정을 거친 어휘 지식의 기억(retention)과 관련된다. 목표 어휘를 효과적으로 기억하려면 어휘의 형식과 의미가 명확하게 연결되어야 하는데, 어휘 학습 활동은 이를 고려하여 구성되어야 한다. 이를 위해서는 다양한 감각을 활용하여 어휘를 학습할 수 있도록 도움을 주어야 한다. 특히, 어휘의 의미는 언어로 설명하기 보다는 구체적인 예로서 그림이나 실물, 행동을 보여주는 것이 효과적이다. 대부분 학습자들은 이미 모국어를 알고 있으므로 모국어로 번역하여 제시할 수도 있는데, 이 경우에 어휘의 의미 영역(semantic space)을 고려해야 한다. 한편, 'keyword technique'와 같이 어휘의 형식과 의미를 기억하는데 도움이 되는 전략을 활용할 수도 있다(Ellis and Beaton, 1993). 'keyword technique'에서는 목표 어휘의 형식, 특히 발음을 모국어와 연계하여 기억하도록 유도한다. 예를 들어, 'doll'이라는 영어 낱말을 한국어의 '돌'과 연계하여 '돌로 만든 인형'을 생각하면서 목표 어휘의 형식과 의미를 기억하는 것이다.
 형식 또는 의미가 비슷한 어휘들은 학습을 하는데 있어서 서로 도움을 주기도 하지만 간섭(interference)을 일으키기도 한다. 예를 들어 유의어 관계가 있는 어휘를 함께 제시하면 미묘한 의미의 차이를 구별하기 위해 많은 노력을 해야 하고, 그 결과 어휘 학습에 부정적인 영향을 미칠 수 있다. 따라서 유의어의 경우에는 모든 어휘를 동시에 학습하기보다는 가장 빈번하게 사용되는 어휘를 먼저 익힌 후에 나중에 다른 유의어를 학습하는 것이 효과적이다. 이렇게 하면 이미 학습된 지식이 다른 어휘를 학습하는데 도움이 된다. 반면에 모든 어휘를 동시에 학습하면

어떤 낱말이 어떤 의미를 나타내는지 혼동이 되어 서로 간에 간섭이 일어날 수 있다(Nation, 2013).

이러한 원리들 외에도 어휘 학습 활동을 구성할 때 인지적 부담(cognitive load), 인지적 깊이(cognitive depth), 정의적 깊이(affective depth) 등을 고려할 필요가 있다. Skehan(1998)은 작업 기억에 저장되는 정보의 양과 지속 시간의 한계에 주목하면서 학습 활동을 구안하는데 있어서 인지적 부담을 적절하게 고려해야 함을 강조하였다. 이를 어휘 학습과 관련지으면, 특정 학습 활동으로 모든 세부 어휘 지식이나 기능을 동시에 학습하는 데에는 한계가 있다. 반면에, 하나의 학습 활동에서 특정 어휘 지식이나 기능만을 익히도록 하는 것도 문제가 있다. 따라서 학습자의 인지적 부담을 고려하여 학습 활동을 구안해야 할 것이다.

인지적 깊이는 어휘 학습을 하면서 얼마나 인지적으로 집중하는가와 관련된다(Hulstijn and Laufer, 2001). 이러한 인지적 깊이는 인지적 부담과 관련되는데 적절한 인지적 부담은 인지적 깊이에 긍정적인 영향을 줄 수 있다. 예를 들어, 아래 활동에서처럼 새로운 어휘를 활용하여 적극적인 상호작용을 유도하고 문제를 해결하도록 요구하면 학습자들의 흥미와 도전감을 높이고 적절한 인지적 부담을 주면서 인지적으로 집중하도록 유도할 수 있고, 그 결과 효과적으로 어휘 학습을 할 수 있는 것이다(Thornbury, 2002: 99).

Work in pairs. Think about what people do when they travel by plane. Put the actions below in the correct column. Number the actions in the order people do them.

before the flight	after the flight
check in	*leave the plane*

leave the plane	check in
land	collect your baggage
unfasten your seatbelt	go through passport control
go into the departure lounge	listen to the safety instructions
go to the departure gate	go through customs
fasten your seatbelt	board the plane
go through passport control	go into the arrivals hall

정의적 깊이는 정의적 측면에서 어휘 학습에 대해 얼마나 흥미와 자신감을 가지며, 긍정적인 태도를 보이는가를 말한다. 흥미와 자신감, 긍정적인 태도는 어휘 학습을 위한 인지 과정을 촉진시켜 효과적으로 어휘를 학습하도록 하는데 중요한 역할을 한다. 특히, 어휘 관련 놀이나 게임은 어휘 학습에 대한 흥미와 자신감을 높이고, 긍정적인 태도를 기르는데 도움을 줄 수 있는데, 그 예는 'What is it?' 활동이다. 이 활동에서는 교사가 아래와 같이 목표 어휘가 포함된 문장들을 계속 들려주면서, 어휘의 의미를 추측하게 하는 활동이다(Nation, 2013: 114-115).

Sometimes it is important to make a *precise* measurement. Sometimes it is not important to be *precise*. Doctors need a lot of information to find the *precise* nature of a disease. If you tell me your *precise* age, you will tell me how old you are in years, months, and days! When you give someone *precise* instructions, the instructions must be accurate and complete ...

5.4 요약

효과적인 어휘 학습을 위해서는 어휘 학습 과정과 함께 어휘 학습 원리를 이해할 필요가 있다. 어휘 학습 원리란 어휘 학습을 촉진시키는 방안을 말하며, 어휘 지식과 기능, 어휘 학습 과정을 고려하여 설정할 필요가 있다. 우선 어휘 학습 원리는 영어 학습과 연계하여 거시적인 관점에서 'comprehensible meaning-focused input', 'comprehensible meaning-focused output', 'language focused-learning', 'fluency development'로 제시할 수 있다. 아울러 어휘 지식과 기능 학습과 직접적으로 관련된 어휘 학습 원리를 설정할 수 있다. 어휘 지식 측면에서는 개별 어휘의 형식과 의미, 다른 어휘와의 형식 관계와 의미 관계에 관한 지식을 익힐 수 있도록 하며, 어휘 기능 측면에서는 듣기, 말하기, 읽기, 쓰기 활동에서 어휘 지식을 유창하고 정확하게 사용할 수 있도록 해야 한다. 또한 어휘 학습 과정으로서 인지 과정과 인지적 특성과 연계하여 'motivation', 'noticing', 'retrieval', 'creative use', 'retention', 'cognitive load', 'cognitive depth', 'affective depth'를 고려할 필요가 있다.

6. 어휘 학습 목표

어휘 학습을 위해 가장 먼저 해야 할 일은 어휘 학습 목표를 설정하는 것이다. 어휘 학습 목표는 학습자가 의도하는 영어 사용 목적을 고려하여 어떤 종류의 어휘를 얼마나 많이 학습해야 하는가와 관련된다. 한편, 학습해야 할 어휘 수와 종류는 의사소통 유형에 따라 달라질 수 있다. 따라서 이 장에서는 어휘 학습 목표로서 의사소통 유형에 따라 학습해야 할 어휘 수와 종류에 대해 논의한다.

6.1 어휘 학습 목표 설정

어휘 학습은 의사소통을 위해 의미를 이해하고 표현하는데 필요한 어휘 지식과 기능을 익히는 것을 말한다. 이러한 측면에서 미시적인 관점에서 어휘 학습 목표는 학습자의 흥미와 요구, 수준 등을 고려하여 아래와 같은 세부 어휘 지식 또는 어휘 기능 관점에서 설정할 수 있을 것이다. 예를 들어, 영어 학습 초기에는 개별 어휘의 형식과 의미에 중점을 두고 이해 기능과 유창성을 강조하여 어휘 학습 목표를 설정할 수 있다. 또한, 학습자의 수준에 따라서는 다른 어휘와의 형식과 의미 관계를 강조하면서 표현 기능과 정확성에 중점을 두어 어휘 학습 목표를 설정할 수도 있을 것이다.

○ 어휘 지식

형식에 관한 지식	발음에 관한 지식
	철자에 관한 지식
형식 관계에 관한 지식	기본어, 굴절어, 파생어, 합성어에 관한 지식
	동음이의어, 동철이의어, 동음동철이의어에 관한 지식
의미에 관한 지식	핵심 의미에 관한 지식
	은유적 의미에 관한 지식
	화역에 관한 지식
의미 관계에 관한 지식	계열적 의미 관계에 관한 지식
	통사적 의미 관계에 관한 지식
	주제별 의미 관계에 관한 지식

○ 어휘 기능

	음성언어 기능	문자언어 기능
이해 기능	듣기	읽기
표현 기능	말하기	쓰기

유창성	정확성

　거시적인 관점에서 어휘 학습 목표는 의사소통을 위해 얼마나 많은 수의 어휘를 익혀야 하는가와 어떤 종류의 어휘를 중점적으로 학습해야 하는가를 결정하는 것이다. 그런데 학습해야 할 어휘 수와 종류는 목표로 하는 의사소통의 유형에 따라 다를 수 있기 때문에 어휘 학습 목표를 설정하기 위해서는 우선 학습자의 요구에 맞는 의사소통의 유형을 생각해보아야 한다. 예를 들어, 기본적 의사소통을 원하는 학습자와 학문적 또는 전문적 의사소통을 원하는 학습자, 음성 언어를 주로 사용해야 하는 학습자와 문자 언어를 주로 사용해야 하는 학습자가 학습해야 하는 어휘 수와 종류는 다를 수 있으므로(Nation, 2013), 이를 고려하여 어휘 학습 목표를 설정해야 한다. 어휘에 관한 지식과 기능에 대해서는 3장에서 제시하였으므로 이 장에서는 어휘 학습 목표 설정과 관련된 내용을 논의한다.

6.2 어휘 수의 기준

어휘 학습 목표로서 학습해야 할 어휘 수를 정하려면 우선 어휘란 무엇인가를 명확히 규정할 필요가 있는데, 2장에서 논의하였듯이 어휘는 개별 낱말, 낱말군, 연어, 패턴 등을 포괄하는 개념이다. 그런데 낱말은 개별적으로 사용되어 의미를 전달하므로 형식적 특성상 코퍼스 분석 프로그램을 이용하면 쉽게 계산할 수 있어 활발한 연구가 이루어진 반면에 낱말군과 연어, 패턴 등은 둘 이상의 낱말들이 다양하게 결합하여 사용되면서 관련 연구가 부족하여 학습해야 할 어휘 수는 일반적으로 낱말을 기준으로 정하고 있는 실정이다. 그러나 낱말을 기준으로 학습해야 할 어휘 수를 정하더라도 실제 어휘 학습에 있어서는 개별 낱말뿐만 아니라 이 낱말이 어떤 낱말들과 함께 낱말군, 연어, 패턴 등을 이루어 사용되는가를 익히는 것은 영어를 유창하고 정확하게 사용하는데 필요하다.

학습해야 할 낱말의 수를 정할 때 'token'을 기준으로 하는가, 'type'을 기준으로 하는가에 따라 그 수가 달라지는데 'token'은 특정 텍스트에서 사용된 모든 낱말을 기준으로 하고, 'type'은 새로운 낱말만을 계산한 결과를 말한다. 예를 들어, 'Two of a Kind'이라는 텍스트(Howard, 1999: 8)를 분석해 보면 187개의 'token'으로 구성되어 있는데, 새로운 낱말은 98개이므로 'type'은 98개가 된다. 즉, 일부 낱말들이 2번 이상 반복되어 사용되고 있어서 'type'이 'token'보다 적은 것이다. 이 텍스트에서 사용된 새로운 낱말들과 개별 낱말들이 사용된 빈도를 분석하여 아래에 제시하였다. 이 결과를 보면 'and', 'the', 'they', 'same', 'are', 'houses'는 5번 이상 나오는 반면에 'addresses', 'aged', 'almost', 'always' 등은 1번만 사용되고 있다.

Two of a Kind
Isobel and Betty Rickets are twins. Almost everything about these middle-aged sisters is the same. They both have short, wavy black hair, brown eyes, and round faces. They both are of average height and weight and wear glasses. They always wear the same clothing, too. Isobel and Betty live next door to each other. Their

houses look the same. The houses have the same floor plan and the same furniture. The furniture is in the same place in both houses. Only one thing is different about the houses - the addresses. Isobel's and Betty's clothing looks alike, their houses look alike, and their husbands look alike, too. They are married to twin brothers. Their husband's names are Marty and Mackall. Each couple has three children. The children are cousins, but they feel like brothers and sisters. Isobel and Betty never feel lonely because they spend a lot of time with each other. Twice a week they go to the market and cook dinner together. On weekends they like to go shopping together. They even have the same hobby. Isobel and Betty collect dolls - twin dolls, of course!

and	13	go	2	dinner	1	never	1
the	13	in	2	door	1	next	1
they	9	like	2	even	1	on	1
same	7	other	2	everything	1	one	1
are	5	sisters	2	eyes	1	only	1
houses	5	together	2	faces	1	place	1
Betty	4	too	2	floor	1	plan	1
Isobel	4	twin	2	glasses	1	Rickets	1
their	4	wear	2	hair	1	round	1
to	4	addresses	1	has	1	shopping	1
alike	3	aged	1	height	1	short	1
both	3	almost	1	hobby	1	spend	1
each	3	always	1	husband's	1	these	1
have	3	average	1	husbands	1	thing	1
is	3	because	1	Isobel's	1	three	1
look	3	Betty's	1	live	1	time	1
of	3	black	1	lonely	1	twice	1
a	2	brown	1	looks	1	twins	1
about	2	but	1	lot	1	wavy	1
brothers	2	collect	1	Mackall	1	week	1
children	2	cook	1	market	1	weekends	1

clothing	2	couple	1	married	1	weight	1
dolls	2	course	1	Marty	1	with	1
feel	2	cousins	1	middle	1		
furniture	2	different	1	names	1		

학습해야 할 낱말 수는 특별한 경우를 제외하고는 새로운 낱말만을 계산한 'type'을 기준으로 한다. 낱말은 기본어, 굴절어, 파생어, 복합어 등으로 구분할 수 있는데 기본어와 굴절어를 합하여 렘마(lemma), 기본어와 굴절어, 의미를 추측하기 쉬운 파생어를 합하여 낱말족(word family)이라 부른다. 굴절어와 파생어는 기본어에 의존 형태소를 붙여서 만드는 것으로 기본어를 알고 있으면 굴절어와 파생어의 의미를 추측하기 쉬운 경우가 많다. 이러한 관점에서 학습해야 할 낱말 수는 개별 낱말, 렘마 또는 낱말족을 기준으로 할 수 있는데 일반적으로 렘마 또는 낱말족을 기준으로 정한다. 이는 기본어를 알고 있으면 굴절어나 파생어의 의미를 쉽게 추측할 수 있어 굴절어나 파생어의 학습 부담이 덜하기 때문에 렘마 또는 낱말족의 수를 어휘 학습 목표로 설정하는 것이다.

예를 들어, 'happy', 'happier', 'happiest', 'happily', 'happiness', 'unhappy'를 학습할 때 모든 낱말들을 기준으로 하면 학습해야 할 낱말 수는 6개이다. 한편, 렘마를 기준으로 하면 기본어인 'happy'와 굴절어인 'happier', 'happiest'가 렘마 'HAPPY'에 포함되므로 학습해야 할 낱말들은 4개가 된다. 만약 낱말족을 기준으로 하면 기본어와 굴절어, 추측하기 쉬운 파생어를 포함하므로 학습 낱말 수는 'happy'와 'unhappy' 2개가 된다. 여기에서 'unhappy'는 의미를 추측하기가 어려운 파생어이므로 새롭게 학습해야 할 낱말로 취급한다. 사전에서도 이러한 원리를 적용하여 굴절어는 기본어와 함께 제시하며, 파생어는 함께 제시하기도 하고 별도로 제시하기도 한다. 그 예로서 'Collins Cobuild Dictionary(www.collinsdictionary.com)'를 보면 기본어인 'happy'와 굴절어인 'happier', 'happiest'를 함께 제시하고 있다. 아울러 낱말족으로서 'happily'와 'happiness'도 관련되는 낱말로 제시하고 있다.

happy (hæpi 🔊)

Word forms: happier 🔊 , happiest 🔊

Definitions

1. adjective

   Someone who is **happy** has feelings of pleasure, usually because something nice has happened or because they feel satisfied with their life. ⇒ *Marina was a confident, happy child.* ⇒ *I'm just happy to be back running.*

   happily 🔊 *adverb [usu ADV with v]* ⇒ *Albert leaned back happily and lit a cigarette.*

   happiness 🔊 *uncount noun* ⇒ *I think mostly she was looking for happiness.*

2. adjective *[usu ADJ n]*

   A **happy** time, place, or relationship is full of happy feelings and pleasant experiences, or has an atmosphere in which people feel happy. ⇒ *It had always been a happy place.* ⇒ *We have a very happy marriage.*

6.3 영어 낱말 수

영어에는 얼마나 많은 낱말이 있는가의 문제는 영어 교육 측면에서 학습해야 할 낱말 수를 정하는 것과 직접 관련되지는 않는다. 이는 원이민이더라도 모든 영어 낱말을 알고 있지 않고, 의사소통을 위해서 모든 낱말들이 자주 사용되지는 않으므로 외국어로서 영어의 어휘 학습 목표를 모든 낱말들로 정하는 것은 타당하지 않기 때문이다. 하지만, 이 문제는 어휘 연구 측면에서 근본적인 호기심을 자극하므로 영어에서 사용되는 모든 낱말의 수를 알아볼 필요는 있다. 문명이 발달하면서 새로운 의미가 생성되어 이를 표현하기 위한 낱말이 생겨나고, 기존의 낱말이 오랫동안 사용되지 않아 없어지기도 하므로 정확하게 영어의 낱말 수를 계산하는 것은 거의 불가능하다. 따라서 대략적인 낱말 수를 산출할 수 밖에 없는데, 보통 영어 사전에 등록된 낱말 수를 기준으로 한다. 이러한 관점에서 영어 대사전이라 할 수 있는 'Webster's Third New International Dictionary'에는 고유명사(proper noun)를 제외하고 약 54,000 낱말족을 포함하고 있다(Goulden, Nation and Read, 1990).

또한, 방대한 코퍼스를 구축하고 이를 분석하여 낱말 수를 산출할 수도 있는데, Carroll과 Davis, Richman(1971)이 구축한 코퍼스인 'Word Frequency Book'에는 약 54,000-88,500 낱말족이 있다. 한편, 'British National Corpus'에는 자주 사용되는 20,000 낱말족 외에 약 272,000 'types'가 있다(Nation, 2013).

원어민이 알고 있는 낱말 수는 학습해야 할 낱말 수를 정하는데 기준이 될 수 있다. 원어민이라도 나이와 성별, 직업 등에 따라 알고 있는 낱말 수가 다를 수 있지만, 원어민 성인은 평균적으로 고유명사를 제외하고 약 20,000 낱말족을 알고 있는 것으로 알려져 있다(Mulder and Hulstijn, 2011). 이를 위해서 원어민은 1년에 약 1,000 낱말족을 학습하면서 20세에 이르러 약 20,000 낱말족을 알게 되는 것이다(Zechmeister et al., 1995). 원어민이 알고 있는 낱말 수를 산출하기 위해서는 사전에서 일정한 비율로 낱말들을 추출하여 원어민들이 이 낱말들을 얼마나 알고 있는가를 알아본 후에 그 결과를 가지고 추정을 하게 된다. 예를 들어, 54,000 낱말족이 수록되어 있는 사전에서 일정한 비율로 540낱말을 추출을 한 후에 이 낱말들 중에서 평균적으로 200 낱말 정도를 알고 있다면 200×100=20,000이므로 원어민이 약 20,000 낱말족을 알고 있다고 추정하는 것이다(Nation, 2013). 물론 가능한 많은 낱말을 추출하여 알아보는 것이 타당한 결과를 도출하는데 도움이 될 것이다.

6.4 낱말의 빈도와 비율

어휘 학습 목표를 설정할 때 중요한 문제는 학습해야 할 어휘 수를 결정하는 것이다. 학습해야 할 어휘 수는 의사소통의 유형에 따라 달라질 수 있으므로, 학습자가 원하는 의사소통의 유형에서 사용되는 개별 낱말들의 빈도(frequency)가 학습해야 할 어휘 수를 결정하는데 중요한 기준이 된다. 낱말의 빈도란 특정 낱말이 얼마나 자주 사용되는지를 수치로 보여주는 것인데, 보통 1,000,000 낱말(token) 당 평균적으로 몇 번 사용되는가를 계산한 결과를 말한다. 낱말의 빈도는 분석 목적에 따라 모든 낱말, 렘마 또는 낱말족으로 기준을 달리할 수 있지만 보통 렘마나 낱말족을 기준으로 분석한다. 학습해야 할 어휘 수를 결정하는데, 낱말의 빈도가 중요한 이유는 영어의 모든 낱말이나 원어민이 알고 있는 낱말을 모두 학습하기는 거의 불가능하므로 낱말들의 빈도를 산출하여 목표로 하는 의사소통에서 자주 사용되는 낱말들을 우선적으로 학습하도록 하기 위한 것이다.

학습해야 할 낱말 수를 결정하는 기준이 되는 개별 낱말의 빈도와 빈도의 순위는 코퍼스 분석 프로그램을 이용하면 쉽게 구할 수 있는데, 음성 언어로 구성된 코퍼스이냐 아니면 문자 언어로 구성된 코퍼스이냐에 따라 빈도와 빈도 순위가 다를 수 있다. 즉, 음성 언어 또는 문자 언어에서 자주 사용되는 낱말들이 다를 수 있는 것이다. 그 예로서 음성 언어로 구성된 코퍼스인 'CANCODE(Cambridge and Nottingham Corpus of Discourse in English)'와 문자 언어로 구성된 코퍼스인 'CIC(Cambridge International Corpus)'에서 가장 빈번하게 사용되는 50개의 낱말이 1,000,000 낱말 당 평균적으로 몇 번 나오는지의 빈도를 계산한 결과는 다음과 같다(O'Keeffe, McCarthy and Carter, 2007: 35-36).

Rank	CANCODE spoken corpus		CIC written corpus	
	word	frequency	word	frequency
1	the	33,867	the	56,835
2	I	30,198	to	26,467
3	and	28,241	and	25,105
4	you	27,504	of	24,581
5	it	21,250	a	22,876
6	to	21,171	in	16,988
7	a	20,705	was	11,891
8	yeah	18,296	it	10,328
9	that	16,986	I	10,174
10	of	15,641	he	10,001
11	in	12,559	that	9,239
12	was	10,083	she	8,321
13	it's	9,567	for	8,321
14	know	9,320	on	7,672
15	is	9,090	her	7,300
16	mm	8,821	you	7,155
17	er	8,695	is	6,974
18	but	8,307	with	6,766

Rank	CANCODE spoken corpus		CIC written corpus	
	word	frequency	word	frequency
19	so	8,014	his	6,507
20	they	7,772	had	6,284
21	on	7,183	as	6,199
22	have	7,123	at	5,805
23	we	7,117	but	5,227
24	oh	7,045	be	5,224
25	no	7,017	have	4,561
26	like	6,787	from	4,315
27	well	6,786	not	4,309
28	what	6,641	they	4,219
29	do	6,574	by	4,078
30	right	6,310	this	3,515
31	just	6,237	are	3,445
32	he	6,135	were	3,273
33	for	5,969	all	3,248
34	erm	5,689	him	3,129
35	this	5,627	up	3,105
36	be	5,618	an	3,086
37	all	5,536	said	3,051
38	there	5,296	there	2,983
39	got	5,226	one	2,905
40	that's	5,138	been	2,899
41	not	5,095	would	2,889
42	don't	5,041	out	2,867
43	if	4,886	so	2,761
44	think	4,860	their	2,758
45	one	4,778	what	2,729
46	with	4,576	when	2,713
47	at	4,439	we	2,705
48	or	4,287	if	2,663
49	then	4,284	me	2,607
50	she	4,123	my	2,586

자주 사용되는 낱말과 낱말 빈도의 순위는 어떤 장르의 텍스트로 코퍼스를 구축하여 분석했느냐에 따라서도 달라질 수가 있는데, 그 예로서 'shop'과 'friends', 'academic', 'newspaper and magazine'의 장르에서 가장 자주 사용된 10개의 낱말들을 비교한 결과는 다음과 같다(O'Keeffe, McCarthy and Carter, 2007: 11).

Rank	Shop (spoken)	Friends (spoken)	Academic (spoken)	Newspaper / Megazine (written)
1	you	I	the	the
2	of	and	and	to
3	is	the	of	of
4	thanks	to	you	a
5	it	was	to	and
6	I	you	a	in
7	please	it	that	is
8	the	like	in	for
9	yeah	that	it	it
10	now	he	is	that

이와 같이 낱말의 빈도와 빈도의 순위는 의사소통의 유형에 따라 달라질 수 있다. 따라서 목표로 하는 의사소통 유형에서 사용되는 텍스트로 코퍼스를 구축하거나 이미 구축된 코퍼스를 활용하여 낱말의 빈도와 빈도의 순위를 산출하고 이를 근거로 학습해야 할 낱말들을 선정할 수 있는 것이다. 예를 들어, 일상적인 목적으로 음성 언어 중심의 의사소통 능력을 기르는 것을 목표로 한다면 일상적인 상황에서 사용된 음성 언어 텍스트로 구축된 코퍼스인 'CANCODE(Cambridge and Nottingham Corpus of Discourse in English)'를 활용할 수 있을 것이다. 반면에 학문적 목적으로 음성 언어 중심의 의사소통 능력을 기르는 것을 목표로 한다면 학문적 목적으로 사용된 음성 언어 텍스트로 구축된 'LIBEL CASE(The Limerick-Belfast Corpus of Academic Spoken English)'를 활용할 수 있을 것이다.

학습해야 할 낱말 수를 정할 때 또 하나의 중요한 기준은 낱말의 비율(coverage)인데, 낱말의 비율이란 특정 낱말의 사용이 코퍼스 또는 텍스트를 구성하는 전체 'token'에서 몇 %를 차지하는가를 말한다. 예를 들어, 100개의 'token'으로 구성된 텍스트에서 'the'가 7번 사용되었다면, 'the'의 비율은 7%가 된다. 'holiday leaflets'의 장르에서 가장 빈번하게 사용된 10개의 낱말들의 빈도 순위와 비율, 이 낱말들이 'British National Corpus'에서는 몇 %를 차지하는지를 비교하여 분석한 결과를 제시하면 다음과 같다(Baker, 2006; http://ucrel.lancs.ac.uk/bncfreq/flists.html). 이 결과를 보면 빈도와 마찬가지로 낱말의 비율과 비율에 따른 순위도 코퍼스 또는 텍스트 장르별로 다름을 알 수 있다.

Rank	Word	Holiday leaflets	BNC written	BNC spoken
1	the	5.55%	6.44%	3.96%
2	and	3.62%	2.70%	2.52%
3	to	2.64%	1.64%	1.49%
4	a	2.44%	2.19%	1.86%
5	of	1.96%	3.11%	1.45%
6	you	1.95%	0.47%	2.59%
7	for	1.38%	0.86%	0.62%
8	in	1.37%	1.89%	1.16%
9	on	1.15%	0.65%	0.56%
10	all	1.04%	0.22%	0.36%

낱말의 비율 측면에서 텍스트를 구성하고 있는 전체 낱말 중에서 음성언어 텍스트는 95%, 문자언어 텍스트는 98% 정도의 낱말들을 알고 있으면 나머지 2-5%에 해당하는 낱말들은 배경 지식을 통하여 의미 추측이 가능하거나, 추측을 하지 못하더라도 텍스트를 이해하는데에는 큰 어려움이 없는 수준이다(Hu and Nation, 2000; Schmitt, 2000). 이러한 측면에서 보면, 대부분의 텍스트에서 자주 사용되는 3000-4000 낱말족이 95%의 비율, 7000-9000 낱말족이 98%의 비율을 차지하므로 음성언어 중심의 의사소통 능력을 기르기 위해서는 3000-4000 낱말족, 문자언어 중심의 의사소통 능력을 기르기 위해서는 7000-9000 낱말족을 학습 목표로 설정하고 개별 낱말의 빈도와 비율을 고려하여 학습해야 할 낱말들을 선정할 수 있는 것이다. 텍스트 장르로서 문자 언어로 구성된 'novel'과 'newspaper', 음성 언어로 구성된 'children's movie'와 'spoken English'에서 고유명사를 포함하여 95% 또는 98%의 비율을 차지하는 낱말족의 수는 다음과 같다(Nation, 2013: 16).

Texts	95% coverage	98% coverage	Proper nouns
Novels	4,000 word families	9,000 word families	1-2%
Newspapers	4,000 word families	8,000 word families	5-6%
Children's movies	4,000 word families	6,000 word families	1.5%
Spoken English	3,000 word families	7,000 word families	1.3%

'British National Corpus'에서 고유명사 등을 포함한 낱말족을 기준으로 낱말의 빈도와 비율을 분석한 결과는 아래에 제시되어 있다(Nation, 2013: 21). 이 결과를 보면 다른 연구들과 비슷한 수치로서 4,000 낱말족이 95.37%의 비율, 9,000 낱말족이 98.08%의 비율을 차지하고 있음을 알 수 있다. 따라서 이 결과를 기준으로 한다면 음성언어 중심의 의사소통 능력을 기르기 위해서는 95%에 해당하는 4,000 낱말족을, 문자언어 중심의 의사소통 능력을 기르기 위해서는 98%에 해당하는 9,000 낱말족을 어휘 학습 목표로 설정하는 것이 타당하다. 한편 원어민 성인이 평균적으로 알고 있는 20,000 낱말족은 98.85%에 해당된다.

Frequency	Coverage of tokens	Cumulative coverage of tokens
1-1,000	81.14%	81.14%
1,001-2,000	8.10%	89.24%
2,001-3,000	4.36%	93.60%
3,001-4,000	1.77%	95.37%
4,001-5,000	1.04%	96.41%
5,001-6,000	0.67%	97.08%
6,001-7,000	0.45%	97.53%
7,001-8,000	0.33%	97.86%
8,001-9,000	0.22%	98.08%
9,001-10,000	0.15%	98.23%
10,001-11,000	0.15%	98.38%
11,001-12,000	0.11%	98.49%
12,001-13,000	0.09%	98.58%
13,001-14,000	0.07%	98.65%

14,001-15,000	0.06%	98.71%
15,001-16,000	0.04%	98.75%
16,001-17,000	0.04%	98.79%
17,001-18,000	0.03%	98.82%
18,001-19,000	0.02%	98.84%
19,001-20,000	0.01%	98.85%

낱말들은 빈도를 기준으로 고빈도 낱말(high-frequency word), 중빈도 낱말(mid-frequency word), 저빈도 낱말(low-frequency word)로 구분할 수 있는데 고빈도, 중빈도, 저빈도를 얼마의 빈도를 기준으로 설정하여 낱말들을 구분할 것인가는 학자마다 조금씩 다르다. Nation(2013)의 경우에는 고빈도 낱말은 2,000 낱말족(1-2,000 낱말족), 중빈도 낱말은 7,000 낱말족(2,001-9,000 낱말족), 저빈도 낱말은 고빈도와 중빈도에 속하지 않는 낱말들로 구분하고 있다. 이 기준에서 고빈도 낱말을 2,000 낱말족으로 설정한 것은 West(1953)의 'General Service List of English Words'의 영향을 받은 것으로 보이는데, 이 목록은 빈도를 고려하여 낱말을 체계적으로 분석한 최초의 시도라 할 수 있는데 여기에는 약 2,000 낱말족이 제시되어 있다. 이러한 고빈도 낱말은 'British National Corpus'에서 약 90%를 차지한다.

중빈도 낱말은 'British National Corpus'를 구성하는 모든 세부 장르에서 사용되는 낱말들로서 고빈도 낱말과 중빈도 낱말을 합하면 약 98%를 차지한다. 즉, 중빈도 낱말은 고빈도 낱말과 함께 모든 장르의 텍스트에 사용되며 어려움 없이 의사소통을 하기 위해 학습해야 하는 낱말들이라 할 수 있다. 저빈도 낱말은 1-2%를 차지하며 특정 장르에서 주로 사용되는 낱말들로서, 학습자의 요구와 수준에 따라서 추가적으로 학습할 수 있는 낱말들이다. 외국어로서 영어를 학습하는 우리나라 상황을 고려할 때 고빈도 낱말을 우선적으로 학습하고 학습자들의 수준과 요구를 고려하여 중빈도 낱말을 학습하는 것이 바람직할 것이다.

고빈도 낱말과 중빈도 낱말, 저빈도 낱말이 'British National Corpus'에서 사용되는 비율을 비교하여 그래프로 나타내면 다음과 같다.

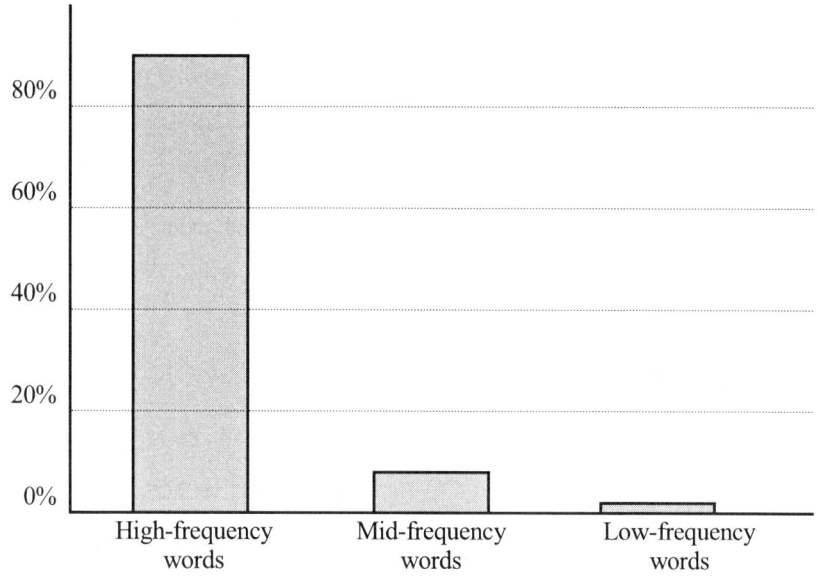

특정 텍스트에서 일정한 수의 낱말(500 낱말, 1000 낱말, 2000 낱말, 4000 낱말)만을 알고 있을 때 이 텍스트를 어느 정도 이해할 수 있는가를 보여주는 예는 다음과 같다(Graves, August and Mancilla-Martinez, 2013: 44). 이를 보면 이 텍스트의 경우에는 4000 낱말 정도를 알고 있어야 이해에 어려움이 없다는 것을 알 수 있다.

> Could it be an airplane? The year before, Charles had seen one for the first time when his mother took him to a flying exhibition in Fort Myer, Virginia. He had watched, enthralled, as the pilot gave a bombing demonstration by dropping oranges on the outline of a battleship that was traced on the ground. Now maybe an airplane was right here in Minnesota, and about to fly over his house. Not wanting to miss a thing, Charles opened the window and climbed up the sloping roof of the house to its peak. From there he had a goof view of the Mississippi River, flowing languidly past the Lindbergh place. And in the sky, coming ever closer, he saw the plane(Giblin, 1997: 3).

○ Panel 1: Knowing the 500 most frequent words

Could it be an _____? The year before, _____ had seen one for the first time when his mother took him to a _____ _____ in _____ _____, _____. He had _____, _____, as the _____ _____ a _____ _____ by _____ _____ on the _____ of a _____ that was _____ on the _____. Now _____ an _____ was right here in _____, and about to _____ over his house. Not _____ to _____ a thing, _____ _____ the _____ and _____ up the _____ _____ of the house to its _____. From there he had a good _____ of the _____ ___-___, _____ _____ past the _____ place. And in the _____, _____ ever _____, he saw the _____.

○ Panel 2: Knowing the 1,000 most frequent words

Could it be an _____? The year before, _____ had seen one for the first time when his mother took him to a _____ _____ in _____ _____, _____. He had watched, _____, as the _____ gave a _____ _____ by _____ _____ on the _____ of a _____ that was _____ on the ground. Now maybe an _____ was right here in _____, and about to _____ over his house. Not _____ to _____ a thing, _____ _____ the window and _____ up the _____ _____ of the house to its _____. From there he had a good view of the _____ River, _____ _____ past the _____ place. And in the sky, coming ever _____, he saw the _____.

○ Panel 3: Knowing the 2,000 most frequent words

Could it be an airplane? The year before, Charles had seen one for the first time when his mother took him to a flying _____ in _____ _____, Virginia. He had watched, _____, as the _____ gave a _____ _____ by _____ oranges on the _____ of a _____ that was _____ on the ground. Now maybe an airplane was right here in _____, and about to fly over his house. Not _____ to _____ a thing, Charles opened the window and climbed up the _____ roof of the house to its _____. From there he had a good view of the _____ River, _____ _____ past the _____ place. And in the sky, coming ever closer, he saw the plane.

○ Panel 4: Knowing the 4,000 most frequent words

> Could it be an airplane? The year before, Charles had seen one for the first time when his mother took him to a flying _____ in Fort _____, Virginia. He had watched, _____, as the pilot gave a bombing _____ by _____ oranges on the outline of a _____ that was _____ on the ground. Now maybe an airplane was right here in Minnesota, and about to fly over his house. Not wanting to miss a thing, Charles opened the window and climbed up the sloping roof of the house to its peak. From there he had a good view of the Mississippi River, flowing _____ past the _____ place. And in the sky, coming ever closer, he saw the plane.

6.5 낱말군, 연어, 패턴의 빈도

낱말군과 연어, 패턴의 중요성을 인식하고 관련 연구들이 이루어지면서 개별낱말과 함께 낱말군, 연어, 패턴 등을 어휘 학습 목표에 포함시켜야 한다는 주장이 제기되고 있다(Lewis, 2002; Willis, 2003). 즉, 어휘 학습 측면에서 개별낱말을 학습하고 낱말과 관련된 낱말군, 연어, 패턴 등을 부가적으로 익히는 것도 중요하지만, 낱말군, 연어, 패턴 등이 학습 목표를 설정하는 핵심 기준이며 중요한 어휘 학습 활동으로 다루어져야 한다는 것이다. 이를 뒷받침하기 위해서는 우선 낱말군, 연어, 패턴 등의 빈도와 비율을 분석할 필요가 있다. 그런데 낱말군과 연어, 패턴 등의 빈도는 두 낱말 이상으로 이루어진 표현을 대상으로 얼마나 자주 사용되는지를 분석하면 알 수 있지만, 비율은 무엇을 기준해야하는가의 문제로 정확하게 산출하기가 매우 어렵다. 즉, 낱말의 경우에는 코퍼스를 구성하는 모든 낱말의 수인 'token'을 기준으로 특정 낱말의 비율을 산출할 수 있지만, 코퍼스를 구성하는 낱말군과 연어, 패턴 등의 수는 산출하기가 어려우므로 비율을 구할 수 없는 것이다. 이러한 점에서 낱말군, 연어, 패턴 등의 경우에는 빈도를 중심으로 연구가 이루어졌다. 낱말군, 연어, 패턴 등의 빈도를 알아보려면 두 낱말 이상으로 이루어진 표현을 모두 검색해야 하는데, 그 예로서 'CANCODE'에서 20번 이상 사용된 두 낱말

이상으로 이루어진 표현의 수는 다음과 같다(O'Keeffe, McCarthy and Carter, 2007: 65).

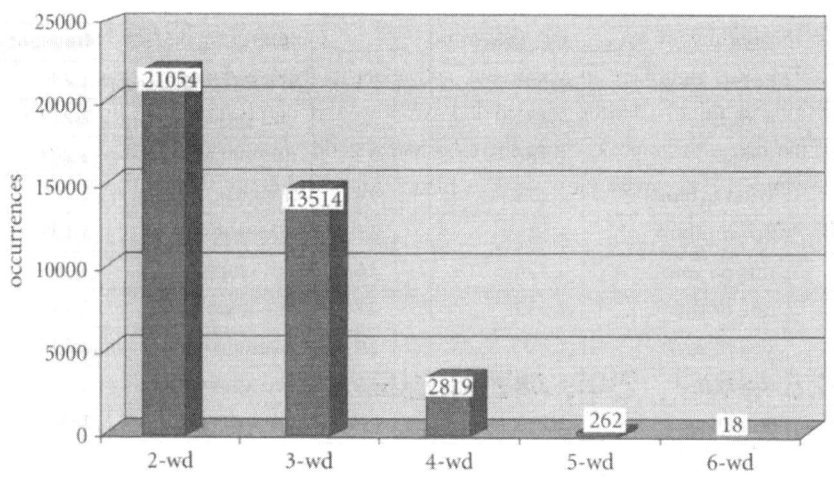

이 그래프를 보면 모두 37,667개 표현들이 두 낱말 이상으로 이루어져서 20번 이상 사용되었는데, 대부분의 표현들이 두 낱말(21,054개), 세 낱말(13,514개), 또는 네 낱말(2,819개)로 이루어진 표현들이다. 이 표현들이 낱말군인가, 연어인가, 패턴인가 아니면 기능어들의 결합인지를 알아보려면 구체적으로 어떤 표현이 사용되고 있는가를 알아보아야 한다. 예를 들어, 두 낱말로 이루어진 표현 중에서 가장 빈번하게 사용되는 20개의 표현을 제시하면 다음과 같다(O'Keeffe, McCarthy and Carter, 2007: 65).

Rank	item	frequency	Rank	item	frequency
1	you know	28,013	11	I was	8,174
2	I mean	17,158	12	on the	8,136
3	I think	14,086	13	an then	7,733
4	in the	13,887	14	to be	7,165
5	it was	12,608	15	if you	6,709
6	I don't	11,975	16	don't know	6,614
7	of the	11,048	17	to the	6,157
8	and I	9,722	18	at the	6,029
9	sort of	9,586	19	have to	5,914
10	do you	9,164	20	you can	5,828

이 표현 중에서 'you know'와 'I think'와 같은 표현들은 각각 28,013번과 14,086번 사용되어 비교적 자주 사용되는 낱말인 'really' 또는 'people'보다 더 빈번하게 사용되고 있음을 알 수 있다(O'Keeffe, McCarthy and Carter, 2007: 69).

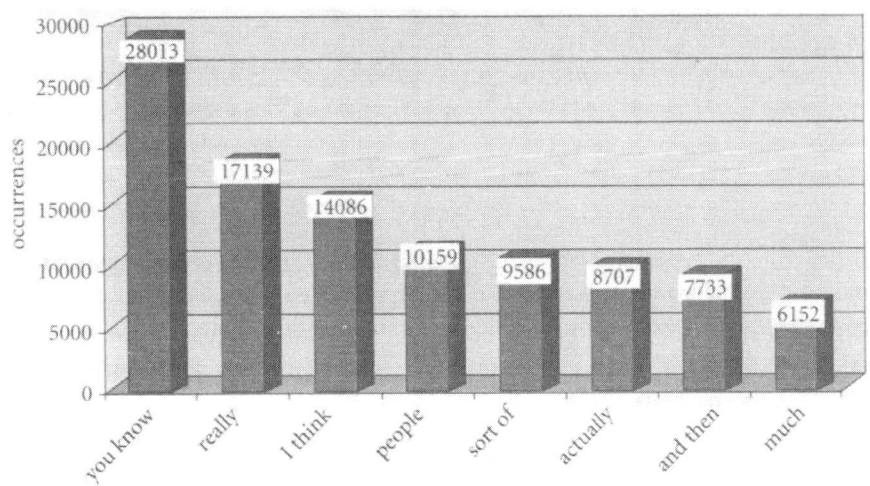

그런데 이 표현 중에서 대부분은 'on the', 'to the', 'at the'와 같이 기능어와 기능어로 연결된 것으로 문법 학습으로 다루어질 수 있는 표현들이다. 어휘 학습에

서 다루어질 수 있는 낱말군과 연어, 패턴 등은 기능어와 기능어의 빈도보다 좀 더 낮은 표현에서 주로 나타나는데, 그 예로서 'CANCODE'에서 10번 이상 사용되는 낱말군으로서 숙어는 다음과 같다(O'Keeffe, McCarthy and Carter, 2007: 85).

	idiom	occurrences		idiom	occurrences
1	fair enough	240	11	be/have a/some good laugh(s)	41
2	at the end of the day	221	12	the only thing is/was	41
3	there you go	209	13	good grief	38
4	make sense	157	14	keep an/one's eye on	37
5	turn round and say	139	15	half the time	34
6	all over the place	75	16	up to date	30
7	be a(complete/right/bit of a/absolute/real)pain(in the neck/arse/bum)	73	17	take the mickey	25
8	can't/couldn't help but/-ing	69	18	get on sb's nerves	24
9	over the top	53	19	how's it going	21
10	good good	44	20	along those lines/the lines of	20

한편, 연어와 패턴은 낱말군에 비해 다양한 낱말들이 결합되고 낱말들의 형식 변화가 훨씬 심해서 코퍼스 분석 프로그램을 이용하여 특정 연어와 패턴의 빈도를 정확하게 산출하기가 어렵다. 따라서 현재로서는 콘코던스(concordance) 분석을 통하여 개별 낱말이 어떤 낱말과 연어를 이루고 있는지, 어떤 패턴에서 사용되는지의 경향을 파악하고 있는 수준이다. 따라서 어휘 학습 목표는 개별 낱말의 빈도와 비율에 근거하여 설정이 되고 각 낱말이 포함되는 연어와 패턴은 부가적인 어휘 학습 내용으로 제시되고 있는 실정이다. 하지만, 특정 낱말의 빈도와 그 낱말이 포함된 연어나 패턴의 빈도는 다를 수 있다. 예를 들어, 고빈도 낱말인 'pass'와 'away'가 결합된 숙어인 'pass away'는 사용 빈도가 매우 낮다. 이러한 측면에서

언어와 패턴의 빈도를 정확하게 분석할 수 있는 프로그램이 개발된다면 어떤 언어와 패턴이 고빈도인가, 기본적 의사소통을 위해서는 얼마나 많은 언어와 패턴을 알아야 하는가 등에 대한 유익한 정보를 얻을 수 있을 것이다.

6.6 기본적 의사소통을 위한 어휘 학습

얼마나 많은 낱말을 학습해야 하는가와 어떤 종류의 어휘를 학습해야 하는가의 문제는 의사소통의 유형에 따라 달라질 수 있는데, 의사소통의 유형은 크게 기본적 의사소통(basic communication)과 학문적 또는 전문적 의사소통(academic/technical communication)으로 나눌 수 있다(Nation, 2013). 여기에서 기본적 의사소통은 일상생활에서 흔히 접하는 의사소통 상황에서 영어를 사용하는 것을 말하며, 학문적 또는 전문적 의사소통이란 학문적 또는 전문적인 목적으로 영어를 사용하는 것을 의미한다. 어휘 측면에서 보면 기본적 의사소통에서는 고빈도 낱말을 주로 사용하는 반면에 학문적 또는 전문적 의사소통에서는 고빈도 낱말과 함께 학문적 낱말(academic word) 또는 전문적 낱말(technical word)을 자주 사용한다.

따라서 기본적인 의사소통을 위해서는 2,000 낱말족에 해당하는 고빈도 낱말을 우선적으로 학습해야 할 것이다. 고빈도 낱말 중에서도 고유명사 등을 포함하며 1,000 낱말족이 약 81%를 차지하므로 이들을 먼저 익히는 것이 효율성 측면에서 도움이 될 것이다. 고빈도 낱말을 익힌 후에는 7,000 낱말족에 해당하는 중빈도 낱말을 학습할 필요가 있는데 음성 언어 중심의 의사소통 능력을 위해서는 95%에 해당하는 3000-4000 낱말족을, 문자 언어 중심의 의사소통 능력을 위해서는 98%에 해당하는 7000-9000 낱말족을 학습 목표로 설정하는 것이 타당하다. 기본적 의사소통의 유형에 따라 학습해야 할 낱말의 수가 다를 수 있는데, 그 예를 제시하면 다음과 같다(Nation, 2013: 39).

Language use	Number of words
Survival vocabulary for foreign travel	120 words and phrases
Reading the easiest graded readers	100-400 word families
Reading intermediate-level graded readers	1,000 word families
Basic speaking skills	1,200 word families
Basic listening skills	3,000 word families
Reading graded readers and using monolingual dictionaries	3,000 word families
Reading mid-frequency readers	4,000/6,000/8,000 word families
Reading unsimplified text with the help of a dictionary, and watching TV	3,000 words
Unassisted reading of unsimplified text	6,000-9,000 words

6.7 학문적, 전문적 의사소통을 위한 어휘 학습

학문적 또는 전문적 의사소통을 위해서는 기본적 의사소통과는 다를 수 있는 어휘의 학습이 필요하다. 이러한 측면에서 학문적 의사소통에서 주로 자주 사용되는 학문적 낱말(academic word)과 전문적 의사소통에서 주로 자주 사용되는 전문적 낱말(technical word)이 있다. 학문적 또는 전문적 낱말을 분석하려는 시도는 영어가 국제어로 사용되면서 기본적 의사소통뿐만 아니라, 학문적 또는 전문적 의사소통에서의 영어 사용 기회가 늘어나면서 이 분야의 영어 학습, 특히 어휘 학습에 대한 학습자의 관심과 요구가 반영된 것이라 할 수 있다.

Coxhead(2000)는 학문적 목적으로 주로 자주 사용되는 낱말들을 분석하여 'Academic Word List'로 제시하였는데 이 목록은 약 570 낱말족으로 구성되어 있다. 학문적 낱말은 가장 빈번하게 사용되는 2,000 낱말족에 속하지 않으면서 학문적 목적의 다양한 음성 언어 의사소통 상황과 문자 언어 텍스트에서 주로 자주 사용되는 낱말들이다. 비율 측면에서 보면 학문적 낱말은 학문적 장르의 텍스트에서 약 9%를 차지한다. 학문적 의사소통에서는 570 낱말족이 약 9%를 차지하므로 7,000 낱말족이 8%를 자치하는 중빈도 낱말보다 훨씬 중요하고 할 수 있다. 'Academic Word List'에서는 학문적 낱말들을 빈도에 따라 1에서 10까지 등급을 나누어 제시하고 있는데 Level 1은 가장 빈번하게 사용되는 낱말들로서 다음 59개 낱말들이 여기에 해당된다.

---

analyze, approach, area, assess, assume, authority, available, benefit, concept, consist, constitute, context, contract, create, data, define, derive, distribute, economy, environment, establish, estimate, evident, export, factor, finance, formula, function, identify, income, indicate, individual, interpret, involve, issue, labour, legal, legislate, major, method, occur, percent, period, policy, principle, process, require, research, respond, role, section, sector, significant, similar, source, specific, structure, theory, vary

---

전문적 낱말은 다양한 전문적 영역에서 사용되는 낱말들로서 보통 영역별로 약 1000 낱말족으로 구성되어 있고 전문적 장르의 텍스트에서 약 20-30%를 차지한다(Chung and Nation, 2003). 어떤 낱말이 전문적 낱말인가는 전문적 영역에 따라 달라질 것이다. 또한, 전문적 낱말은 고빈도 낱말인 경우가 있는데 이러한 경우에는 특정한 영역에서 사용되는 전문적 의미로 사용되는 경우가 많다. 전문적 영역으로서 'materials science'와 'politics'의 분야에서 자주 사용되는 낱말을 일상적인 의사소통을 위한 낱말들과 비교하면 다음과 같다(Hunston, 2002: 4-5).

Rank	General corpus	Materials science	Politics
1	the	the	the
2	of	of	of
3	to	and	to
4	and	in	and
5	a	to	in
6	in	a	a
7	that	is	that
8	s	this	is
9	is	p	as
10	it	that	was
11	for	for	for
12	I	be	it
13	was	as	this
14	on	head	p
15	he	are	on
16	with	with	be
17	as	it	by
18	you	by	which
19	be	on	s
20	at	was	not
21	by	at	international
22	but	which	with
23	have	from	an
24	are	figure	quote
25	his	an	are
26	from	not	from
27	they	has	were
28	this	were	policy
29	not	can	states
30	had	these	but
31	has	been	state
32	an	have	would

Rank	General corpus	Materials science	Politics
33	we	or	or
34	n't	surface	its
35	or	used	mazzini
36	said	c	their
37	one	energy	head
38	there	temperature	at
39	will	also	had
40	their	will	have
41	which	contrast	more
42	she	two	britain
43	were	field	they
44	all	sample	these
45	been	material	he
46	who	current	between
47	her	between	his
48	would	electron	us
49	up	however	than
50	if	particles	socialization

Note: In the corpora from which this table is derived from, 'c' and 'p' are symbols and abbreviations, such as the abbreviation for 'centigrade'. 'p' is sometimes also the code marking a new paragraph. 's' is usually the 's' following an apostrophe, as in John's or she's.

개별 낱말의 의미는 핵심 의미와 은유적 의미로 나눌 수 있는데, 기본적인 의사소통을 위해 자주 사용되는 낱말이 학문적 또는 전문적 상황에서 사용되는 경우에는 은유적 의미로서 학문적 또는 전문적 개념에 관한 의미를 전달한다. 다음 예는 낱말들이 수학 과목에서 사용될 때 수학적 개념으로 어떤 의미를 전달하는가를 알아보기 위한 학습 활동이다(Blachowicz and Fisher, 2010: 98).

Select the correct common and mathematical definitions for each term. Write the letter of each definition in the appropriate column or technical meaning.

Definition

a. A number obtained by multiplying two numbers

b. A quantity that may assume any given value

c. Anything that contributes to a result

d. Changeable; inconstant

e. One or more numbers that when multiplied produce a given product

f. Something created by something or some process

g. Strength or force

h. The product obtained by multiplying quantity by itself one or more times.

Terms	Common Meaning	Technical Meaning
product		
factor		
power		
variable		

6.8 요약

어휘 학습 목표로서 학습해야 할 어휘 수는 개별 낱말, 렘마 또는 낱말족을 기준으로 할 수 있는데 일반적으로 기본어와 굴절어를 포괄하는 렘마 또는 기본어와 굴절어, 일부 파생어를 포괄하는 낱말족을 기준으로 정한다. 학습해야 할 낱말은 보통 낱말의 빈도와 비율을 고려하여 선정할 수 있다. 음성언어 텍스트는 95%, 문자언어 텍스트는 98% 정도의 낱말을 알고 있으면 텍스트를 이해하는데 어려움이 없으므로 음성 언어 중심의 의사소통을 위해서는 3000-4000 낱말족, 문자 언어 중심의 의사소통을 위해서는 7000-9000 낱말족을 학습 목표로 설정할 수 있다. 의사소통의 유형에 따라 어휘 수와 종류가 다를 수 있는데 기본적 의사소통을 위해서는 2,000 낱말족의 고빈도 낱말을 우선적으로 학습하고, 학습자의 수준과 요구에 따라 7,000 낱말족의 중빈도 낱말을 추가적으로 학습할 수 있다. 학문적 또는 전문적 의사소통을 위해서는 고빈도 낱말과 함께 학문적 의사소통에서 주로 자주 사용되는 학문적 낱말과 전문적 의사소통에서 주로 자주 사용되는 전문적 낱말을 학습해야 한다. 한편, 낱말군과 연어, 패턴 등도 어휘 학습 목표를 설정할 때 고려할 필요가 있다.

7. 어휘 학습 내용

어휘 학습 목표가 설정되면 학습 목표를 달성하기 위한 어휘 학습 내용으로서 구체적인 어휘를 선정하고 조직해야 한다. 학습해야 할 어휘의 선정과 조직을 위해서는 타당한 기준과 방법이 필요하다. 따라서 이 장에서는 어휘 학습 내용으로서 어휘를 선정하는 기준과 조직하는 방법에 대해 다룬다.

7.1 학습 어휘 선정

영어에는 고유명사를 제외하고 약 54,000 낱말족이 있으며(Goulden, Nation and Read, 1990), 이 중에서 원어민 성인은 약 20,000 낱말족을 알고 있다(Zechmeister et al., 1995). 그런데 국제어로서 영어를 배우는 한국인 학습자가 영어의 모든 낱말 또는 원어민이 알고 있는 모든 낱말을 학습하는 것은 사실상 불가능하다. 따라서 학습 목표를 달성할 수 있도록 타당한 기준을 정하여 학습해야 할 어휘를 선정할 필요가 있다. 예를 들어, 기본적 의사소통 능력을 기르기 위해서는 어휘 학습 목표로서 우선 2000 낱말족으로 이루어진 고빈도 낱말을 학습해야 하는데(Nation, 2013), 한 단원에서 이 낱말들을 모두 학습할 수는 없으므로 단원별로 학습해야 할 어휘를 정해야 한다. 이러한 점에서 어휘 학습 내용으로서 학습해야할 어휘는 빈도(frequency), 범위(range), 학습가능성(learnability), 학습자 요구와 수준

(learners' needs and levels), 반복과 신출어휘의 수 등을 고려하여 선정할 수 있다 (McCarthy, 1990; Thornbury, 2002).

7.1.1 빈도

빈도(frequency)는 어휘가 얼마나 자주 사용되는가를 말하는데, 실용성 측면에서 빈도가 높은 어휘를 우선적으로 학습해야 할 것이다. 기본적인 의사소통을 위해서는 고빈도 낱말을 학습해야 하는데, 고빈도 낱말에서 앞의 1,000 낱말(1-1,000 낱말)이 뒤의 1,000 낱말(1,001-2,000 낱말) 보다 훨씬 자주 사용되므로 앞의 낱말을 먼저 학습해야 한다. 그런데 일반적으로 말하는 고빈도 낱말은 다양한 의사소통 상황이나 텍스트 장르에서 사용된 낱말들의 빈도를 분석한 결과이다. 그 예로서 West(1953)의 'A General Service List of English Words'는 일상생활에서 자주 사용되는 약 2,000 낱말족을 선정하여 제시하고 있다. 여기에서는 개별 낱말이 전달하는 다양한 의미들이 얼마나 자주 사용되는지, 즉 의미 사용의 빈도를 수치로 보여주고 있어 어떤 의미를 먼저 학습해야 하는가에 대한 정보로 활용할 수 있다 (West, 1953: 175).

FAT	236e	
fat, adj.	(1) A fat man, sheep	
	Fat meat	61%
	(2) *(=thick)*	
	Plant with fat leaves	
	A fat book	14%
	(3) *(figurative)*	
	Fat pastures	
	A fat smile	3%
fat, n.	Cooking fat, beef fat	
	Oils and fats	18%

한편 의사소통 상황이나 텍스트 장르별로 자주 사용되는 낱말이 다를 수 있다. 따라서 목표로 하는 의사소통 상황이나 텍스트 장르에서 사용되는 언어로 코퍼스를 구축하거나 이미 구축된 코퍼스를 이용하여 낱말의 빈도를 분석하고 그 결과에 근거하여 자주 사용되는 낱말을 학습 내용으로 선정해야 한다. 예를 들어, 음성 언어로 구성된 코퍼스인 'CANCODE(Cambridge and Nottingham Corpus of Discourse in English)'와 문자 언어로 구성된 코퍼스인 'CIC(Cambridge International Corpus)'에서 가장 빈번하게 사용된 10개의 낱말들은 다음과 같다 (O'Keeffe, McCarthy and Carter, 2007: 35).

Rank	CANCODE spoken corpus		CIC written corpus	
	word	frequency	word	frequency
1	the	33,867	the	56,835
2	I	30,198	to	26,467
3	and	28,241	and	25,105
4	you	27,504	of	24,581
5	it	21,250	a	22,876
6	to	21,171	in	16,988
7	a	20,705	was	11,891
8	yeah	18,296	it	10,328
9	that	16,986	I	10,174
10	of	15,641	he	10,001

또한 같은 주제(topic)에 속하는 낱말들이라도 빈도가 다를 수 있는데, 그 예로서 'CANCODE' 코퍼스에서 '요일'과 '색깔'에 관한 낱말들의 빈도를 비교하였다 (O'Keeffe, McCarthy and Carter, 2007: 11). 이 결과를 보면, 요일은 'Friday', 'Saturday', 'Sunday', 색깔은 'black', 'white', 'red' 등이 상대적으로 빈번하게 사용되고 있다. 즉, 같은 주제에 속하는 낱말들이더라도 빈도가 다를 수 있으므로 이를 고려해서 학습해야할 낱말을 선정할 수 있다.

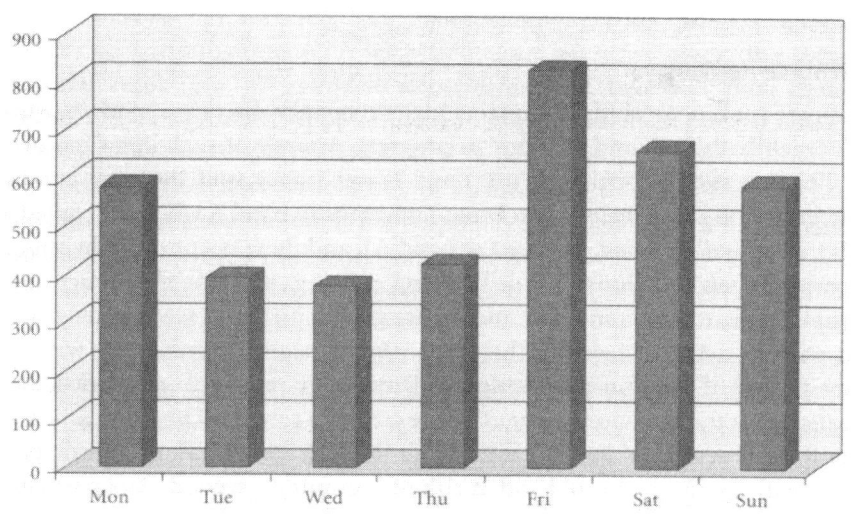

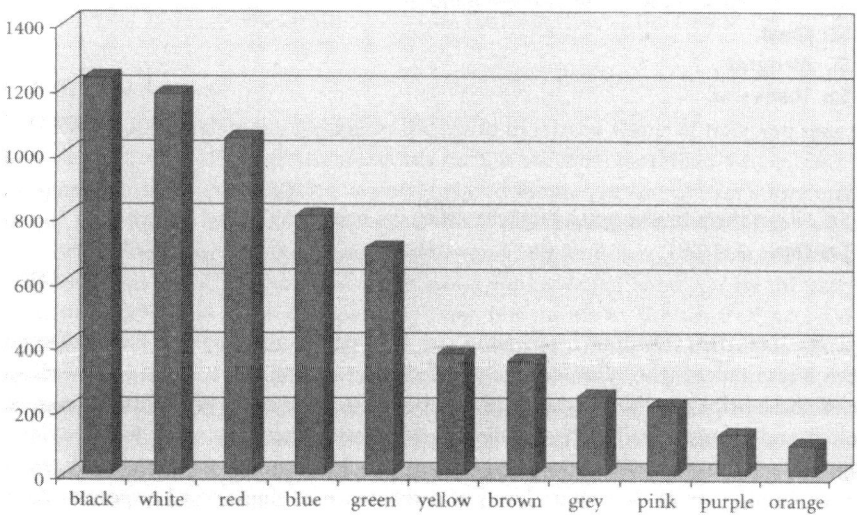

7.1.2 범위

　범위(range)는 특정 어휘가 얼마나 다양한 의시소통 상황이나 텍스트 장르에서 사용되는가를 말하는데, 실용성 측면에서 범위가 넓은 어휘를 우선적으로 학습해야 한다. 빈도가 비슷한 낱말이라도 범위가 다를 수 있고 빈도가 높은 낱말이 범위는 좁을 수 있으며, 빈도가 낮은 낱말이 범위는 넓을 수 있다. 따라서 학습 어휘를 선정할 때 빈도와 함께 범위를 고려할 필요가 있다. 아래 예는 특정 낱말의 빈도와 범위를 분석한 결과인데 이를 보면, 'student'는 11개의 장르(text-types), 45개의 텍스트(text-samples)에서 100만 낱말당 171번 사용(occurrences)되고 있으며, 'defence'는 12개의 장르, 49개의 텍스트에서 129번 사용되고 있다. 즉, 빈도는 'student'가 상대적으로 높은 반면에, 범위는 'defence'가 넓다(McCarthy, 1990: 84).

words	occurrences	text-types	text-samples
student	171	11	45
defence	129	12	49
temperature	104	8	30
data	96	6	30
drill	53	4	7

범위 측면에서 특정 의사소통 상황이나 텍스트 장르에서 주로 자주 사용되는 낱말들이 있다. 그 예로서 Coxhead(2000)는 학문적 목적의 다양한 의사소통 상황과 텍스트에서 주로 자주 사용되는 낱말들을 'Academic Word List'로 제시하였는데 이 목록은 약 570 낱말족으로 구성되어 있다. 학문적 낱말은 가장 빈번하게 사용되는 2,000 낱말족에 속하지 않으면서 학문적 목적의 다양한 의사소통 상황과 텍스트에서 주로 자주 사용되는 낱말들이다. 즉 학문적 낱말은 학문적 목적으로 사용되는 빈도가 높고 범위가 넓은 낱말들이다.

7.1.3 학습가능성

학습가능성(learnability)은 특정 어휘를 얼마나 쉽게 학습할 수 있는가를 말하는데, 어휘 학습의 흥미와 자신감 측면에서 학습가능성이 많은 어휘를 우선적으로 학습할 필요가 있다. 빈도가 높고 범위가 넓은 낱말들은 보통 쉽게 접할 수 있어 학습가능성이 많아 보이지만 반드시 그렇지는 않다. 예를 들어, 기능어는 내용어에 비해서 빈도가 높고 범위가 넓은 낱말들이지만 문법적 의미를 전달하므로 학습하기가 쉽지 않다. 학습가능성은 낱말의 발음, 철자, 의미, 통사적 특성 등의 영향으로 결정된다(McCarthy, 1990).

발음 측면에서 /p/, /b/처럼 한국어에 있는 분절음이거나 /cat/과 같이 음절 수가 작으면 학습가능성이 높은 반면에 /f/, /v/처럼 한국어에 없는 분절음이거나 /intuition/과 같이 음절의 수가 많으면 학습가능성이 낮아진다. 또한, /street/처럼 자음군이 포함된 낱말은 한국인 학생들이 학습하기 어렵다. 철자 측면에서는 /bæt/ → 'bat'처럼 발음과 철자가 일대일로 연결되거나 /s/ → 's'와 같이 발음이 대표적인 철자로 표기되는 경우에는 학습가능성이 높은 반면에 /æpl/ → 'apple'처럼 발음과 철자가 일대일로 연결이 되지 않거나 /s/ → 'c'와 같이 발음이 다양한 철자로 표기되는 경우에는 학습가능성이 낮아진다.

의미 측면에서는 의미가 핵심 의미이고 구체적이며, 학생들이 한국어로 잘 알고 있는 의미일수록 학습가능성이 높은 반면에, 은유적 의미이고 추상적이며, 학생들에게 익숙하지 않은 의미일수록 학습가능성이 낮아진다. 또한 'bear(참다, 견디다, 나르다, 낳다 등)'와 같이 하나의 낱말이 다양한 의미를 전달하는 다의어(polysemy)인 경우 학습하기가 어렵다. 통사적 특성 측면에서는 문장을 구성하기 위해서 낱말이 사용되는 패턴이 단순할수록 학습가능성이 높은 반면에 패턴이 복잡할수록 학습가능성이 낮아진다.

7.1.4 학습자의 요구와 수준

학습자의 요구는 어떤 어휘를 얼마나 학습하기를 원하는가를 말하는데, 학습자의 요구가 높은 어휘를 우선적으로 학습할 필요가 있다. 학습자의 요구는 목표로 하는 의사소통 유형과 관련되는데, 기초적인 의사소통을 위해서는 고빈도 어휘를, 학문적 의사소통을 위해서는 고빈도 어휘와 함께 학문적 어휘를 익힐 필요가 있다. 또한 ESP(English as a specific purpose) 측면에서 특정 영역에 대한 요구가 있다면 그 영역에서 빈도가 높은 어휘를 학습해야 할 것이다. 예를 들어, 자동차 수리에 관한 텍스트를 읽기 위해서는 이 장르에서 자주 사용되는 낱말들을 알아야하는데,

이들은 일반적인 고빈도 낱말과 다를 수 있다. 일반적인 문자 언어 고빈도 낱말과 음성 언어 고빈도 낱말, 자동차 수리 관련 고빈도 낱말을 비교하면 다음과 같다 (Schmitt, 2000: 72).

Rank	Written English (CIC)	Spoken English (CANCODE)	Car manuals (AUTOHALL)
1	the	the	and
2	of	I	the
3	to	you	to
4	and	and	of
5	a	to	in
6	in	it	is
7	that	a	or
8	is	yeah	with
9	for	that	remove
10	it	of	a
11	was	in	replace
12	he	was	for
13	on	is	oil
14	with	it's	be
15	I	know	valve
16	as	no	check
17	at	oh	engine
18	be	so	from
19	by	but	if
20	his	on	on
21	but	they	gear
22	have	well	install
23	from	what	rear
24	are	yes	when
25	said	have	not
26	not	we	bearing
27	they	he	assembly
28	you	do	it
29	this	got	cylinder
30	an	that's	brake
31	had	for	as
32	has	this	that
33	or	just	ar

Rank	Written English (CIC)	Spoken English (CANCODE)	Car manuals (AUTOHALL)
34	one	all	by
35	which	there	clutch
36	will	like	shaft
37	were	one	piston
38	their	be	front
39	who	right	system
40	we	not	air

초등학생들과 같이 나이가 어린 학습자들은 국제어로서 영어 학습에 대한 실용적 요구가 없는 경우가 많다. 이러한 학습자들의 경우에 학습자의 요구는 주로 흥미와 관련되므로, 어휘 학습 측면에서 학습자들이 흥미를 가질만한 주제를 알아보고, 이 주제와 관련된 어휘를 우선적으로 선정할 수 있을 것이다. '동물', '음식', '신체', '색깔' 등은 초등학생들이 흥미를 가질만한 주제라 할 수 있는데, 동물과 관련된 어휘 학습 내용을 제시한 예는 다음과 같다(Bentley, 2009: 22).

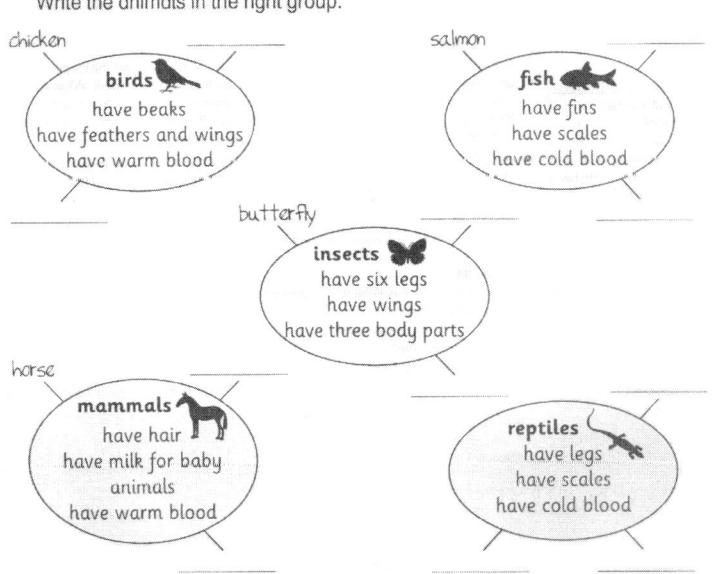

학습자의 수준은 일반적인 영어 수준을 말하는데, 영어 수준이 낮은 학생들은

기본적인 의사소통 능력을 기르는 것이 중요하므로 이를 위해 고빈도 낱말을 우선적으로 학습할 필요가 있을 것이다. 특히, 영어를 처음 배우는 학습자들의 경우에는 친숙한 외래어를 도입하여 영어 학습에 대한 흥미와 자신감을 심어주는 것이 중요하다. 그리고 어느 정도 고빈도 낱말을 학습한 후에는 학습자의 요구에 맞는 중빈도 낱말을 추가적으로 학습할 필요가 있다.

어휘 학습 내용은 아니지만 어휘 학습 활동을 하는데 필요한 어휘가 있는데, 이를 'learning management vocabulary'라고 할 수 있다. 이 어휘들은 수업 시간에 자주 반복하여 사용되므로 명시적으로 학습하기 보다는 학습 활동을 하면서 자연스럽게 접하여 그 의미를 이해하도록 유도하는 것이 효과적이다. 'learning management vocabulary'의 예는 다음과 같다(Gairns and Redman, 1986: 62).

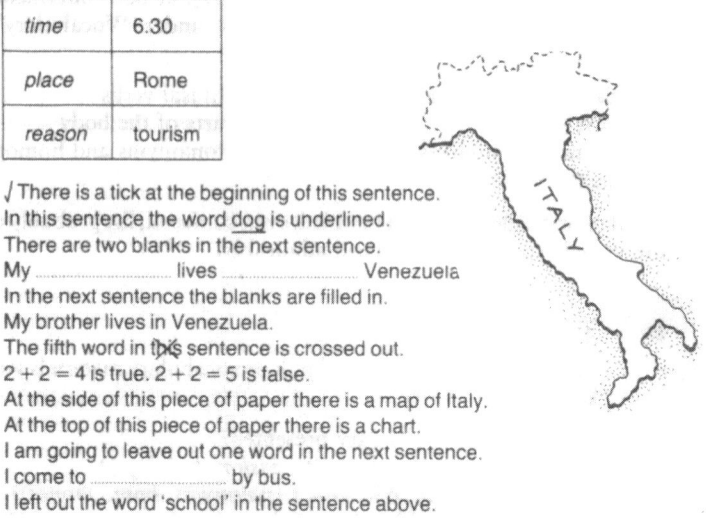

지금까지는 학습 내용으로서 어떤 어휘를 선정해야 할 것인가에 대해 논의하였는데, 학습해야할 어휘를 선정할 때에는 어휘의 빈도와, 범위, 학습가능성, 학습자 요구와 수준 등을 고려해야 한다. 보통 어휘 학습 내용은 새롭게 학습해야 할 어휘, 즉 신출 어휘를 지칭한다. 한편, 신출 어휘 학습도 중요하지만 이미 학습한 어휘를 유창하고 정확하게 사용하기 위해서는 반복 학습이 필요하다. 또한 단원별로 학습해야하는 신출 어휘의 수도 어휘 학습에 중요한 영향을 미칠 수 있다. 따라서 학습해야 할 어휘를 선정할 때 어휘의 반복 학습과 단원별로 학습해야할 신출 어휘 수도 고려할 필요가 있다.

7.1.5 반복과 신출어휘 수

의사소통을 위해 어휘를 자연스럽게 사용하기 위해서는 적어도 10번 이상의 반복 학습이 필요하다(Nation, 2013). 즉, 이미 학습한 어휘를 유창하고 정확하게 사용할 수 있으려면 일정한 시간 간격으로 반복 학습이 필요하다. 보통 어휘 학습 내용은 신출 어휘를 대상으로 하지만, 신출 어휘와 함께 이미 학습한 어휘도 학습 내용으로 반복하여 제시할 필요가 있다. Ebbinghaus(1987)는 반복 학습의 중요성을 강조하면서 시간과 기억 유지의 관계를 망각 곡선(forgetting curve)으로 제시하고 있다. 이 망각 곡선에 의하면 학습을 하고 20분이 지나면 약 42%, 1시간이 지나면 약 56%, 1일이 지나면 약 67%가 망각된다. 따라서 망각이 상당 부분 일어나기 전에 일정한 시간의 간격을 두어 복습을 해야 하는데, 망각 곡선에 기반하여 반복 학습이 기억에 미치는 영향을 도식화하면 다음과 같다(https://bobsullivan.net).

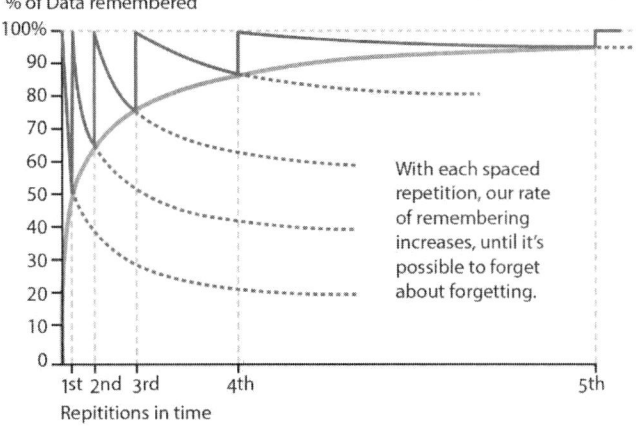

이를 보면 망각이 상당 부분 일어나기 전에 복습을 하면 기억이 원래대로 회복이 되고, 그 이후에는 망각 곡선이 완만해지는 것을 알 수 있다. 반복 학습을 할수록 망각 곡선이 더욱 완만해지므로, 즉 학습 내용에 대한 망각의 비율이 줄어들므로 복습 시간의 간격을 넓힐 수 있다. 예를 들어, 1단원에서 학습한 어휘는 2단원, 4단원, 8단원, 16단원에서 반복학습을 하는 것이 효과적이다.

특정 단원에서 신출 어휘를 어느 정도로 다루어야 하는가는 신출 어휘 수와 학습한 어휘 수의 비율과 관련된다. 즉, 특정 단원에서 학습한 어휘 수에 비해 신출 어휘를 너무 많이 제시하면 흥미와 자신감, 학습 효과 측면에 부정적인 영향을 미칠 것이다. 이와 관련하여 음성 언어 텍스트는 95%, 문자 언어 텍스트는 98% 정도의 낱말을 알고 있으면 나머지 2-5%의 낱말은 배경 지식을 통하여 추측이 가능하거나 모르더라도 텍스트를 이해하는데 큰 어려움이 없는 수준이다(Hu and Nation, 2000; Schmitt, 2000). 이러한 측면에서 신출 어휘의 비율은 전체 어휘의 2-5% 정도로 유지하는 것이 이상적일 것이다. 그런데 이러한 연구 결과들은 교사의 도움이 없는 상황에서 나온 것이므로 교실에서 이루어지는 영어 학습 상황과는 다를 것이다. 따라서 영어 학습 부담과 효과를 고려하여 교실에서 이루어지는 영어 학습 상황에서 신출 어휘 수는 어느 정도가 적절한가에 대한 연구가 필요하다.

7.2 학습 어휘 조직

학습해야 할 어휘를 선정한 후에는 이 어휘를 어떻게 조직하여 제시할 것인가를 결정해야 한다. 이와 관련하여 어휘 학습이란 의사소통에 필요한 어휘 지식을 익히는 것이므로 학습해야 할 어휘는 어휘 지식 측면을 고려하여 조직할 수 있다. 이러한 점을 고려하여 학습해야 할 어휘의 조직은 형식 관계 중심 어휘 조직, 의미 관계 중심 어휘 조직, 주제 중심 어휘 조직, 의사소통 중심 어휘 조직으로 나눌 수 있다. 이 주장의 전제는 형식, 의미, 주제, 의사소통 측면에서 관련되는 어휘를 함께 제시하여 학습하는 것이 무작위로 개별 어휘를 제시하는 것보다 효과적이라는 것이다. 무작위로 개별 어휘를 선정하여 조직한 예는 다음과 같다.

delicate	He had *delicate* hands.
impede	Debris and fallen rock are *impeding* the progress of rescue workers.
perceptibly	Divorce rates are increasing *perceptibly* in our nation.
tempting	It is a very *tempting* suggestion for this business.
mark	All the clothes are *marked* for size the way for washing.
reputation	We have to live up to our *reputation*.

이와 같이 무작위로 어휘를 제시하는 관점에서는 개별 낱말의 발음과 철자, 의미를 핵심 어휘 지식으로 생각한다. 즉, 개별 낱말과 이들을 연결하는 문법을 알고 있으면 문장을 만들어 의사소통을 할 수 있을 것으로 생각하는 것이다. 그러나 유창하고 정확한 의사소통을 위해서는 개별 낱말의 발음과 철자, 의미뿐만 아니라 계열적 의미 관계(paradigmatic meaning relations)로서 어떤 낱말과 의미적 유사점 또는 차이점이 있는지, 통사적 의미 관계(syntagmatic meaning relations)로서 문장 속에서 어떤 낱말과 함께 낱말군, 연어, 패턴을 이루어 자주 사용될 수 있는지에 대한 지식도 필요하다. 따라서 어휘 학습 내용을 조직할 때에는 개별 낱말에 관한 지식뿐만 아니라 다른 낱말과의 형식, 의미 관계에 관한 지식도 함께 고려해야 한다.

7.2.1 형식 관계 중심 어휘 조직

형식 관계 중심 어휘 조직은 형식 측면에서 관련되는 어휘를 함께 조직하여 제시하는 방법이다. 여기에서 어휘의 형식은 개별 낱말의 발음과 철자, 형태적 형식(morphologic form), 통사적(syntactic form) 형식을 포괄한다. 이 방법은 어휘의 형식에 관한 지식을 중요시하여 이를 중심으로 어휘를 조직하여 제시한다. 따라서 발음과 철자 측면에서는 개별 낱말의 발음, 철자, 발음과 철자 관계에 관한 지식, 형태적 형식 측면에서는 형태소와 관련되는 기본어, 굴절어, 파생어, 복합어에 관한 지식, 통사적 형식 측면에서는 문장의 구조와 규칙에 관한 지식을 강조하고 각 형식과 관련되는 어휘를 함께 제시한다. 개별 낱말의 발음과 철자 측면에서 발음과 철자의 관계를 익힐 수 있도록 관련되는 낱말들을 조직하여 제시한 예는 다음과 같다(Lee, 2006: 60).

Listen and circle the pictures that have the short ĕ sound as in *bed*.

Listen and repeat the words. Cross out the words that do not have a short ĕ sound

| hen | nest | feet | bed | web | ten |
| heel | peel | meal | elf | pen | egg |

개별 낱말의 발음과 철자를 인식하는데 음절과 초분절음도 중요한 역할을 하므로 이를 고려하여 낱말을 제시할 수 있다. 이러한 측면에서 강세와 음절에 관한 지식을 익힐 수 있도록 낱말들을 조직하여 제시한 예는 다음과 같다(Lee, 2007: 67).

How many beats does each word have?

| dragon, watermelon, jeep, seal, telephone, helicopter, butterfly, mushroom |

cow	penguin	kangaroo	caterpillar
1	2	3	4

굴절어와 파생어, 복합어는 기본어에 문법 형태소 또는 어휘 형태소를 붙여서 만든 낱말들로서 기본어의 형식을 공유하므로 형태적 형식 측면에서 유사하여 이들을 함께 제시할 수 있다. 기본어와 문법 형태소 또는 어휘 형태소를 알고 있으면 굴절어와 파생어, 복합어를 이해하고 표현할 수 있으므로, 형태소에 관한 지식을 익히기 위해 관련되는 낱말을 함께 제시하는 것이다. 이러한 측면에서 굴절어를 만드는 문법 형태소를 익히기 위해 낱말을 제시한 예와 파생어를 만드는 어휘 형태소를 익힐 수 있도록 낱말을 제시한 예(Thornbury, 2002: 172)는 다음과 같다.

Read the base word. Change the word with the ending letters, -s, -es, -ies.

run → runs, wash → washes, cry → cries

walk → _____   push → _____   sing → _____   study → _____
fly → _____   read → _____   carry → _____ catch → _____

Put the opposites of the adjectives below in one of the columns. Are the words in the columns generally negative or positive in meaning?

un	dis	im	in

attractive   friendly   sensitive   loyal
experienced caring   ambitious   adaptable
reliable   obedient   polite   tolerant
patient   selfish   decisive   faithful
romantic   lucky   fair   intelligent

어휘는 통사적 형식과 관련하여 조직할 수도 있는데 통사적 형식이란 문장의 구조와 규칙을 말한다. 통사적 형식에 관한 지식은 개별 낱말을 연결하여 문장을 만들 때 필요하다. 즉, 이 방법에서는 언어의 기본 단위는 문장으로서 의사소통을 하기 위해서는 문장을 만들 수 있는 능력을 중요하게 생각하여, 통사적 형식을 익

히기 위해 필요한 어휘를 함께 제시하는 것으로 그 예는 다음과 같다(Murphy, 1997: 48)

Compare :

present prefect
- I **have lost** my key.
  (= I can't find it now)
- Bill **has gone** home.
  (= he isn't here now)
- Have you seen Ann?
  (= where is she now?)

past simple
- I **lost** my key **last week.**
- Bill **went** home **ten minutes ago.**
- **Did** you see Ann **on Saturday**?

time until now | finished time

past   NOW | past   NOW

- **Have** you **ever been** to Spain?
  (= in your life, until now)
- My friend is a writer. He **has written** many books
- The letter **hasn't arrived** yet.
- We've **lived** in Singapore for six years.
  (= we live there now)

- **Did** you **go** to Spain **last year**?
- Shakespeare **wrote** many plays and poems.
- The letter didn't arrive yesterday.
- We **lived** in Glasgow for six years but now we live in Singapore.

    형식 관계 중심 어휘 조직은 개별 어휘의 발음과 철자, 형태적 형식, 통사적 형식에 관한 지식을 익히는 데에는 도움이 될 수 있다. 그러나 형식에 관한 지식만을 강조하면서 어휘가 전달하는 의미를 소홀히 할 수 있으며, 그 결과 유의미 학습(meaningful learning)이 일어나지 않아서 학습한 어휘의 장기 기억에 도움이 되지 않을 수 있다(Brown, 2014). 또한, 형식에 중점을 두므로 언어 사용의 유창성 보다는 정확성을 강조하게 되어 영어 학습에 대한 흥미와 자신감, 어휘 학습 효과 측면에서 부정적인 영향을 미칠 수 있다. 아울러 형식과 관련되는 어휘만을 제시해야 하므로 빈도나 범위, 학습가능성, 학습자의 요구 등을 고려하기 어렵다.

7.2.2 의미 관계 중심 어휘 조직

의미 관계 중심 어휘 조직에서는 의미 측면에서 관련되는 어휘들을 제시한다. 이 방법에서는 어휘의 의미와 의미 관계에 관한 지식을 강조하여 이 지식을 중심으로 어휘를 제시하는데, 주로 계열적 의미 관계와 통사적 의미 관계에 중점을 둔다. 계열적 의미 관계는 같은 의미 범주를 표현하는 어휘들의 의미 관계를 말하는데 유의어(synonym), 반의어(antonym), 상의어(hypernym), 하의어(hyponym) 등이 여기에 해당된다. 통사적 의미 관계는 문장 속에서 함께 사용되는 어휘들의 의미 관계를 말하는데, 낱말군(multiword), 연어(collocation), 패턴(pattern) 등이 통사적 의미 관계를 이룬다.

계열적 의미 관계로서 비슷한 의미를 가진 유의어를 이용하여 관련되는 낱말들을 제시한 예는 다음과 같다(Lee, 2007: 131).

Find and write the synonym for the underlined word.

close, high, start. run, angry

1. I cannot jog. I can only walk. _____
2. Stop bothering the dog. Or he will be mad. _____
3. I live in a tall tree-top house. _____
4. Would you shut the door for me? _____
5. Let's begin our English lesson. _____

다음 예에서는 서로 반대의 의미를 가진 반의어를 이용하여 관련되는 낱말들을 제시한 예이다(Thornbury, 2002: 98).

Put these adjectives into two groups - positive and negative.

positive	negative

emotional	friendly	good-humoured	outgoing
confident	ambitious	rude	self-centred
offensive	kind	selfish	nice

계열적 의미 관계에 관한 지식이 있으면 다른 어휘와의 의미 관계를 파악하여 개별 어휘의 의미를 더욱 명확하게 이해할 수 있다. 또한 계열적 의미 관계가 있는 어휘는 의사소통 상황에서 함께 사용될 가능성이 많을 것이므로 함께 학습하는 것이 효과적일 수 있다. 그런데 아래 예와 같이 계열적 의미 관계, 특히 유의어 관계가 있는 어휘를 함께 제시하면 미묘한 의미의 차이를 구별하기 위해 많은 노력을 해야 하고, 그 결과 어휘 학습에 부정적인 영향을 미칠 수 있다. 따라서 유의어의 경우에는 모든 어휘를 동시에 학습하기보다는 가장 빈번하게 사용되는 어휘를 먼저 익힌 후에 나중에 다른 유의어를 학습하는 것이 효과적이다. 이렇게 하면 이미 학습된 지식이 다른 어휘를 학습하는데 도움이 된다. 반면에 모든 어휘를 동시에 학습하면 어떤 낱말이 어떤 의미를 나타내는지 혼동이 되어 서로 간에 간섭(interference)이 일어날 수 있다(Nation, 2013).

All the words, except *complain*, are colloquial or informal and express irritation with the complainer. That is why *bellyache*, *grouse*, *grumble*, *moan* and *whine* are usually said of others and not of oneself. The following scale shows how formal and informal they are:

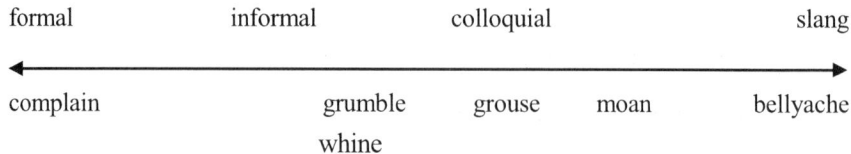

통사적 의미 관계로서 낱말군인 구동사(phrasal verb)를 중심으로 어휘를 조직하여 제시한 예는 다음과 같다(Goodale, 1993: 22). 구동사는 동사와 전치사 또는 동사와 부사로 구성된 표현으로서 구어체에서 흔히 사용된다.

Completing of Failing

> break down, close down, let down, settle down, stand down, turn down

1. An unhappy marriage which eventually breaks down often results in disturbed children.
2. If the firms failed to make enough money, they would close down.
3. It would be best to run away now but she could not let Jimmie down: he needed help.
4. Alan told her that after this, he would settle down and marry her.
5. She was asked if she was prepared to stand down in favor of a younger candidate.
6. She appled for a job in a restaurant, but was turned down.

통사적 의미 관계로서 연어를 이용하여 어휘를 제시한 예는 다음과 같다(Lewis, 2002: 144). 이 예에서는 'take'가 동사로서 어떤 명사와 연어를 이루는지를 제시하고 있다.

(take someone somewhere)
Who takes the children to school?
I'll take you shopping tomorrow.
They had to take her to the doctor.

a picture
a photography

(a period of time)
I took over an hour on the motorway.
That'll take ages.
It won't take more than ten minutes.

(travelling)
Shall we take the car?
Don't worry. I can take a train.

an exam
your driving test

(decisions or choices)
You should take more risks.
We can't take a decision yet.
I'll take the responsibility.

다음 예에서는 형용사(adjective)와 명사(noun), 부사(adverb)와 형용사(adjective)의 연어 관계를 이용하여 어휘를 제시하고 있다(Lewis, 1997: 93; Lewis, 2000: 110).

Fill in Column 2 with an adjective which is opposite in meaning to the adjective in Column 1 and also makes a correct collocation with the word in Column 3.

Column 1	Column 2	Column 3
helpful	_____	suggestion
efficient	_____	system
careful	_____	piece of work
safe	_____	choice
light	_____	green
light	_____	suitcase
light	_____	rain
light	_____	work

Match the adverbs in List 1 with the adjectives in List 2. You should find all the answers in a collocation dictionary by looking up the adjectives.

List 1	List 2
1. bitterly	a. anticipated
2. strictly	b. available
3. lavishly	c. damaged
4. eagerly	d. disappointed
5. generously	e. illustrated
6. widely	f. influenced by
7. heavily	g. limited
8. extensively	h. rewarded

통사적 의미 관계로서 낱말군, 연어, 패턴 등에 대한 지식은 의사소통 상황에서 낱말군, 연어, 패턴 등을 유창하고 정확하게 사용하는데 도움이 된다(Lewis, 1997).

개별 낱말만을 알고 있으면 의미에 맞게 낱말들을 연결해서 표현을 해야 하므로 시간이 더 많이 걸리고, 영어와 한국어의 통사적 의미 관계 차이로 인해서 언어 사용에 있어서 오류를 범할 수 있다. 따라서 통사적 의미 관계에 관한 지식은 중요한 어휘 지식이다. 한편, 통사적 의미 관계가 있는 어휘는 대부분 유의어나 반의어 등의 관계가 아니므로 함께 학습을 하더라도 간섭이 일어나지는 않는다. 다만, 통사적 의미 관계에만 중점을 두기 보다는 낱말군, 연어, 패턴 등을 자연스럽게 사용할 수 있도록 덩어리(chunk)로 기억할 필요가 있다.

7.2.3 주제 중심 어휘 조직

의미가 관련되는 어휘를 함께 학습하면 다른 어휘와의 의미 관계를 통하여 개별 어휘의 의미를 명확하게 이해할 수 있다. 하지만 계열적 의미처럼 의미가 밀접하게 연결되면 간섭이 일어날 수 있는데, 특히 유의어들은 미묘한 의미 차이로 인해서 간섭이 흔히 일어난다. 이러한 간섭을 줄이면서 관련되는 어휘를 제시하는 방법으로 주제 중심 어휘 조직이 있다. 주제(topic)란 언어가 전달하는 의미를 범주화한 것인데, 어휘의 경우에는 가족, 직업, 동물 등으로 주제를 나누고 각 주제에 속하는 어휘를 제시하는 것이다. 이 때 주제는 상의어가 되고 주제에 속하는 어휘는 하의어가 되면서 계열적 의미 관계를 이룰 수 있다. 그러나 계열적 의미 관계에 의한 조직에서는 어휘들의 의미 관계에 관한 지식을 강조하는 반면에 주제 중심 어휘 조직에서는 개별 어휘의 의미 학습을 중요시한다. 주제별로 어휘를 조직한 예는 다음과 같다.

Family

mother, father, grandfather, grandmother, uncle, aunt, brother, sister, cousin

교과 학습 내용 또한 주제에 따라 분류하고 주제에 속하는 어휘들을 함께 제시할 수 있는데, 이러한 경우에는 주제를 중심으로 어휘들의 의미가 비교적 느슨하게

연결되면서 유의미 학습을 촉진시키면서 간섭은 최소화할 수 있다. 또한 주제와 관련된 배경 지식이 활성화시켜서 어휘 학습에 도움을 줄 수 있다. 재활용을 주제로 관련된 어휘를 제시한 예는 다음과 같다(Bentley, 2009: 37).

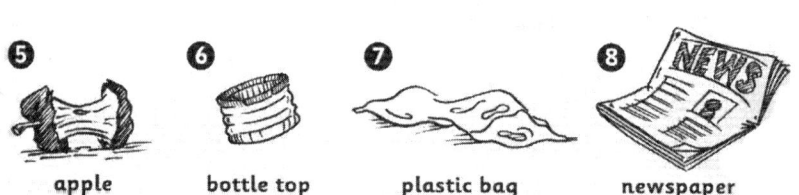

주제 중심 어휘 조직에서는 주제에 속하는 어휘들을 함께 제시하면서 유의미 학습을 촉진시킬 수 있는 반면에 의미가 밀접하게 관련되는 어휘를 함께 학습할 때 나타날 수 있는 간섭을 최소화할 수 있다. 또한 주제와 관련하여 학습자가 가지고 있는 배경 지식이 활성화되면서 어휘 학습에 도움을 줄 수 있다. 그러나 주제 중심 어휘 조직은 형식이나 의미 관계 중심 어휘 조직과 마찬가지로 의사소통 보다는 어휘 학습 자체를 중요시하므로 이와 같이 학습된 어휘가 실제 의사소통 상황에서 유창하고 정확하게 사용될 수 있을 것인가는 확실하지 않다.

7.2.4 의사소통 중심 어휘 조직

의사소통 중심 어휘 조직은 의사소통 목적을 고려하여 의사소통에 필요한 어휘들을 함께 제시하는 방법이다. 즉, 의사소통 중심 어휘 조직에서는 어휘 학습 자체보다는 의사소통을 위한 어휘 학습이 강조된다. 이러한 측면에서 두 활동을 비교해 보자.

1. Put these adjectives into two groups - positive and negative.

positive	negative

funny, careless, optimistic, pessimistic, diligent, lazy, patient, polite, kind, nervous, confident, cold, careful, quiet, rude, impatient, quiet, timid, energetic, outgoing

2. Work in pairs. Choose four words to describe yourself.

funny, careless, optimistic, pessimistic, diligent, lazy, patient, polite, kind, nervous, confident, cold, careful, quiet, rude, impatient, quiet, timid, energetic, outgoing

- Discuss your choice of words with your partner.

  I think I'm usually optimistic. And I'm always polite.

- Does he/she agree with you?

첫 번째는 의미 중심으로 어휘를 조직한 예이고, 두 번째는 의사소통 중심으로 어휘를 조직한 예이다. 이를 보면 제시하는 어휘는 같지만 첫 번째는 의미 관계를 고려하여 어휘를 조직하였고, 두 번째는 의사소통을 위해 어휘를 조직한 것이다. 이 차이로 인하여 첫 번째 활동에서는 어휘의 의미와 의미 관계에 대한 지식을 강조하면서 어휘 학습 자체에 중점을 둔다. 반면에 두 번째 활동에서는 의사소통 목적으로 의미를 전달하기 위해서 어휘가 어떻게 사용되는가에 중점을 둔다. 이를 위해서는 어휘의 의미와 의미 관계에 대한 지식과 함께 의사소통을 위한 어휘 사용 측면을 강조하여 실질적인 의사소통 능력을 효과적으로 기를 수 있는 것이다. 또한 의사소통 목적이 어휘 사용의 동기를 부여하여 어휘를 적극적으로 사용하면서 어휘 학습 효과를 높일 수 있다.

의사소통 중심 어휘 조직에서는 의사소통 목적과 이를 달성하기 위한 의미를 먼저 고려하고, 의미의 이해와 표현에 필요한 어휘들을 함께 제시하게 된다. Van Ek와 Trim(1998)은 기초적인 의사소통 능력을 기르기 위한 교육과정인 'Waystage'에서 의사소통 목적(language function)과 이를 달성하기 위한 일반적 의미(general notion), 세부적 의미(specific meaning), 의미를 전달하는데 필요한 어휘들을 제시하고 있다. 이 목록은 의사소통 중심 언어교육의 원리에 근거하여 학습 내용을 선정하는데 널리 이용되고 있는데, 일부 내용은 다음과 같다.

○ **Language functions**
1. Imparting and seeking factual information
1.1 identifying (defining)
1.2 reporting (describing and narrating)
1.3 correcting
1.4 asking
1.5 answering questions

○ **General notions**
2. Spatial

2.1 location: here, there, nowhere, everywhere, somewhere, (not) anywhere, inside, where?; inside, outside, (in) the east/north/south/west, to have been to, this, that, these, those

2.2 relative position: against, among, at, at the end of, behind, between, in, in front of, in the centre of, next to, on, opposite, under, with

2.3 distance: near, far (away) (from), ... away

2.4 motion: to come, to come along, to come to, to fall, to get up, to go, to hurry, to leave, to lie down, to pass, to sit (down), to stand, to stop

2.5 direction: away, back, down, in, out, (to the) left, (to the) right, straight on, up, east, north, south, west, across, down, from, into, past, through, to, up, to bring, to carry, to follow, to pull, to push, to put, to send, to take, to turn

2.6 origin: from

2.7 arrangement: after, before, between, first, last

2.8 dimension

2.8.1 size: size, big, high, large, long, low, short, small, tall

2.8.2 length: centimetre, foot, inch, kilometre, metre, mile, yard, long, short

2.8.3 pressure: heavy, light

2.8.4 weight: gram, kilo, lbs., oz., heavy, light

2.8.5 volume: gallon, litre, pint

2.8.6 space: big, small

○ **Specific notions**

1. Personal identification

1.1 name: name, first name, surname, Mr..., Mrs..., Miss..., Ms..., to write, to be

1.2 address: to live, street, road, park, square, number, country, town, village, *name of countries*

1.3 telephone number: telephone, to phone, telephone number, O

1.4 date and place of birth to be born: *names of the months, the required numerals*

1.5 age

1.6 sex: man, woman, boy, girl

1.7 marital status: (not) married

1.8 nationality: *names of nationalities*

1.9 origin: to be from ...

1.10 occupation: job, *names of occupations, names of places of work* e.g. factory, farm, hospital, office, school, shop, *names of occupational activities*

e.g. to buy, to teach, to see, to work, boss, to work

1.11 education: school, university, student, to study, to go to (school, university), *names of subject* e.g. English, history, science, mathematics

1.12 family: father, mother, husband, wife, child, son, daughter, brother, sister

1.13 religion: church, *names of one's own religion if any*

1.14 likes and dislikes: objects of likes and dislikes to be derived from other themes

1.15 personal appearances: tall, short, slim, dark, fair, good-looking

의사소통 목적과 의미, 의미 구현을 위한 어휘를 조직하여 제시한 예는 다음과 같다(Nunan, 2003a: 78).

UNIT 16 How did you meet your wife?

Goals:
- Identifying people through description
- Understanding a personal narrative

1

A What qualities do you look for in your ideal date? Use the scale to rate how important each item is to you. Then share your answers with a partner.

Ideal Date Questionnaire

		Not important → Very important
Appearance	Face (good-looking, cute)	0 1 2 3 4 5
	Body (attractive, athletic)	0 1 2 3 4 5
	Hair (length, color)	0 1 2 3 4 5
	Height	0 1 2 3 4 5
Background/Employment	Level of education	0 1 2 3 4 5
	Secure job/finances	0 1 2 3 4 5
Personality/Interests	Sense of humor	0 1 2 3 4 5
	Likes to talk/outgoing	0 1 2 3 4 5
	Similar interests/hobbies	0 1 2 3 4 5
Other	Age	0 1 2 3 4 5
	Same religion/beliefs	0 1 2 3 4 5
	Same cultural background	0 1 2 3 4 5
	_____	0 1 2 3 4 5
	_____	0 1 2 3 4 5

B Where do people meet new friends? Write numbers in the boxes.

```
1 = This is a common way to meet people.
2 = This is kind of unusual.
3 = This is very unusual.
```

☐ at school   ☐ at work   ☐ at a shopping mall
☐ through a dating agency   ☐ through a friend or relative   ☐ at a party
☐ at a health club   ☐ at a nightclub   ☐ through the Internet

C **Brainstorm!** Work with a partner. List at least three adjectives to describe your appearance and personality. Share your list with a partner. Does your partner agree?

이와 같이 의사소통 중심 어휘 조직은 의사소통을 우선적으로 고려하고 의사소통에 필요한 어휘를 조직하는 방법이다. 따라서 의사소통을 위한 어휘의 의미와 의미 관계에 중점을 두고 유창성을 강조하면서 어휘 학습을 할 수 있다. 또한 의사소통 목적이 어휘 사용 동기를 부여하여 어휘를 적극적으로 사용하면서 어휘 학습 효과를 높일 수 있다. 한편, 어휘 학습이 충분히 이루어지지 않고 의사소통을 위한 의미 전달에만 관심을 두는 경우에는 언어적 또는 비언어적 전략을 사용하면서 학습해야 할 어휘를 사용하지 않을 수 있다. 또한 학습의 초점이 유창성 중심의 의사소통에만 있는 경우에는 명시적인 어휘 학습에 관심을 두지 않으므로 정확한 어휘 사용을 위한 지식을 익히기 어려운 점이 있다. 따라서 의사소통 중심으로 어휘를 조직하더라도 필요한 경우 어휘의 형식 관계 또는 의미 관계를 강조할 필요가 있다. 또한 주제와 의사소통을 통합시키면서 어휘를 제시할 수도 있을 것이다.

7.3 요약

어휘 학습 내용으로서 학습해야할 어휘는 주로 빈도, 범위, 학습가능성, 학습자 요구와 수준, 반복 학습과 신출 어휘 수 등을 고려하여 선정할 수 있다. 빈도는 어휘가 얼마나 자주 사용되는가를 말하고, 범위는 특정 어휘가 얼마나 다양한 음성 언어의 의사소통 상황이나 문자 언어의 텍스트 장르에서 사용되는가를 말한다. 학습가능성은 특정 어휘를 얼마나 쉽게 학습할 수 있는가를 말하는데, 발음과 철자, 의미, 통사적 특성 등의 영향으로 결정된다. 학습자의 요구는 학생들이 특정 어휘를 얼마나 학습하기를 원하는가를 말하고, 학습자의 수준은 일반적인 영어 수준을 의미한다. 이외에도 반복 학습과 신출 어휘의 수도 학습 어휘를 선정할 때 고려할 필요가 있다. 학습해야 할 어휘를 선정한 후에는 어휘를 어떻게 조직하여 제시할 것인가를 결정해야 한다. 학습해야 할 어휘는 형식 관계, 의미 관계, 주제, 의사소통을 종합적으로 고려하여 조직할 수 있다.

8. 어휘 학습 활동

어휘 학습 활동은 어휘 학습을 유도하는 수단이며, 효과적인 어휘 학습 활동을 구안하기 위해서는 어휘 지식과 기능, 어휘 학습 과정과 원리, 학습자 요구와 수준 등을 종합적으로 고려해야 한다. 이러한 측면에서 어휘 학습 활동의 구체적인 예를 제시하고 주요 특성을 논하도록 한다. 아울러, 어휘 학습 측면에서 효과적인 교수 학습 절차를 제시한다.

8.1 어휘 학습 활동의 유형

어휘 학습의 궁극적인 목표는 의사소통에 필요한 어휘 지식과 어휘 기능을 익히는 것이므로 어휘 학습 활동은 크게 어휘 지식을 익히기 위한 활동과 어휘 기능을 익히기 위한 활동으로 구분할 수 있다. 어휘 지식은 개별 어휘의 형식과 의미에 관한 지식, 다른 어휘와의 형식 관계와 의미 관계에 관한 지식으로 나눌 수 있으며 이러한 지식을 익히려면 기본적으로 분석적인 접근이 필요하다. 즉, 어휘 지식 학습 활동에서는 어휘 지식 학습을 목표로 하여 각각의 어휘 지식을 분석적으로 익히는데 중점을 둘 필요가 있다. 어휘 기능은 의사소통을 위한 듣기, 말하기, 읽기, 쓰기 활동에서 어휘 지식을 유창하고 정확하게 사용할 수 있는 능력으로서 이러한 기능을 익히려면 기본적으로 통합적인 접근이 필요하다. 즉, 어휘 기능 학습 활동은 어휘 기능 학습을 목표로 하여 듣기, 말하기, 읽기, 쓰기 활동을 하면서 다양한 어휘 지식을 통합적으로 사용하는데 중점을 둔다. 이러한 측면에서 어휘 지식 학습 활동과 어휘 기능 학습 활동의 예는 다음과 같다.

○ 어휘 지식 학습 활동의 예 (Thornbury, 2002: 172)

Put the opposites of the adjectives below in one of the columns. Are the words in the columns generally negative or positive meaning?

un	dis	im	in

attractive	friendly	sensitive	loyal
experienced	caring	ambitious	adaptable
reliable	obedient	polite	tolerant
patient	selfish	decisive	faithful
romantic	lucky	fair	intelligent

○ 어휘 기능 학습 활동의 예 (Thornbury, 2002: 101)

Work in pairs. Ask and say how you feel about your town or village.

I love it. It's all right. I can't stand it.

Which of the following adjectives can you use to describe your town or village?

> interesting, boring, annoying, depressing, frightening, marvellous, beautiful, peaceful, noisy, lively

Can you explain why?

I find it boring because there's nothing to do in the evenings.

한편, 효과적인 어휘 학습을 위해서는 어휘 지식과 기능뿐만 아니라 어휘 학습 과정과 원리, 학습자의 요구와 수준을 고려하여 활동을 구안해야 한다. 구체적으로 어휘 학습 과정은 지식 학습 과정과 기능 학습 과정, 어휘 학습 순서 측면을, 어휘 학습 원리는 지식 학습 원리와 기능 학습 원리 측면을, 학습자의 요구와 수준은 의사소통 요구와 어휘 수준 측면을 고려해야 한다. 어휘 학습 활동의 유형과 어휘 학습 활동 구안시 고려할 사항은 다음과 같다.

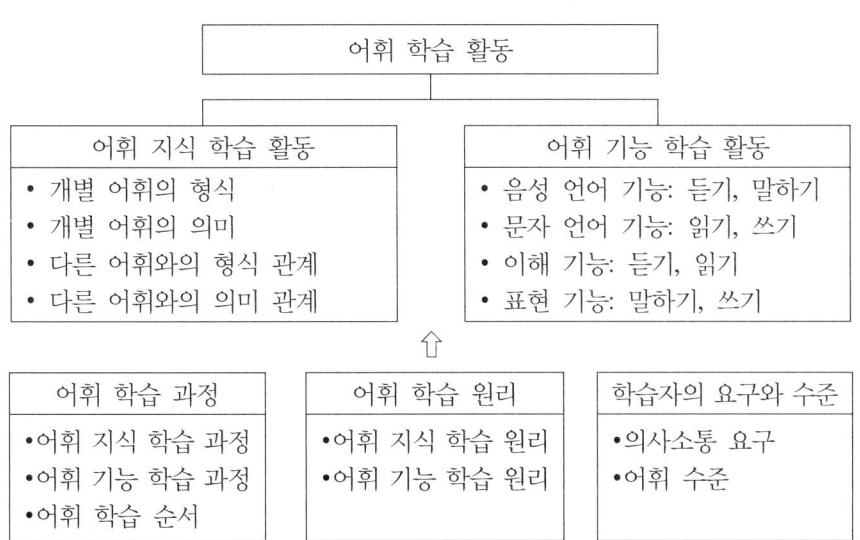

8.2 어휘 지식 학습 활동

의사소통에 필요한 어휘 지식을 효과적으로 학습하기 위해서는 어휘 지식을 타당하고 명확하게 정의하고, 이를 체계적으로 익히기 위한 다양한 학습 활동을 구안해야 한다. 이러한 측면에서 어휘 지식을 세부 지식들로 분류하면 다음과 같다.

○ 어휘 지식

형식에 관한 지식	발음에 관한 지식
	철자에 관한 지식
형식 관계에 관한 지식	기본어, 굴절어, 파생어, 복합어 등에 관한 지식
	동음이의어, 동철이의어, 동음동철이의어 등에 관한 지식

의미에 관한 지식	핵심 의미에 관한 지식
	은유적 의미에 관한 지식
	화역에 관한 지식
의미 관계에 관한 지식	계열적 의미 관계에 관한 지식
	통사적 의미 관계에 관한 지식
	주제별 의미 관계에 관한 지식

어휘 지식 학습 활동을 구안할 때 어휘 지식 측면에서 고려할 점들은 다음과 같다. 첫째, 목표로 하는 어휘 지식을 명확하게 파악하여 이를 중점적으로 익히도록 한다. 예를 들어, 개별 어휘의 형식 학습이 필요하다면 발음과 철자를 중점적으로 익힐 수 있도록 해야 한다. 그렇지 않고 개별 어휘의 의미를 강조한다면 인지적 특성상 형식에 대한 관심은 줄어들 것이다. 둘째, 특정 학습 활동에서 하나의 어휘 지식만을 익히는 것은 문제가 있지만, 다양한 어휘 지식들을 동시에 학습하는데에도 한계가 있다. 따라서 어휘 지식들을 순차적으로 연계하거나 한 활동에서 통합하여 학습하도록 하되 인지적 부담과 학습자의 어휘 수준을 고려해야 한다. 예를 들어, 다른 어휘와의 의미 관계에 관한 지식은 어휘의 의미를 명확히 이해하는데 도움을 주므로 인지적 부담을 줄일 수 있다면 두 지식을 연계하거나 통합하여 학습할 수 있다. 셋째, 어휘 지식은 점진적으로 축적되는 과정을 거쳐 학습되므로 시차를 둔 반복 학습이 필요하다. 즉, 한 번의 학습으로 목표로 하는 어휘 지식을 정확하게 익히는데에는 한계가 있으므로, 학습한 어휘를 자연스럽게 반복 학습할 수 있도록 해야 한다. 이러한 측면을 고려한 어휘 학습 활동의 예는 다음과 같다.

○ Activity 1 (Redman and Ellis, 1990: 106)
The words below are all two-syllable verbs with the stress on the second syllable. For each one find two other verbs which rhyme with the second syllable.
Example: re*pair* → des*pair*, com*pare*

re*duce*, re*ply*, re*tain*, re*form*, res*pect*, re*mand*

○ Activity 2 (Thronbury, 2002: 172)

Put the opposites of the adjectives below in one of the columns. Are the words in the columns generally negative or positive meaning?

un	dis	im	in

attractive   friendly   sensitive   loyal
experienced   caring   ambitious   adaptable
reliable   obedient   polite   tolerant
patient   selfish   decisive   faithful
romantic   lucky   fair   intelligent

목표로 하는 어휘 지식 측면에서, 'Activity 1'에서는 개별 어휘의 형식으로서 발음과 철자에 중점을 두고 있는데 아울러 'repair', 'despair', 'compare'와 같이 라임(rhyme)을 공유하는 어휘들의 형식 관계도 익힐 수 있도록 하고 있다. 즉, 이 활동에서는 어휘 형식 학습을 목표로 하고 있다. 'Activity 2'에서는 'un-', 'dis-', 'im-', 'in-'의 어휘 형태소를 강조한 어휘의 형식 관계(파생어)와 계열적 의미 관계(반의어)로서 다른 어휘와의 의미 관계를 중점적으로 익히도록 하고 있다. 즉, 이 활동에서는 어휘 형식과 의미 학습을 동시에 강조하고 있다. 목표로 하는 어휘 지식과 활동을 통하여 익힐 수 있는 어휘 지식을 일치시키는 것은 매우 중요하다. 예를 들어, 개별 어휘의 형식 학습을 목표로 한다면 개별 어휘의 발음과 철자를 중점적으로 익힐 수 있도록 해야 한다. 이러한 점에서 목표로 하는 어휘 지식을 명확히 하고, 특정 어휘 지식 학습 활동에서 중점적으로 익힐 수 있는 어휘 지식이 무엇인가를 파악하는 것이 필요하다.

○ **Activity 3**

Match the parts of animals on the left with the definitions on the right.

1. ___ wing   a) a bird's mouth
2. ___ fur   b) a part which sticks out at the end of an animal's body
3. ___ tail   c) thick hair on the bodies of some mammals
4. ___ feather d) one of the sharp, hard points on the feet of some birds
5. ___ beak   e) part of an animal which is used for flying
6. ___ claw   f) one of many parts of the covering that grows on a bird's body

Put each animal in one of the four columns. Do as many as you can and then check your answers in a dictionary.

shark, crocodile, parrot, owl, wasp, mouse, goat, seagull, fly, lizard, bettle, tiger

insects	birds	fish and reptiles	mammals

○ Activity 4 (Lewis, 1997: 94)

One word in each group does not make a strong word partnership with the word in capitals. Which is the odd one?

1. bright   idea, green, smell, child, day, room
2. clear   attitude, need, instructions, alternative, day, conscience, road
3. light   traffic, work, day, entertainment, suitcase, rain, green, lunch
4. new   experience, job, food, potatoes, baby, situation, year
5. high   season, price, opinion, spirits, house, time, priority
6. main   point, reason, effect, entrance, speed, road, meal, course
7. strong   possibility, doubt, smell, influence, views, coffee, language
8. serious   advantage, situation, relationship, illness, crime, matter

어휘 지식의 통합 학습 측면에서, 'Activity 3'에서는 개별 어휘의 형식과 의미, 다른 어휘와의 의미 관계로서 계열적 의미 관계(상의어, 하의어)를 연계하여 익히도록 하고 있다. 'Activity 4'에서는 개별 어휘의 형식과 의미, 다른 어휘와의 의미 관계로서 통사적 의미 관계(연어)를 통합하여 익히도록 하고 있다. 이와 같이 어휘 지식들을 연계하거나 통합하여 학습할 때에는 어휘 학습 측면에서의 인지적 부담과 학습자의 어휘 지식 수준을 고려해야 한다. 감각 기관을 통하여 지각된 정보는 작업 기억에서 처리가 되는데, 작업 기억에서 처리할 수 있는 정보의 양과 지속 시간은 한계가 있다. 이러한 점에서 어휘 학습 활동이 주는 인지적 부담을 파악해야 하는데, 적절한 인지적 부담은 어휘 학습에 도움이 되는 인지 과정의 깊이에 긍정적인 영향을 줄 수 있으므로 이를 종합적으로 고려해야 한다. 예를 들어, 새로운 어휘를 활용하여 적극적인 상호작용을 유도하고 문제를 해결하도록 요구하면 학습자들의 흥미와 도전감을 높이고 적절한 인지적 부담을 주면서 인지적으로 집중하도록 유도할 수 있고, 그 결과 효과적으로 어휘 학습을 할 수 있는 것이다. 또한, 학습자의 어휘 지식 수준 측면에서는 학습자가 가지고 있는 선행 지식을 파악하여 선행 지식과 새로운 어휘 지식 학습이 연계되도록 할 필요가 있다.

○ Activity 5

Work in pairs. Put these adjectives into two groups - positive and negative.

emotional	friendly	good-humoured	outgoing
confident	ambitious	rude	self-centered
offensive	kind	selfish	nice

Choose three adjectives to describe yourself.

Choose one of your friends and think of three adjectives to describe the person.

개별 어휘 지식과 다양한 어휘 지식들은 점진적으로 축적되는 과정을 거쳐 학습되므로 어휘 지식을 정확하게 익히기 위해서는 목표 어휘를 반복하여 학습할 수 있도록 해야 한다. 이러한 측면에서 'Activity 5'에서는 다양한 활동을 하면서 목표 어휘를 적어도 3번 이상 반복하여 학습하도록 유도하고 있다. 또한, 짝 활동을 통하여 어휘의 반복 학습을 극대화하고 있는데, 이를 통하여 어휘 학습에 필요한 상호작용 양상으로서 이해 가능 입력과 이해 가능 출력, 피드백, 수정된 출력을 촉진시키면서 어휘 지식을 효과적으로 학습할 수 있다. 한편, 활동을 하면서 목표 어휘를 반복하여 학습하는 것도 중요하지만, 반복을 하는데 있어서 약간의 시차를 두는 것이 더욱 효과적이다(Baddeley, 1990). 어휘 지식에 따라 다르지만 정확하게 익히기 위해서는 보통 시차를 두고 10번 이상 반복 학습이 필요한 것으로 알려져 있다(Webb, 2007). 그 밖에 어휘 지식 학습을 위한 다양한 활동의 예를 제시하면 다음과 같다.

○ 어휘 지식 학습 활동의 예 (Nation, 2013: 132)

Vocabulary knowledge		Activities
Form	Spoken form	· Pronouncing the words · Developing phonological awareness · Reading aloud
	Written form	· Dictating words and sentences · Finding spelling rules
	Word parts	· Filling word parts table · Cutting up complex words · Building complex words · Choosing a correct form · Finding etymologies
Meaning	Form-meaning connection	· Using word cards · Using the key word technique · Matching words and definitions · Discussing the meanings of phrases · Drawing and labelling pictures · Peer teaching · Solving riddles · Answering True/False statements · Reading with glosses
	Concept and reference	· Finding common meanings · Choosing the right meaning · Using semantic feature analysis

Vocabulary knowledge		Activities
Use		· Answering questions involving target words · Playing at word detectives
	Associations	· Finding substitutes · Explaining connections · Making word maps · Classifying words · Finding opposites · Suggesting causes or effects · Suggesting associations · Finding examples
	Grammar	· Matching sentence halves · Putting words in order to make sentences
	Collocates	· Matching collocates · Finding collocates · Analysing and classifying collocates
	Constraints on use	· Identifying constraints · Classifying constraints

8.3 어휘 기능 학습 활동

어휘 기능을 효과적으로 익히기 위해서는 의사소통을 위한 듣기, 말하기, 읽기, 쓰기 활동에서 유창하고 정확하게 사용하면서 어휘 지식을 자동화할 수 있도록 해야 한다. 이러한 측면에서 어휘 기능을 세부 기능으로 분류하면 다음과 같다.

○ 어휘 기능

음성 언어 기능	듣기, 말하기
문자 언어 기능	읽기, 쓰기
이해 기능	듣기, 읽기
표현 기능	말하기, 쓰기

어휘 기능 학습을 위한 활동을 구안할 때 어휘 기능 측면에서 중요하게 고려할 점들은 다음과 같다. 첫째, 어휘 지식과 어휘 기능을 구별하여, 어휘 기능 학습 활동에서는 의사소통을 위한 듣기, 말하기, 읽기, 쓰기 활동에서 어휘 지식을 통합적으로 사용하면서 이를 자동화할 수 있도록 해야 한다. 둘째, 어휘 지식 학습과 마찬가지로 특정 학습 활동에서 하나의 어휘 기능만을 익히는 것은 문제가 있지만, 다양한 어휘 기능을 동시에 학습하는 데에도 한계가 있다. 따라서 특정 어휘 기능을 중심으로 학습하면서 다른 기능과 순차적으로 연계하거나 한 활동에서 통합하되 활동 수행과 관련된 인지적 부담과 학습자의 어휘 수준을 고려해야 한다. 셋째, 어휘 기능은 점진적으로 축적되는 과정을 거쳐 학습되므로 시차를 둔 반복 학습이 필요하다. 즉, 한 번의 학습으로 목표로 하는 어휘 기능을 정확하게 익히는 데에는 한계가 있으므로, 다양한 활동에서 어휘를 사용하면서 자연스럽게 반복 학습할 수 있도록 해야 한다.

○ Activity 6 (Nunan, 2003b: 28)
Label the pictures with the items below, then write a word to complete each definition.

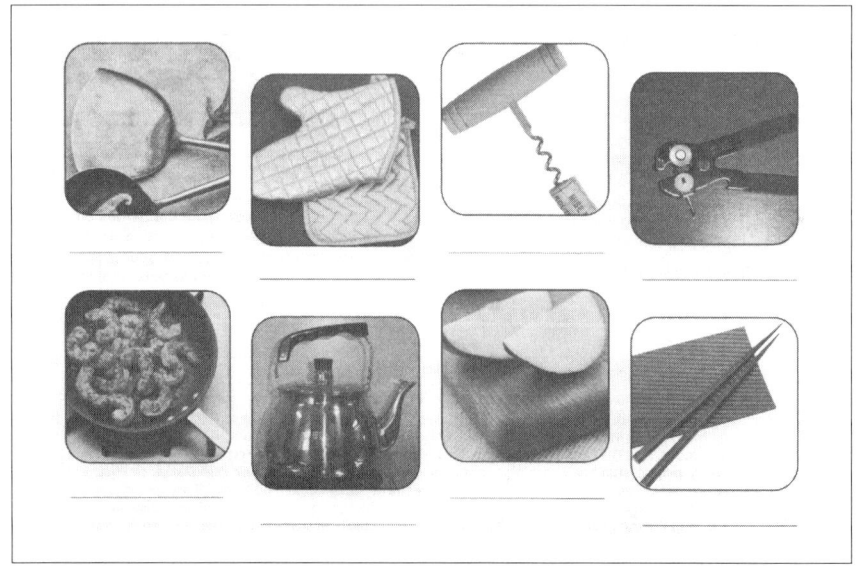

Item	It's used for ...
frying pan	making _____
corkscrew	opening _____
chopsticks	picking up _____
kettle	boiling _____

Item	It's used for ...
can opener	opening cans of _____
potholder	holding hot _____
spatula	flipping _____ in a pen
cutting board	cutting _____

○ Activity 7 (Thornbury, 2002: 98)

Imagine you have just moved into a completely empty flat. You can afford to buy one piece of furniture a week. Put the following items in the order in which you would buy them.

> fridge, bed, desk, dining table, sofa, wardrobe, chair, dishwasher, bookcase, cooker, washing machine, chest of drawers

Now, compare your list with another student and explain your order. If you were sharing the flat together, would you agree? If not, make a new list that you both agree about.

어휘 학습 목표 측면에서 'Activity 6'에서는 어휘 지식 학습에 중점을 두고 개별 어휘의 형식과 의미를 익히도록 하고 있다. 반면에 'Activity 7'에서는 어휘 기능 학습에 중점을 두고 의사소통을 하면서 어휘 지식을 사용하도록 유도하고 있다. 어휘 지식과 기능은 각각 별도의 학습이 필요하며, 어휘 지식 학습을 통하여 기능을 익히거나 어휘 기능 학습을 통하여 지식을 익히는데에는 한계가 있다(Barcroft, 2006). 특히 어휘 기능을 익히기 위해서는 의사소통을 목적으로 듣기, 말하기, 읽기, 쓰기를 하면서 어휘 지식을 유창하고 정확하게 사용하는 경험을 할 수 있도록 활동을 구성해야 한다.

○ Activity 8 (Nunan, 2003b: 16)

Look at the photos. Who would you give these gifts to, and for what occasion? Discuss with a partner.

◯ Activity 9 (Nunan, 2003a: 34)

Look at the photos of rooms in a house. Use the words in the box to complete the real estate advertisement.

| kitchen | bedroom | dining room | bathroom | living room |

위에 제시한 두 활동 모두 어휘 기능을 익히기 위한 것으로 'Activity 8'에서는 음성 언어 기능으로서 듣기와 말하기를 강조하고 있으며, 'Activity 9'에서는 문자 언어 기능으로서 읽기와 쓰기에 중점을 두고 있다. 대부분의 실제적인 의사소통 상황에서는 언어 기능이 통합되어 사용되므로 어휘 기능 학습 활동 구안시 이러한 점을 고려할 필요가 있다. 다만, 인지적 부담과 학습자의 어휘 수준을 고려하여 적절한 도움을 제공할 필요가 있다.

○ Activity 10 (Adapted from Thornbury, 2002: 96)
  • Work in groups of four. Choose five words to describe yourself.

  > careful, interesting, clever, cold, confident, fit, funny, imaginative, intelligent, kind, lazy, nervous, optimistic, patient, pessimistic, polite, quiet, calm, rude, sad, sensitive, nice, serious, tidy, thoughtful

  • Discuss your choice of words with your group members.
    Does he/she agree with you?
    I think I'm usually optimistic. And I'm always polite!
  • Think of three people you admire you very much. They can be politicians, musicians, sports personalities etc. or people you know personally. Choose the person you admire most and think of three adjectives to describe this person.
  • Then choose the second and third person you admire and think of three more adjectives for each person to explain why.

개별 어휘 기능과 다양한 어휘 기능들은 어휘 지식과 마찬가지로 점진적으로 축적되는 과정을 거쳐 학습되므로 다양한 의사소통 활동을 통하여 목표 어휘를 반복하여 사용할 수 있도록 해야 한다. 이러한 측면에서 'Activity 10'에서는 다양한 의사소통 활동을 하면서 목표 어휘를 적어도 4번 이상 사용하도록 유도하고 있다. 또한, 모둠 활동을 통하여 어휘의 반복 사용을 극대화하고 있는데, 이를 통하여 어휘 학습에 필요한 상호작용 양상으로서 이해 가능 입력과 이해 가능 출력, 피드백, 수정된 출력을 촉진시키면서 어휘 기능을 효과적으로 익힐 수 있다. 한편,

Nation(2013: 196)은 어휘 기능 학습 활동을 구안하기 위한 지침을 다음과 같이 제시하고 있다.

- Make sure that the target vocabulary is in the written input to the task and occurs in the best place in the written input
  - Have plenty of written input.
  - Make sure about 12 target words occur in the written input.
  - Try to predict what parts of the written input are most likely to be used in the task and put wanted vocabulary there.
- Design the task so that the written input needs to be used.
  - Avoid the use of numbering in lists of items or choices.
  - Use retelling, role play, problem-solving discussion based on the written input.
  - Have a clear outcome to the task, such as ranking, choosing, problem sloving, completion.
- Get each learner in the group actively involved.
  - Split the information.
  - Assign jobs or roles.
  - Keep the group size reasonably small (about four or five learners).
  - Have learners of roughly equal proficiency in a group who feel comfortable negotiating with each other.
- Ensure that the vocabulary is used in ways that encourage learning.
  - Use tasks such as role play that require changing the context of the vocabulary.
  - Use a procedure such as the pyramid procedure or reporting back to get the vocabulary reused.
  - After the task is completed, get the learners to reflect on what vocabulary they learned.

8.4 어휘 학습 과정과 원리를 고려한 활동

효과적으로 어휘 지식과 기능을 학습하기 위해서는 어휘 학습과 관련된 인지 과정으로서 지각, 인식, 이해, 구조화, 재구조화, 자동화를 점진적으로 촉진시킬 수 있도록 해야 한다. 따라서 어휘 학습 활동은 각 인지 과정이 반드시 일어나고, 점진적으로 일어날 수 있도록 구성되어야 한다. 예를 들어, 'Activity 11'에서는 학습할 어휘들을 먼저 명시적으로 제시하여 쉽게 지각할 수 있고, 의사소통을 위해 이 어휘들을 사용해야 하므로 어휘 학습에 대한 필요성을 인식할 수 있을 것이다. 또한, 목표 어휘들을 반복하여 사용하면서 자연스럽게 어휘의 형식과 의미를 구조화하고 재구조화하며, 다양한 의사소통 활동을 통하여 어휘 지식을 자동화할 수 있도록 유도하고 있다.

◯ Activity 11 (Thornbury, 2002: 96)
- Work in pairs. Choose five words to describe yourself. Use a dictionary if necessary.

> careful, interesting, clever, cold, confident, fit, funny, imaginative, intelligent, kind, lazy, nervous, optimistic, patient, pessimistic, polite, quiet, calm, rude, sad, sensitive, nice, serious, tidy, thoughtful

- Discuss your choice of words with your group members.
  Does he/she agree with you?
  I think I'm usually optimistic. And I'm always polite!
- Think of three people you admire you very much. They can be politicians, musicians, sports personalities etc. or people you know personally. Choose the person you admire most and think of three adjectives to describe this person.

또한, 어휘 학습 활동을 구안할 때에는 어휘 학습 원리를 고려할 필요가 있다. 어휘 학습 원리는 어휘 지식 학습을 위한 원리와 어휘 기능 학습을 원리로 구분할 수 있으며, 어휘 학습 과정은 어휘 학습 원리를 이해하는데 중요한 역할을 한다.

어휘 학습 원리를 고려한 활동의 예로서 'Activity 12'에서는 인지적 깊이(cognitive depth)와 정의적 깊이(affective depth) 측면에서 학습자들이 흥미를 가지고 인지적으로 집중할 수 있도록 주어진 정보를 이용하여 문제를 해결하도록 유도하고 있다. 또한 짝 활동을 통하여 활발한 상호작용이 이루어질 수 있도록 구성하였다.

○ Activity 12 (Thornbury, 2002: 99)

Work in pairs. Think about what people do when they travel by plane. Put the actions below in the correct column.

before the flight	after the flight
check in	*leave the plane*

leave the plane
land
unfasten your seatbelt
go into the departure lounge
go to the departure gate
fasten your seatbelt
go through passport control

check in
collect your baggage
go through passport control
listen to the safety instructions
go through customs
board the pane
go into the arrivals hall

Number the actions in the order people do them.

아울러 이와 같은 문제 해결 활동에서는 학습자들이 주어진 문제를 해결하기 위해 자신이 알고 있는 정보를 교환하면서 적극적인 상호작용을 할 수 있고 그 결과 효과적으로 어휘를 학습할 수 있다. 문제 해결 활동에서의 상호작용의 예는 아래와 같다(Newton, 2013). 이 예를 보면 학습자들이 모르는 어휘에 대해 어휘 학습에 효과적인 상호작용 양상으로서 이해 가능 입력, 이해가능 출력, 피드백, 수정된 출력 등을 활발하게 사용하고 있음을 알 수 있다.

This is part of the transcript of a problem solving-discussion by three learners (S1, S2, S3) about redesigning a zoo.

S3: ... All enclosures should be filled

S2: Enclosures should be filled enclosure, do you know?

S1: What means enclousre? Do you know?

S3: Close ah ... should be filled

S2: No I don't know enclos ... enclosed

S1: Filled what means fill? Oh oh all enclosed, I think that all enclosed that means enclosed

S2: Fill

S3: Filled, filled

S2: Ohh

S1: Every every area yes should be filled

S2: Should be filled

S3: Should be put put something inside

S1: Yes because yes yes because you know two? The ...

S2: I see. No empty rooms ahh

S3: No empty rooms yeah

S2: Two is the empty I see

S1: Yeah empty so we must fill it. Okay.

　어휘 학습 활동은 인지적 깊이(cognitive depth)와 정의적 깊이(affective depth)측면에서 다음과 같이 네 가지 유형(A, B, C, D)의 활동으로 나눌 수 있다(Thornbury, 2002). 인지적 깊이는 활동을 위해 학습자들이 어느 정도의 인지적 집중을 요구하는가를 말하고, 정의적 깊이는 활동에 대한 흥미와 자신감 등의 정의적 요인과 관련이 있다.

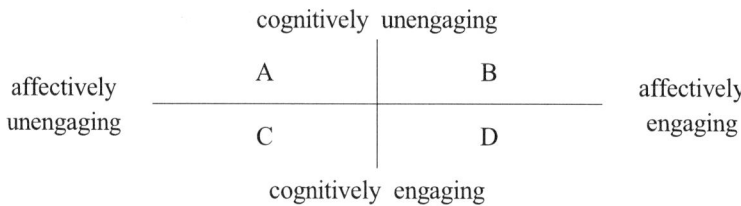

Thronbury(2002)는 어휘 학습 활동으로 흔히 사용되고 있는 대표적인 유형을 'identifying', 'selecting', 'matching', 'sorting', 'ranking and sequencing'으로 제시하면서 이 어휘 학습 활동들을 인지적 깊이 측면에서 아래와 같이 배열하고 있다.

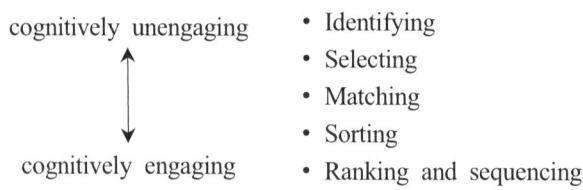

동일한 어휘를 학습하더라도 활동의 유형이 달라지면 어휘 학습에 필요한 인지적 깊이와 정의적 깊이에 영향을 주면서 어휘 학습에 중요한 영향을 미치는 것이다. 예를 들어, 특정 어휘를 학습하기 위한 'identifying', 'selecting', 'matching', 'sorting', 'ranking and sequencing'의 활동을 제시하면 다음과 같다(Thornbury, 2002).

doing housework	watching TV	playing music
babysitting	going for drink	going for a walk
eating out	reading	swimming
working out	gardening	going to the movies
going shopping	going for a drive	surfing the net

- Identifying: Put the words in alphabetical order.

- Selecting: Choose three things that you like to do.
- Matching: Make true and false sentences about yourself using eight of these words, beginning *I really like ...* or *I don't like ... very much.* Can your partner guess which are true and which are false?
- Sorting: Categorise these words into three groups. Then identify the odd one out in each group.
- Ranking and sequencing: Rank these words in the order of personal preference.

8.5 학습자의 요구와 수준을 고려한 활동

어휘 학습 활동을 구안할 때에는 학습자의 요구와 수준을 고려해야 하는데 학습자의 요구는 목표로 하는 의사소통에 관한 요구를 말하며, 수준은 학습자가 알고 있는 어휘의 지식과 기능 수준을 의미한다. 의사소통 측면에서는 음성 언어 중심의 의사소통을 목표로 하는가 또는 문자 언어 중심의 의사소통을 목표로 하는가, 기본적 의사소통을 목표로 하는가 또는 학문적, 전문적 의사소통을 목표로 하는가에 따라 학습해야할 어휘와 어휘 수가 달라지므로 이를 고려해야 한다. 어휘 수준 측면에서는 학습자가 알고 있는 어휘의 수와 어휘 지식과 기능의 수준을 고려해야 한다. 예를 들어, 고빈도 어휘만을 알고 있는가 아니면 중빈도 어휘를 어느 정도 알고 있는가, 개별 어휘의 형식과 의미만을 알고 있는가 아니면 다른 어휘와의 의미 관계와 형식까지 알고 있는가, 어휘 지식만을 가지고 있는가 아니면 의사소통 활동으로서 듣기, 말하기, 읽기, 쓰기에서 어휘 지식을 유창하고 정확하게 사용할 수 있는가 등을 고려해야할 것이다. 결국은 이와 같은 문제는 어떤 어휘를 선정하고, 어떤 어휘 지식과 기능을 목표로 활동을 구안할 것인가와 관련된다.

다음 예에서는 학문적 영역으로서 과학 분야에서 중요한 개념으로 사용되는 어휘들을 보여주고 있다(Nutta, Bautista and Butler. 2011: 53). 이러한 예에서 볼 수 있듯이 학문적 또는 전문적 의사소통을 위해서는 기본적 의사소통과는 다르거나 동일하더라도 학문적 또는 전문적 의미로 사용되는 어휘의 학습이 필요하다.

Coxhead(2000)는 학문적 목적으로 주로 자주 사용되는 낱말들을 분석하여 'Academic Word List'로 제시하였는데 이 목록은 다양한 학문 분야에서 공통으로 주로 자주 사용되는 약 570 낱말족으로 구성되어 있다. 학문적 낱말은 가장 빈번하게 사용되는 2,000 낱말족에 속하지 않으면서 학문적 목적으로 자주 사용되는 낱말들이다. 비율 측면에서 보면 학문적 낱말은 학문적 장르의 텍스트에서 약 9%를 차지한다. 전문적 낱말은 다양한 전문적 영역에서 사용되는 낱말들로서 보통 영역별로 약 1000 낱말족으로 구성되어 있고 전문적 장르의 텍스트에서 약 20-30%를 차지한다(Chung and Nation, 2003).

○ United States Geological Survey water cycle diagram

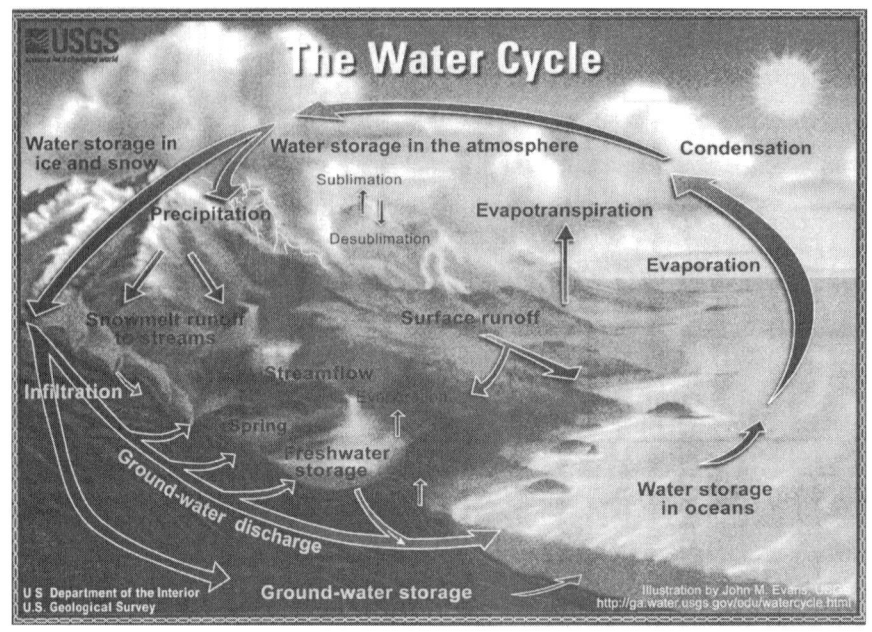

'Activity 13'은 학습자가 알고 있는 어휘 수를 고려하여 1000 낱말 수준으로 어휘 수를 통제하여 구성한 활동이다. 'British National Corpus'를 기준으로 1000 낱말족은 코퍼스를 구성하는 'token'의 81%, 2000 낱말족은 89%, 3000 낱말족은 94% 정도를 차지한다((Nation, 2013). 이러한 측면에서 기본적 의사소통 능력을

기르기 위해서는 우선적으로 1000 낱말족을 학습하는 것이 필요하다.

○ Activity 13 (Nation, 2008, 51-52)

A (1,000 word level)
You have part of a sentence on your sheet. Your partner has the other part of the sentence. If you have X by your sentence, read it to your partner. Your partner will finish the sentence. You must decide if the complete sentence is a sensible one. If the sentence is sensible, write the missing part on your sheet. If it is not, make it correct. The first two sentences are done for you.

X1	A door <u>is made of wood.</u>	X21	A banana
2	live in houses. <u>Tigers live in forests.</u>	22	at night.
X3	A boat	X23	We wear
4	are very good for us.	24	shine at night.
X5	Gold	X25	A girl
6	catches thieves.	26	are for sick people.
X7	Water	X27	We have ten
8	is a season.	28	grows on your head.
X9	Bottles	X29	The Prime Minister
10	is green.	30	is Sunday.
X11	Eggs	X31	A fire
12	in a bed.	32	with a spoon.
X13	Sugar	X33	Winter
14	shines at night.	34	is an animal.
X15	A bicycle	X35	We read
16	paints pictures.	36	hurts people.
X17	An island	X37	A wheel
18	live on the moon.	38	the race.
X19	Flowers	X39	A wise person
20	tells the time.	40	my sister.

B (1,000 word level)

You have part of a sentence on your sheet. Your partner has the other part of the sentence. If you have X by your sentence, read it to your partner. Your partner will finish the sentence. You must decide if the complete sentence is a sensible one. If the sentence is sensible, write the missing part on your sheet. If it is not, make it correct. The first two sentences are done for you.

1	A door is made of wood.	21	is red and round.
X2	Tigers. Tigers live in forests.	X22	We dream
3	flies in the air.	23	with out ears.
X4	Cigarettes	X24	Stars
5	is very expensive.	25	is a young man.
X6	A polceman	X26	Hospitals
7	is wet.	27	fingers.
X8	Monday	X28	Hair
9	are made of glass.	29	is the leader of New zealand.
X10	Blood	X30	The date
11	come from cows.	31	is cold.
X12	We sleep	X32	We cut things
13	is sweet.	33	is a hot season,
X14	The sun	X34	A dog
15	has two wheels.	35	books.
X16	A writer	X36	A doctor
17	has sea on all sides.	37	is square.
X18	People	X38	The fastest person wins
19	are very ugly.	39	is very stupid
X20	A clock	X40	He is

8.6 영어 학습과 어휘 학습 활동

지금까지는 어휘 지식과 기능 학습을 위한 활동을 어떻게 구안할 것인가에 대해 주로 논의하였다. 그런데 어휘 학습의 궁극적인 목표는 의사소통 활동에서 어휘를 유창하고 정확하게 사용할 수 있는 능력을 기르는 것이므로, 전반적인 영어 학습 측면에서 어휘를 어떻게 다룰 것인가를 생각해야 한다. Nation(2013: 129-130)은 전반적인 영어 학습에 있어서 학습자들이 모르는 어휘를 어떻게 다룰 것인가에 대해 어휘 지도 관점에서 다음과 같이 제시하고 있다.

- Pre-teach.
- Replace the unknown word in the text before giving the text to the learners.
- Put the unknown word in a glossary.
- Put the unknown word in an exercise after the text.
- Quickly give the meaning.
- Do nothing about the word.
- Help learners use context to guess, use a dictionary, or break the word into part.
- Spend time looking at the range of meanings and collocations of the word.

이와 관련하여 첫째, 모르는 어휘를 미리 지도하는 경우에는 시간을 짧게 하고 고빈도 어휘나 의미를 전달을 위해 중요한 어휘로 한정한다. 둘째, 모르는 어휘를 학습자들이 알고 있는 어휘로 대체하는 경우에는 의미 전달을 위해 중요하지 않거나 저빈도 어휘로 한정한다. 셋째, 모르는 어휘에 모국어나 목표어로 주석(glossary)을 달아줄 때에는 텍스트의 끝에 제시한다. 넷째, 모르는 어휘는 분석적인 활동을 통하여 학습할 수 있는데, 고빈도 어휘나 의미 전달을 위해 중요한 어휘로 한정한다. 다섯째, 어휘의 의미를 설명할 때에는 모국어, 의미가 관련된 목표어(통사적 의미 관계, 계열적 의미 관계, 주제별 의미 관계), 시각 자료 등을 이용하여 명확하고 간단하게 설명한다. 여섯째, 저빈도 어휘나 의미 전달에 있어서 중요하지 않은 어휘는 의사소통 상황이나 언어적 맥락 속에서 의미를 추측할 수 있도록 유도한다. 일곱째, 어휘에 대한 관심과 주의를 높일 수 있도록 다양한 어휘 학습 전략을 지도한다. 어휘 학습 전략에 대해서는 다음 장에서 자세히 다루도록 한다. 마지막으로 개별 어휘의 의미와 형식뿐만 아니라 다른 어휘와의 의미 관계와 형식 관계를 익힐 수 있도록 한다.

아울러 어휘 학습을 고려한 균형 잡힌 영어 학습 프로그램을 계획해야 하는데, 그 예로서 Nation(2013)은 'comprehensible meaning-focused input', 'comprehensible meaning-focused output', 'language focused-learning', 'fluency development'의 원리를 고려하여 거시적인 관점에서 균형 잡힌 읽기 학습 프로그램을 다음과 같이 제안하고 있다.

○ 어휘 학습을 고려한 읽기 학습 프로그램

Type of reading	Vocabulary learning goals	Vocabulary coverage
Intensive reading (about one-quarter of the course)	Vocabulary knowledge Strategy use	Less than 98% coverage
Extensive reading for language growth (about half of the course)	Vocabulary skills Incidental vocabulary learning	98% coverage
Extensive reading for fluency development (about one-quarter of the course)	Reading quickly	99-100% coverage

어휘 학습 측면에서 정독(intensive reading) 활동은 분석적으로 접근하여 어휘 지식 학습과 전략 사용에 중점을 두는데, 이를 위해서는 텍스트를 구성하는 낱말 중에서 이미 알고 있는 낱말이 98% 미만이어야 한다. 98% 정도의 낱말을 알고 있으면 배경 지식을 통하여 낱말의 의미 추측이 가능하거나, 추측을 하지 못하더라도 텍스트를 이해하는데 큰 어려움이 없는 수준이다(Hu and Nation, 2000; Schmitt, 2000). 즉, 알고 있는 낱말이 98% 이상인 경우에는 어휘 학습에 대한 관심이 줄어들 수 있다. 다독(intensive reading) 활동에서는 통합적으로 접근하여 어휘 기능을

익히는데 중점을 두는데, 이를 위해서는 98% 정도의 낱말을 알고 있어야 한다. 유창성을 위한 다독 활동에서는 어휘 기능을 활용하는데 중점을 두는데, 이를 위해서는 99-100%의 낱말을 알고 있어야 한다.

8.7 요약

어휘 학습 활동은 어휘 지식 학습 활동과 어휘 기능 학습 활동으로 나눌 수 있다. 어휘 지식 학습 활동은 어휘 지식으로서 개별 어휘의 형식과 의미에 관한 지식, 다른 어휘와의 형식 관계와 의미 관계 등을 익히기 위한 것이며, 어휘 기능 학습 활동은 의사소통을 위한 듣기, 말하기, 읽기, 쓰기 활동에서 어휘 지식을 유창하고 정확하게 사용할 수 있는 능력을 기르기 위한 것이다. 따라서 이러한 차이를 명확하게 이해하여 어휘 학습 활동을 구안할 필요가 있다. 아울러 어휘 학습 활동을 구안할 때에는 어휘 지식과 기능뿐만 아니라 어휘 학습 과정과 원리, 학습자의 요구와 수준을 고려해야 한다. 어휘 학습 과정 측면에서는 어휘 학습에 필요한 인지 과정으로서 지각, 인식, 이해, 구조화, 재구조화, 자동화를 점진적으로 촉진시킬 수 있도록 해야 한다. 어휘 학습 원리 측면에서 어휘 지식 학습을 위한 원리와 어휘 기능 학습을 위한 원리를 적용하고, 학습자의 요구와 수준 측면에서는 의사소통에 관한 요구와 어휘 수준을 고려해야 한다. 아울러, 전반적인 영어 학습 측면에서 어휘를 어떻게 다룰 것인가를 생각해야 한다.

9. 어휘 학습 전략

영어 학습 과정에서 모든 어휘와 어휘 지식을 분석적으로 지도하는데에는 한계가 있으므로 학습자들의 자기 주도적인 어휘 학습이 필요하다. 이와 관련하여 이 장에서는 어휘 학습 전략의 개념, 어휘 학습 전략의 유형, 어휘 학습 전략 사용 훈련 등에 대해 논의한다.

9.1 어휘 학습 전략의 개념

효과적으로 어휘를 학습하기 위해서는 자연스러운 어휘 학습 과정과 어휘 학습 원리를 고려한 체계적인 어휘 지도가 필요하다. 그런데 의사소통에 필요한 모든 어휘와 어휘 지식을 분석적으로 지도하는데에는 한계가 있으므로 학습자들이 자기 주도적으로 어휘 학습을 할 수 있도록 유도하는 것이 필요하다. 이를 위해서는 학습자들이 효과적인 어휘 학습 전략을 인식하고 이를 자신들의 어휘 학습에 적극적으로 활용해야 한다. 여기에서 어휘 학습 전략(vocabulary learning strategies)이란 어휘 학습에 필요한 정보를 접하여 이를 인식하고 이해하며, 구조화하고 자동화하는 과정에서 개별 학습자가 선호하는 접근법을 말하며, 효과적인 어휘 학습 전략이란 효과적으로 어휘를 배우는 학습자들이 사용하는 접근법을 의미한다. 예를 들어, 어휘의 의미 학습 측면에서 어떤 학습자들은 개별 어휘의 의미만을 모국어로 외우는 반면에 어떤 학습자들은 개별 어휘의 의미뿐만 아니라 다른 어휘와의 의미 관계에도 관심을 갖는다. 개별 학습자가 선호하는 어휘 학습 전략은 어휘 학습에 긍정적 또는 부정적 영향을 미칠 수 있는데, Nation(2013: 341-342)은 효과적인 학습자와 그렇지 않은 학습자가 선호하는 어휘 학습 전략들을 다음과 같이 제시하였다.

The less effective learners:
- spent more time on vocabulary learning outside class than the effective learners
- selected the words to learn from class texts rather than from a range of sources of interest and value to them
- selected words simply because they were unknown rather than considering frequency, area of specialisation (i.e. academic or non-academic vocabulary), personal goals or previous meetings with the words
- were aware that the words they selected were of limited use to them
- focused on the meaning of the words in copied sentences rather than also exploring the range of collocations and uses, and creating their own sentences
- used rote learning rather than strategies they were taught, such as the keyword strategy, word cards and trying to use the words in conversation
- limited their learning to the short-term goals of the weekly test rather than focusing on their long-term goals
- did not revise the words any more after the weekly test
- knew that they were not learning efficiently but did not alter their selection of words or learning procedures
- did not feel very satisfied with their vocabulary learning
- did not retain many of the words they studied.

The effective learners:
- chose words that he already partially knew but needed to improve
- chose words from a wide range of sources
- chose words from sources that were very relevant to him

- explored multiple senses of a word and was strongly aware that being familiar with one sense may not be enough
- made an effort to use the words he learned

이와 관련하여 학습자들은 어휘 학습을 할 때 자신들이 어떠한 어휘 학습 전략을 선호하는지를 파악하고, 자신들이 선호하는 전략과 효과적인 어휘 학습자들이 사용하는 전략을 비교하여, 효과적인 어휘 학습 전략을 적극적으로 사용할 필요가 있다. 한편 Nation과 Moir(2008)에 의하면, 학습자들이 덜 효과적인 어휘 학습 전략을 사용하는 원인들은 다음과 같다.

- a poor awareness of what is involved in learning a language
- limited control of language-learning strategies
- trying to meet the perceived expectations of the teacher
- the influence of the weekly tests
- the carry-over of perceptions, expectations and strategies from previous learning experience

9.2 어휘 학습 전략의 유형

어휘 학습에 도움이 되는 전략들을 효과적으로 익히기 위해서는 기준을 정하여 어휘 학습 전략을 나눌 필요가 있다. Schmitt(1997)는 학습자들이 사용하는 어휘 학습 전략들을 크게 어휘의 의미를 이해하는데 필요한 전략(strategies for the discovery of a new word's meaning)과 어휘 지식을 강화하는데 필요한 전략(strategies for consolidating a word once it has been encountered)로 나누고, 구체적으로 'determination strategy', 'social strategy', 'memory strategy', 'cognitive strategy', 'metacognitive strategy'로 제시하는데 구체적인 내용은 다음과 같다.

○ Strategies for the discovery of a new word's meaning

Strategy group	Strategy
Determination strategy	• Analyze part of speech • Analyze affixes and roots • Check for L1 cognate • Analyze any available pictures or gestures • Guess meaning from textual context • Bilingual dictionary • Monolingual dictionary • Word lists • Flash cards
Social strategy	• Ask teacher for an L1 translation • Ask teacher for paraphrase or synonym of new word • Ask teacher for a sentence including the new word • Ask classmates for meaning • Discover new meaning through group work activity

○ Strategies for consolidating a word once it has been encountered

Strategy group	Strategy
Social strategy	• Study and practice meaning in a group • Teacher checks students' flash cards or word lists for accuracy • Interact with native-speakers
Memory strategy	• Study word with a pictorial representation of its meaning • Image word's meaning • Connect word to a personal experience • Associate the word with its coordinates • Connect the word to its synonyms and antonyms • Use semantic maps • Use 'scales' for gradable adjectives • Peg Method • Loci Method • Group words together to study them • Group words together spatially on a page • Use new word in sentences • Group words together within a storyline

	• Study the spelling of a word • Study the sound of a word • Say new word aloud when studying • Image word form • Underline initial letter of the word • Configuration • Use Keyword Method • Affixes and roots (remembering) • Part of speech (remembering) • Paraphrase the word's meaning • Use cognates in study • Learn the words of an idiom together • Use physical action when learning a word • Use semantic feature grids
Cognitive strategy	• Verbal repetition • Written repetition • Word lists • Flash cards • Take notes in class • Use the vocabulary section in your textbook • Listen to tape of word lists • Put English labels on physical objects • Keep a vocabulary notebook
Metacognitive strategy	• Use English language media (songs, movies, newscasts, etc.) • Testing oneself with word tests • Use spaced word practice • Skip or pass new word • Continue to study word overtime

이 전략 중에서 학습자들이 가장 효과적이라고 생각하는 전략들은 아래와 같다 (Schmitt, 1997). 한편, 학습자들이 효과적이라고 생각하는 전략들과 이러한 전략들이 실제 효과적으로 어휘 학습 과정을 촉진시키는가는 추가적인 연구가 필요하다.

○ Discovery of word's meaning
  - Bilingual dictionary

- Monolingual dictionary
- Ask teacher for paraphrase or synonym
- Guess from textual context
- Analyse pictures or gestures
- Ask teacher for a sentence with the new word

○ Consolidation of word's meaning
- Written repetition
- Verbal repetition
- Continue study over time
- Learn idiom words together
- Say a new word aloud when studying
- Connect word within synonyms and antonyms
- Study sound of word
- Study spelling of word
- Take notes in class

Nation(2013)은 어휘 학습 전략을 'Planning vocabulary learning', 'Finding information about words', 'Establishing knowledge', 'Enriching knowledge'로 나누어 다음과 같이 제시하였다.

○ A taxonomy of kinds of vocabulary-learning strategies

Strategy group	Strategy
Planning vocabulary learning	• Choosing words • Choosing the aspects of word knowledge • Choosing strategies • Planning repetition and spending time
Finding information about words	• Analysing words • Using context • Consulting a reference sources in L1 or L2

Strategy group	Strategy
Establishing vocabulary knowledge	• Using parallels in L1 and L2 • Noticing • Retrieving • Generating (creative use)
Enriching vocabulary knowledge	• Gaining in coping with input through listening and reading • Gaining in coping with output through speaking and writing • Developing fluency across the four skills

'Planning vocabulary learning'은 어떤 어휘를 학습할 것인가(choosing words), 어떤 어휘 지식을 학습할 것인가(choosing the aspects of word knowledge), 어떤 전략을 사용하여 학습할 것인가(choosing strategies), 반복 연습은 어떻게 할 것인가(planning repetition and spending time)에 관한 전략을 말한다. 학습할 어휘 선정은 학습자들의 의사소통 요구에 따라 달라진다. 예를 들어, 음성 언어 중심의 의사소통을 목표로 하는가 또는 문자 언어 중심의 의사소통을 목표로 하는가, 기본적 의사소통을 목표로 하는가 또는 학문적, 전문적 의사소통을 목표로 하는가에 따라 학습할 어휘가 달라진다. 즉, 학습자들은 자신들이 목표로 하는 의사소통 유형을 고려하여 학습할 어휘를 선정할 필요가 있다.

어휘 지식 학습 측면에서는 개별 어휘의 형식과 의미가 가장 중요하지만 아울러 다른 어휘와의 형식 관계와 의미 관계에도 관심을 가질 필요가 있다. 다른 어휘와의 형식 관계와 의미 관계에 관한 지식은 개별 어휘의 형식과 의미를 명확하게 학습하는데 도움이 된다. 어휘 학습 전략 사용 측면에서는 효과적으로 어휘를 익히는 학습자들이 사용하는 전략을 자신들의 어휘 학습에 적용할 필요가 있다. 효과적인 어휘 학습자는 어휘 학습을 고려하여 다양한 전략들을 적절하게 사용하는 반면에 그렇지 못한 학습자는 제한된 어휘 학습 전략만을 지속적으로 사용하는 것으로 나타났다(Gu and Johnson, 1996). 반복 학습 측면에서는 약간의 시차를 두는 것이 더욱 효과적인데(Baddeley, 1990), 어휘 지식에 따라 다르지만 보통 시차를 두고 10번 이상 반복 학습이 이루어져야 자동화가 되는 것으로 알려져 있다

(Webb, 2007).

'Finding information about words'는 어휘에 관한 다양한 정보를 얻기 위하여 사용할 수 있는 전략을 말한다. 'analyzing words'는 형태소(morphemes)와 어근(root 또는 stem)에 관한 지식 활용과 관련된다. 형태소는 의미를 나타내는 단위로서 굴절어와 파생어, 합성어는 이들을 구성하고 있는 형태소의 의미를 알고 있으면 낱말의 의미를 어느 정도 추측할 수 있다. 또한 현재 사용되고 있는 영어 낱말을 보면 영어의 기원이 되는 게르만어와 유럽에서 중요한 외국어로 사용되었던 언어들에서 유래된 것들이 많다(Barber, 2000). 이들 언어의 형식이 현재 사용되고 있는 영어 낱말 속에 어근(root 또는 stem)으로 남아있는데, 어근의 의미를 알면 어근을 공유하는 영어 낱말들의 의미를 이해하는데 도움이 된다. 영어에서 빈번하게 사용되는 어휘 형태소와 어근은 다음과 같다.

○ Common affixes and their meanings(Blachowicz and Fisher, 2010: 124)

Affix	Meaning	Examples
Prefixes		
com, con, col, co	with, together	combine, conference, collide, cooperate
dis	not, opposite from	disappear, disconnect
en, en	in, into	embed, enroll
ex	out, former, beyond	explode, ex-husband, exceed
in, im, ir	in, into, not	inside, immortal, incorrect, irregular
non	not	nonviolent
post	after	postpone
pre	before	prefix, prewar
pro	in favor of, ahead of	pro-taxes, progress
re	back, again	return, replay
sub	under	submarine, subsoil
super	over, greater than normal	supervise, superstar
trans	across	translate

Affix	Meaning	Examples
tri	three	triangle
un	not, the opposite of	unequal, unpopular
Suffixes		
al	referring to	optical
ble	likely to be	divisible, probable
ence, ance, ancy	act of, state of	difference, acceptance, truancy
er, or	some who does	teacher, professor
ful	full of, tending to	powerful, forgetful
ian	someone who is an expert in	musician, tactician
ic, ical	like, referring to	symbolic, geographical
ist	someone who does or believes in	pianist, scientist, abolitionist
less	without	painless, hopeless
ly	in the manner of	kindly, safely
ment	result of, act of	discouragement, punishment
ness	state of being	happiness
ous, ious	like, full of	nervous, tedious
tion, sion	act of	locomotion, permission
ty, ity	qulaity of	tasty, rapidity
ward	in the direction of	backward

○ The most productive word stems (Wei, 2012)

Rank	Stem forms	Meaning of the stems
1	-posit-, -pos-	put
2	-spec(t)-, -spic-, -scope	look
3	-vers-, -vert-	turn
4	-ceive-, -cept-	take
5	-super-	above
6	-vent-, -ven-	come
7	-sens-, -sent-	sense (feel)
8	-sta-, -stan-, -stat-	stand
9	-nam-, -nom-, -nym-	name
10	-mit-, -mis-	send
11	-mid-, -med(i)-	middle

Rank	Stem forms	Meaning of the stems
12	-pris-, -pre-	take
13	-vis-	visit (see)
14	-tract-	draw
15	-gen-	produce
16	-form-	form
17	-graph-	write
18	-sign-	sign
19	-cess-	go
20	-ord(i)-	say
21	-dict-, -dicate	say

모르는 어휘의 의미는 의사소통 상황이나 문맥을 통하여 제공되는 단서를 활용하여 어느 정도 추측이 가능하다. 그런데 의미 추측이 가능하려면 텍스트를 구성하고 있는 전체 낱말 중에서 음성언어 텍스트는 95%, 문자언어 텍스트는 98% 정도의 낱말들을 알고 있어야 한다. 그러한 경우에 나머지 2-5%에 해당하는 낱말들은 의사소통 상황이나 문맥을 통하여 제공되는 단서를 활용하여 의미 추측이 가능하거나, 추측을 하지 못하더라도 텍스트를 이해하는데에는 큰 어려움이 없는 수준이다(Hu and Nation, 2000; Schmitt, 2000). Ames(1966)는 문맥을 통하여 제공되는 단서들을 다음과 같이 제시하였다.

○ Categories of context clues

Category	Example
Words in series	sonnets and *plays* of William Shakespeare
Modifying phrases	*Slashed* her repeatedly with a knife
Familiar expressions	expectation was written all over their *faces*
Cause and effect	He reads not for fun but to make his conversation less *boring*.
Association	All the little boys wore short *pants*.
Referral clues	Sweden 15.3 etc. These *statistics* carry an un pleasant message.
Synonym clues	it provokes, and she *provokes* controversy

Category	Example
Definition or description	some looked alive, though no *blood* flowed beneath the skin
Preposition	He sped along a *freeway*.
Question and answer	Now, what about *writing* ...?
Comparison or contrast	Will it be a blessing or a *bane*?
Main idea and detail	I soon found a *practical* use for it. I put orange juice inside it.
Non-restrictive clauses	24 hours - *hardly* a significant period of time

특히 접속사(conjunctions)는 의미를 연결하는 역할을 하면서 모르는 낱말의 의미를 추측하게 하는데 유용한 정보를 제공하는데, 주요 접속사가 전달하는 의미는 다음과 같다(Nation, 2013: 378).

○ Conjunction relationships and their meaning

Relationship and prototypical marker	Other markers	The meaning of the relationship between the clauses
Inclusion *and*	furthermore, also, in addition, similarly ...	The classes joined together are in a list and share similar information.
Contrast *but*	however, although, nevertheless, yet ...	The clauses are in contrast to each other
Time sequence *then*	next, after, before, when, first ...	The clauses are steps in a sequence of events. They might not be in the order in which they happened.
Cause-effect *because*	thus, so, since, as a result, so that, in order to, if ...	One clause is the cause and the other is the effect.
Exemplification and amplification *for example*	e.g., such as, for instance ...	The following clause is an example if the preceding more general statement, or the following clauses describe the general statement in more derail.
Alternative *or*	nor, alternatively ...	The clauses are choices and they will share similar information.

Relationship and prototypical marker	Other markers	The meaning of the relationship between the clauses
Restatement *in other words*	that is (to say), namely ...	The following clause has the same meaning as the preceding clause.
Summary *in short*	to sum up, in a word ...	The following clause summarises what has gone before.
Exclusion *instead*	rather than, on the contrary ...	The following clause excludes what has just been said. That is, it has the opposite meaning.

어휘에 관한 정보는 다양한 자료를 활용하여 얻을 수 있는데, 특히 사전은 다음과 같은 다양한 목적으로 활용할 수 있다(Nation, 2013: 414).

- Comprehension (decoding)
  - Look up unknown words met while listening, reading or translating.
  - Confirm the meanings of partly known words.
  - Confirm guesses from context.

- Production (encoding)
  - Look up unknown words needed to speak, write, or translate.
  - Look up the spelling, pronunciation, meaning, grammar, constraints on use, collocations, inflections and derived forms of partly known words needed to speak etc. of known words.
  - Confirm the spelling etc. of known words.
  - Check that a word exists.
  - Find a different words to use instead of a known one.
  - Correct an error.

- Learning
  - Choose unknown words to learn
  - Enrich knowledge of partly known words, including etymology.

어휘 학습과 관련해서 사전에서 찾을 수 있는 정보는 아래와 같다(Nation, 2013: 428). 학습들이 어휘 학습을 위해서 사전에서 어떠한 정보를 찾을 수 있는가를 인식하고, 그러한 정보를 실제적으로 찾아보는 연습이 필요하다.

○ Dictionary information and what is involved in knowing a word

Form	spoken	pronunciation, alternative pronunciation
	written	spelling, hyphenation (syllabification)
	word parts	etymology, inflections, derived forms
Meaning	form and meaning	derived forms, etymology, examples
	concept and referents	meanings, illustrations, examples
	associations	examples, synonyms, opposites, superordinates
Use	grammatical functions	grammatical patterns, examples
	collocations	collocations, examples
	constraints on use	frequency, register, style

모국어와 목표어가 어원이 같으면 학습자들이 가지고 있는 모국어 지식이 목표어의 어휘를 학습하는데 도움이 된다. 예를 들어, 영어와 스페인어 어휘에는 라틴어에서 유래된 것들이 많아서 스페인어 화자들은 영어 어휘를 학습하는데 많은 도움을 받을 수 있다. 한국어에도 영어에서 유래된 외래어들이 사용되고 있으므로 영어 어휘를 학습하는데 있어서 이들을 활용할 수 있을 것이다.

'Establishing vocabulary knowledge'는 본격적으로 어휘 지식을 익히기 위하여 사용하는 전략들을 말하는데 'noticing', 'retrieving', 'creative use'로 구분할 수 있다. 'noticing'은 학습해야할 어휘를 인식하는데 도움이 되는 전략으로서 'putting the word in a vocabulary notebook or list', 'putting the word on to a word card', 'orally repeating the word', 'visually repeating the word' 등이 있다. 'retrieving'은 이미 학습한 어휘 지식을 반복하여 사용하기 위한 전략으로서 'receptive/productive', 'oral/visual', 'overt/covert', 'in context/decontextualised' 등으로 구분할 수 있다. 'creative use'는 이미 학습한 어휘 지식을 새로운 상황에 사용하기 위한 전략으로서 'retrieving'과 마찬가지로 'receptive/productive', 'oral/visual', 'overt/covert', 'in context/ decontextualised' 등으로 구분할 수 있다. 특히, 어휘 지식을 익히는데 낱말 카드는 매우 유용한 자료인데 Nation(2013: 446)은 낱말 카드 제작과 관련된 절차와 원리를 다음과 같이 제시하고 있다.

○ Steps and principles involved in the word card strategy

Choosing words to learn	▪ Learn useful words. ▪ Avoid interference.
Making word cards	▪ Put the word or phrase on one side and the meaning on the other to encourage retrieval. ▪ Use L1 translations. ▪ Also use pictures where possible. ▪ Keep the cards simple. ▪ Suit the number of words in the pack to the difficulty of the words.
Using the word cards	▪ Use retrieval. ▪ Space the repetitions, particularly the first one. ▪ Learn receptively, then productively. ▪ Start with small packs (or blocks) of words and increase the size as learning becomes easier. ▪ Keep changing the order of the words in the pack. ▪ Put known words aside and concentrate on the difficult words. ▪ Say the words aloud or to yourself. ▪ Put the word or phrase in a sentence or with some collocations. ▪ Process the word deeply and thoughtfully using the mnemonic techniques of word parts or the keyword technique where feasible and necessary.

'Enriching vocabulary knowledge'는 어휘 지식을 자동화하여 어휘 기능으로 발전시키기 위해서 사용하는 전략들을 말한다. 자동화란 장기 기억에 저장된 어휘 지식을 의사소통을 위한 듣기, 말하기, 읽기, 쓰기 활동에서 큰 어려움 없이 유창하고 정확하게 사용할 수 있는 수준을 말한다. 즉, 실제 의사소통 상황에서는 실시간으로 어휘를 이해하고 표현하며, 다양한 어휘 지식을 통합적으로 사용해야 하므로 어휘 지식이 자동화되어 있어야 유창하고 정확하게 사용할 수 있다. 이를 위해서는

구조화된 어휘 지식을 실제 듣기, 말하기, 읽기, 쓰기 활동에서 사용하면서 유창성과 정확성을 기를 필요가 있다.

9.3 어휘 학습 전략 사용 지도

학습자들의 자기주도적인 어휘 학습을 유도하기 위해서는 효과적인 어휘 학습 전략을 사용할 수 있도록 체계적인 지도가 필요하다. 학습자들은 선호하는 전략들을 주로 사용하는데 자신들이 사용하는 전략들이 어휘 학습에 효과적인가를 객관적으로 평가하고, 효과적인 어휘 학습자들이 선호하는 전략들을 사용할 수 있도록 해야 한다. Gu와 Johnson(1996)은 어휘 학습 전략 사용 측면에서 학습자들을 'readers', 'active strategy users', 'non-encoders', 'encoders', 'passive strategy users'로 구분하였다.

- Readers. These were the best students. They believed in learning through natural exposure, as in reading, and careful study but not memorisation. They sought words that they considered to be useful and dealt with words in context.
- Active strategy users. These were the next best students in terms of vocabulary size and proficiency. They were hard working and highly motivated. They used a variety of strategies to learn the words they considered important. These included natural exposure, memorisation, dictionary use, guessing and so on. They generally used strategies more than other learners.
- Non-encoders. Encoders. These two groups were very similar to each other in that they made average use of the various strategies. The only difference between them was that the encoders used more deliberate memorisation strategies like association, imagery, visualising the form of a word and breaking the word into parts.
- Passive strategy users. They strongly believed in memorisation, but were well

below other learners in their use of strategies. They were the reverse image of the active strategy users.

Nation(2013: 333-334)은 어휘 학습 전략 지도를 위한 구체적인 방안을 다음과 같이 제시하고 있다.

- The teacher models the strategy for the learners.
- The steps in the strategy are practised separately.
- Learners apply the strategy in pairs supporting each other.
- Learners report back on the application of the steps in the strategy.
- Learners report on their difficulties and successes in using the strategy when they use it outside class time.
- Teachers systematically test learners on strategy use and give them feedback.
- Learners consult the teacher on their use of the strategy, seeking advice where necessary.

Clarke과 Nation(1980)은 모르는 낱말의 의미를 효과적으로 추측할 수 있도록 유도하는 절차를 아래와 같이 제시하고 있다. 이러한 절차를 교사가 시범을 보이면서 학습자들이 따라하게 한다면 어휘 학습 전략을 효과적으로 사용할 수 있도록 지도할 수 있다.

Step 1. Decide on the part of speech of the unknown word.
Step 2. Look at the immediate context of the word, simplifying it grammatically if necessary.
Step 3. Look at the wider context of the word, that is, the relationship with adjoining sentences or clauses.
Step 4. Guess.
Step 5. Check the guess. Is the guess the same part of speech as the unknown word? Substitute the guess for the unknown word. Does it fit comfortably

into the context? Break the unknown word into parts. Does the meaning of the parts support the guess? Look up the word in the dictionary.

9.4 요약

학습자들의 자기주도적인 어휘 학습을 위해서는 효과적인 어휘 학습 전략을 인식하고 이를 자신들의 어휘 학습에 적극적으로 활용할 필요가 있다. 어휘 학습 전략이란 어휘 학습 과정에서 개별 학습자가 선호하는 접근법을 말하며, 효과적인 어휘 학습 전략이란 효과적으로 어휘를 배우는 학습자들이 사용하는 접근법을 의미한다. 어휘 학습 전략의 유형은 다양한 관점으로 분류할 수 있으나, 어휘 학습 과정과 관련하여 'Planning vocabulary learning', 'Finding information about words', 'Establishing knowledge', 'Enriching knowledge'로 나눌 수 있다. 이러한 어휘 학습 전략을 사용할 수 있도록 체계적인 지도가 필요하다. 학습자들은 선호하는 전략들을 주로 사용하는데 자신들이 사용하는 전략들이 어휘 학습에 효과적인가를 객관적으로 평가하고, 효과적인 어휘 학습자들이 선호하는 전력들을 사용할 수 있도록 해야 한다.

10. 어휘 학습과 코퍼스

코퍼스는 실제 사용하는 언어를 수집하여 언어적 특성을 분석할 수 있도록 처리한 자료를 말하는데 컴퓨터 기술이 발달하면서 코퍼스가 본격적으로 구축되기 시작하였다. 이러한 코퍼스는 영어 학습 자료로서 다양하게 활용할 수 있는데, 특히 어휘 학습에 유용하게 활용될 수 있다. 따라서 이 장에서는 어휘 학습 측면에서 코퍼스 활용에 대해 다루도록 한다.

10.1 코퍼스와 코퍼스 분석 프로그램

언어를 의사소통의 수단으로 볼 때 학습 내용은 실제 사용되는 언어로 구성하는 것이 타당하다. 이와 같이 영어 교육에서 목표어의 실제성이 강조되면서 사람들이 실제 사용하는 영어를 수집하여 학습에 활용하기 시작하였다. 이러한 시도로 코퍼스가 구축되었고 컴퓨터 기술이 발달하면서 코퍼스 구축이 본격적으로 이루어졌다. 코퍼스(corpus)란 실제 사용하는 언어를 수집하여 언어적 특성을 분석할 수 있도록 처리한 자료인데 목표어의 실제성이 강조되면서 코퍼스가 다양하게 활용되고 있다. 한편, 학습 목표에 따라 활용할 수 있는 코퍼스가 달라지는데, 예를 들어 영국식 영어를 학습하고자 하면 'British National Corpus'와 같이 영국식 영어로 구축된 코퍼스를 활용하는 것이 바람직하다. 또한 음성 언어 중심으로 영어를 학습하고자 하는 경우에는 'British National Corpus: Spoken'과 같이 음성 언어 의사소통에서 사용되는 영어로 구축된 코퍼스를 이용해야 할 것이다. 이러한 이유로 다양한 코퍼스가 구축되어 있는데 대표적인 예는 다음과 같다(Anderson and Corbett, 2009).

- Corpus of Comtemporary American English: 450,000,000 words
- Collins Corpus: 450,000,000 words
- British National Corpus: 100,000,000 words
- TIME Corpus: 100,000,000 words
- Scottish Corpus of Texts and Speech: 4,000,000 words
- Michigan Corpus of American Spoken English: 2,000,000 words
- Brown Corpus: 1,000,000 words

초기에는 주로 1,000,000 낱말 정도로 코퍼스가 구축되었는데, 컴퓨터 기술이 발달하면서 100,000,000 낱말 이상의 대규모 코퍼스도 등장하고 있다. 그 예로서 'Corpus of Comtemporary American English'와 'Collins Corpus'는 현재 무려 450,000,000 낱말 이상으로 구성되어 있으며 자료가 추가되면서 계속 늘어나고 있다. 이러한 대규모 코퍼스를 활용하여 언어적 특성을 분석하려면 컴퓨터 기반의 코퍼스 분석 프로그램이 있어야 한다. 온라인에서 무료로 이용할 수 있는 코퍼스 분석 프로그램이 있는데, 그 대표적인 예가 'Compleat Lexical Tutor(www.lextutor.ca)'와 'COCA(http://corpus.byu.edu/coca)'이다. 이러한 프로그램을 이용하면 다양한 코퍼스를 이용할 수 있을 뿐만 아니라 코퍼스 분석을 통하여 영어 어휘 학습에 도움이 되는 여러 가지 자료를 쉽게 얻을 수 있다. 예를 들어 'Compleat Lexical Tutor'의 경우에는 주로 'British National Corpus'를 이용하여 영국식 영어의 특성을, 'COCA'의 경우에는 'Corpus of Comtemporary American English'를 이용하여 미국식 영어의 특성을 파악할 수 있다. 아울러 낱말의 빈도와 비율, 범위, 키워드, 콘코던스 등을 분석할 수 있는 프로그램을 제공하고 있어 어휘 학습에 필요한 핵심 정보를 쉽게 얻을 수 있다. 이 두 프로그램은 온라인 기반으로 구성되어 있어 인터

넷에서 무료로 이용할 수 있는데 해당 웹사이트에 접속한 화면은 다음과 같다.

○ Compleat Lexical Tutor(www.lextutor.ca)

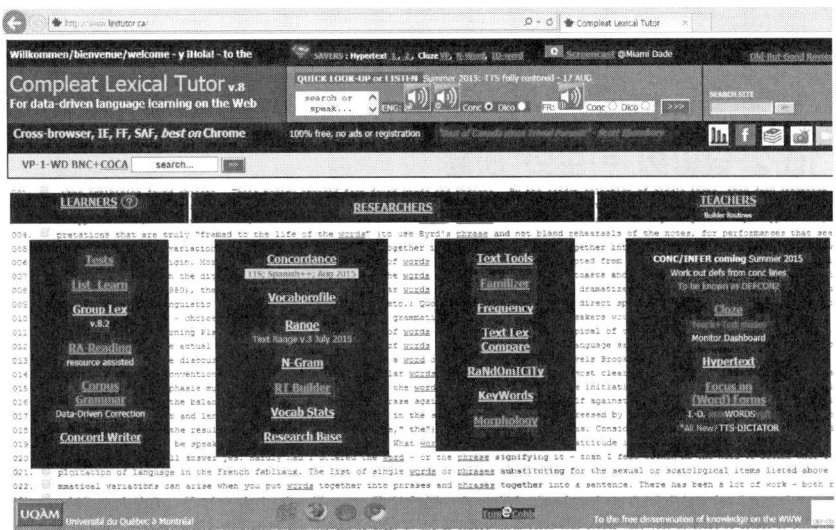

○ COCA(http://corpus.byu.edu/coca)

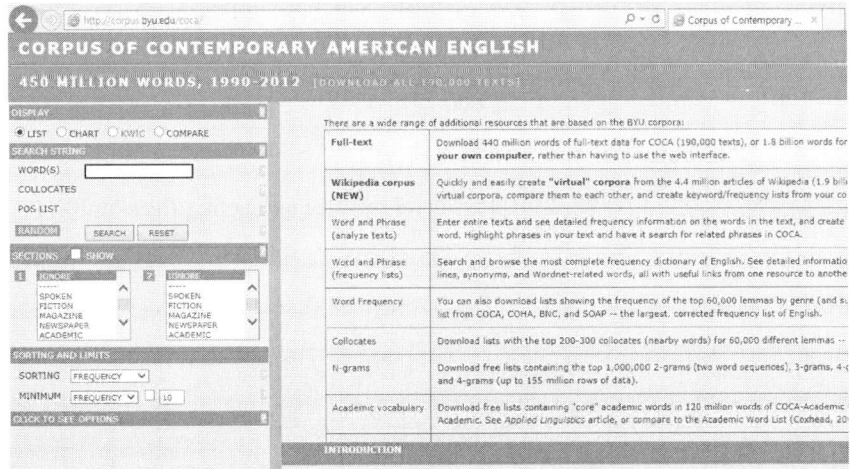

이 코퍼스 분석 프로그램은 사용하기가 편리하여 어휘 학습에 필요한 정보를 쉽게 얻을 수 있다. 따라서 이 장에서는 이 프로그램들을 이용하여 어휘 학습을 위해 필요한 핵심 정보로서 낱말의 빈도와 비율, 범위, 콘코던스(concordance) 등을 분석하는 방법을 실제적인 예를 들면서 설명하도록 한다.

10.2 낱말의 빈도와 비율

낱말의 빈도(frequency)는 특정 코퍼스에서 개별 낱말이 얼마나 자주 사용되는가, 비율(coverage)은 그 낱말이 코퍼스를 구성하는 전체 낱말에서 몇 %를 차지하는가를 의미한다. 빈도와 비율이 높은 낱말을 우선적으로 학습해야 한다고 보면, 이들은 어휘 학습 목표와 학습 내용을 결정하는데 중요한 정보를 제공한다. 낱말의 빈도와 비율은 코퍼스 분석 프로그램을 이용하면 쉽게 계산할 수 있다. 보통 5,000,000 낱말 이상으로 구성된 코퍼스를 분석하면 목표어의 특성을 정확하게 파악할 수 있으므로(Hunston, 2002), 'British National Corpus'나 'Corpus of Comtemporary American English'와 같은 코퍼스를 분석하면 영어 낱말의 빈도와 비율을 정확하게 파악할 수 있다. 'British National Corpus'는 음성 언어와 문자 언어 텍스트로 나누어 분석할 수 있는데, 각각의 코퍼스에서 가장 자주 사용되는 50개의 낱말과 이 낱말들이 1,000,000 낱말 당 평균적으로 몇 번 사용되고 있는가의 빈도, 그리고 코퍼스를 구성하는 전체 낱말 중에서 몇 %를 차지하는가의 비율을 분석한 결과는 아래와 같다(http://ucrel.lancs.ac.uk/bncfreq/flists.html). 이 결과를 보면 음성 언어 코퍼스는 'the(39605, 3.96%)', 'I(29448, 2.94%)', 'you(25957, 2.60%)' 순으로, 문자 언어 코퍼스는 'the(64420, 6.44%)', 'of(31109, 3.11%)', 'and(27002, 2.70%)' 순으로 가장 많이 사용되고 있다. 이와 같이 코퍼스별로 낱말의 빈도와 비율이 약간씩 다르므로 학습 목표에 적합한 코퍼스를 분석하여 활용할 필요가 있다.

○ BNC word frequency lists

Rank	Spoken			Written		
	Word	Frequency	Coverage	Word	Frequency	Coverage
1	the	39605	3.96%	the	64420	6.44%
2	I	29448	2.94%	of	31109	3.11%
3	you	25957	2.60%	and	27002	2.70%
4	and	25219	2.52%	a	21972	2.20%
5	it	24508	2.45%	in	18978	1.90%
6	a	18637	1.86%	to	16442	1.64%
7	's	17677	1.77%	is	9961	1.00%
8	to	14912	1.49%	to	9620	0.96%
9	of	14550	1.46%	was	9368	0.94%
10	that	14252	1.43%	it	9280	0.93%
11	n't	12212	1.22%	for	8664	0.87%
12	in	11609	1.16%	that	7315	0.73%
13	we	10448	1.04%	with	6821	0.68%
14	is	10164	1.02%	he	6756	0.68%
15	do	9594	0.96%	be	6742	0.67%
16	they	9333	0.93%	on	6569	0.66%
17	er	8542	0.85%	I	6494	0.65%
18	was	8097	0.81%	by	5493	0.55%
19	yeah	7890	0.79%	's	4945	0.49%
20	have	7488	0.75%	at	4868	0.49%
21	what	7313	0.73%	you	4755	0.48%
22	he	7277	0.73%	are	4713	0.47%
23	that	7246	0.72%	had	4639	0.46%
24	to	6950	0.70%	his	4627	0.46%
25	but	6366	0.64%	not	4618	0.46%
26	for	6239	0.62%	this	4506	0.45%
27	erm	6029	0.60%	have	4416	0.44%
28	be	5790	0.58%	but	4370	0.44%
29	on	5659	0.57%	from	4360	0.44%
30	thin	5627	0.56%	which	3893	0.39%
31	know	5550	0.56%	she	3762	0.38%
32	well	5310	0.53%	they	3754	0.38%
33	so	5067	0.51%	or	3747	0.37%
34	oh	5052	0.51%	an	3613	0.36%
35	got	5025	0.50%	were	3282	0.33%
36	've	4735	0.47%	as	3174	0.32%
37	not	4693	0.47%	we	2784	0.28%

Rank	Spoken			Written		
	Word	Frequency	Coverage	Word	Frequency	Coverage
38	are	4663	0.47%	their	2761	0.28%
39	if	4544	0.45%	been	2756	0.28%
40	with	4446	0.44%	has	2708	0.27%
41	no	4388	0.44%	that	2581	0.26%
42	're	4255	0.43%	will	2537	0.25%
43	she	4136	0.41%	would	2467	0.25%
44	at	4115	0.41%	her	2362	0.24%
45	there	4067	0.41%	there	2354	0.24%
46	think	3977	0.40%	n't	2300	0.23%
47	yes	3840	0.38%	all	2297	0.23%
48	just	3820	0.38%	can	2211	0.22%
49	all	3644	0.36%	if	2118	0.21%
50	can	3588	0.36%	who	2086	0.21%

그런데 영어에서 사용되는 모든 낱말의 빈도와 비율을 분석하기 위해서는 'British National Corpus'와 같이 대규모 코퍼스를 구성하는 모든 텍스트를 분석해야 하는데 한계가 있으므로 이미 분석된 자료를 활용할 수 밖에 없다. 한편, 낱말의 비율 측면에서 음성언어 텍스트는 95%, 문자언어 텍스트는 98% 정도의 낱말을 알고 있으면 텍스트를 이해하는데 큰 어려움이 없는 수준이다(Hu and Nation, 2000; Schmitt, 2000). 이러한 측면에서 대부분의 텍스트에서 3000-4000 낱말족이 95%, 7000-9000 낱말족이 98%를 차지하므로 음성 언어 중심의 의사소통을 위해서는 3000-4000 낱말족, 문자 언어 중심의 의사소통 위해서는 7000-9000 낱말족을 알아야 한다. 따라서 낱말의 빈도에 관한 정보를 이용하여 가장 자주 사용되는 3000-4000 낱말족 또는 7000-9000 낱말족을 어휘 학습 내용으로 선정할 수 있는 것이다(Nation, 2013).

한편, 특정 텍스트를 구성하는 낱말의 빈도와 비율, 즉 특정 텍스트에서 개별 낱말이 얼마나 자주 사용되고 몇 %를 차지하는가도 어휘 학습 측면에서 중요한 정보이다. 즉, 특정 텍스트에서 빈도와 비율이 높은 낱말들이 그 텍스트를 이해하는데 핵심적인 역할을 하므로 이 낱말들을 우선적으로 학습해야 하며, 이러한 측면에서 텍스트를 구성하는 낱말들의 빈도와 비율에 관한 정보가 필요하다. 텍스트를 구성하는 낱말들의 빈도와 비율은 코퍼스 분석 프로그램을 이용하면 쉽게 계산할 수 있다. 예를 들어, 'Compleat Lexical Tutor'를 이용하여 특정 텍스트에 사용된 낱말의 빈도와 비율을 분석할 수 있는데, 분석하고자 하는 텍스트 파일을 불러오거나 텍스트 내용을 화면에 복사하고 처리하면 된다(www.lextutor.ca/freq/eng). 'Gorilla Saves Boy(Howard, 1999: 69)' 텍스트를 분석한 결과는 아래에 제시되어 있다.

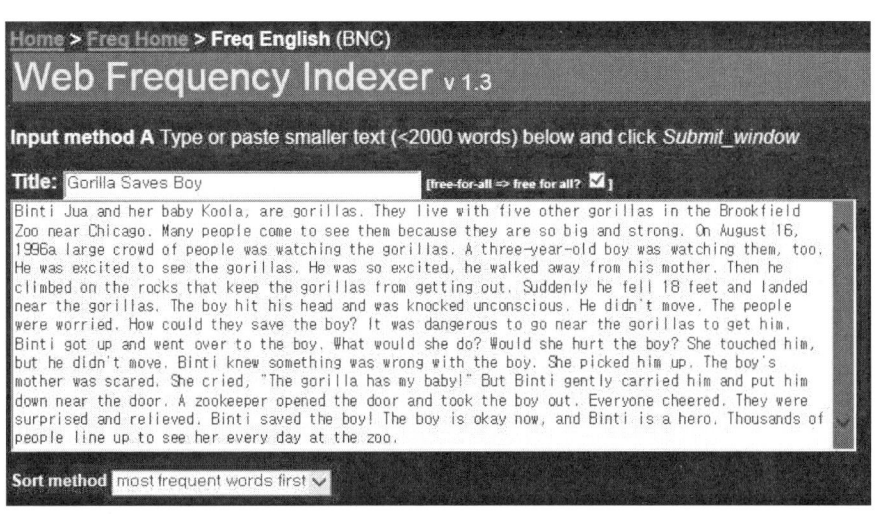

이 결과를 보면 'Gorilla Saves Boy' 텍스트를 구성하는 전체 낱말로서 'token'은 232개이며 이중에서 새로운 낱말인 'type'는 121개이다. 낱말들의 빈도와 비율을 보면 'the(21, 9.05%)', 'and(9, 3.88%)', 'boy(9, 3.88%)', 'was(8, 3.45%)', 'gorillas(7, 3.02%)', 'he(7, 3.02%)' 순이다. 이러한 낱말의 빈도와 비율은 이 텍스트를 이해하는데 어떤 낱말들이 보다 중요한 역할을 하고 있는가를 보여주는 것이다. 빈도와 비율이 높은 낱말들 중에는 'the', 'and', 'to' 등과 같은 기능어들이 많으므로 이를 고려할 필요는 있지만, 전반적으로 빈도와 비율이 높은 낱말들을 우선적으로 학습해야 할 것이다.

특정 텍스트를 구성하는 낱말들이 'British National Corpus'와 같은 대규모 코퍼스에서는 어느 정도 자주 사용되는지에 대한 빈도를 분석할 수 있는데, 이 결과는 특정 낱말이 일반적인 의사소통을 위해 어느 정도 중요한지에 대한 정보로 활용될 수 있다. 이러한 측면에서 'Gorilla Saves Boy' 텍스트를 분석한 결과는 다음과 같다(www.lextutor.ca/vp/eng).

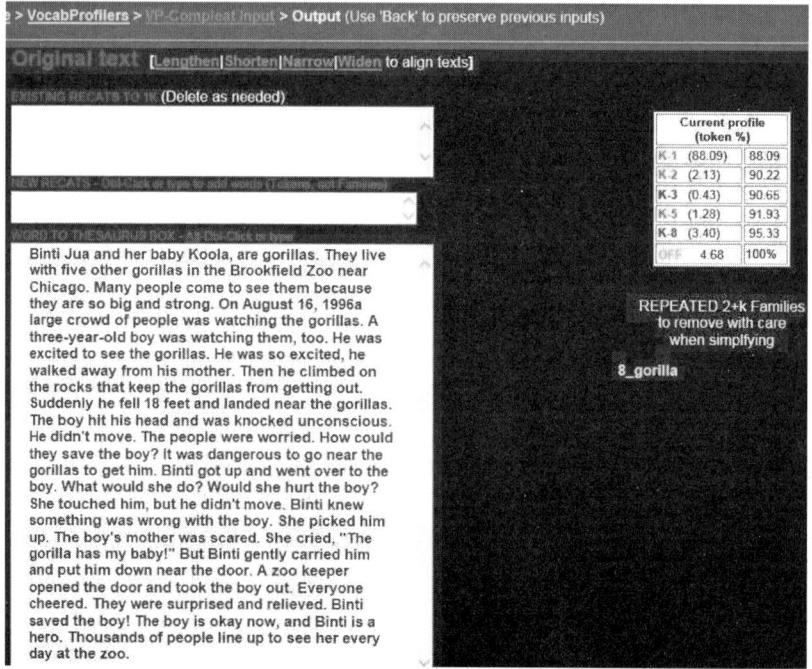

```
Types List
type_[number of tokens]

BNC-COCA-1,000 types: [ fams 92 : types 106 : tokens 207 ]  extract

a_[3] and_[9] are_[2] at_[1] away_[1] baby_[2] because_[1] big_[1] boy_[10] but_[2] carried_[1] climbed_[1]
come_[1] could_[1] cried_[1] dangerous_[1] day_[1] did_[2] do_[1] door_[2] down_[1] every_[1] everyone_[1]
excited_[2] feet_[1] fell_[1] five_[1] from_[2] gently_[1] get_[1] getting_[1] go_[1] got_[1] has_[1] he_[7] head_
[1] her_[2] him_[5] his_[2] hit_[1] how_[1] hurt_[1] in_[1] is_[2] it_[1] keep_[1] keeper_[1] knew_[1] knocked_
[1] landed_[1] large_[1] line_[1] live_[1] many_[1] mother_[2] move_[2] my_[1] near_[4] not_[2] now_[1]
number_[2] of_[2] okay_[1] old_[1] on_[2] opened_[1] other_[1] out_[2] over_[1] people_[4] picked_[1] put_[1]
rocks_[1] save_[1] saved_[1] scared_[1] see_[3] she_[5] so_[2] something_[1] strong_[1] suddenly_[1]
surprised_[1] that_[1] the_[21] them_[2] then_[1] they_[4] thousands_[1] three_[1] to_[6] too_[1] took_[1]
touched_[1] up_[3] walked_[1] was_[8] watching_[2] went_[1] were_[2] what_[1] with_[2] worried_[1] would_
[2] wrong_[1] year_[1]

BNC-COCA-2,000 types: [ fams 5 : types 5 : tokens 5 ]  extract

august_[1] cheered_[1] crowd_[1] hero_[1] unconscious_[1]

BNC-COCA-3,000 types: [ fams 1 : types 1 : tokens 1 ]  extract

relieved_[1]

BNC-COCA-4,000 types: [ fams : types : tokens ]  extract

BNC-COCA-5,000 types: [ fams 1 : types 1 : tokens 3 ]  extract

zoo_[3]

BNC-COCA-6,000 types: [ fams : types : tokens ]  extract

BNC-COCA-7,000 types: [ fams : types : tokens ]  extract

BNC-COCA-8,000 types: [ fams 1 : types 2 : tokens 8 ]  extract

gorilla_[1] gorillas_[7]
```

이 결과를 보면 대부분의 낱말들이 1000낱말(88.09%) 또는 2000낱말(2.13%) 수준에 해당되며, 이 수준을 벗어나는 낱말은 'relieved', 'zoo', 'gorilla(s)'의 세 낱말 뿐이다. 2000 낱말 수준의 낱말들과 이름, 숫자를 나타내는 낱말(4.68%)을 합하면 94.09%이므로 2000낱말 정도를 알고 있으면 이 텍스트를 이해하는네 큰 어려움은 없다고 할 수 있다. 이와 같이 개별 낱말의 빈도와 비율은 어휘 학습 측면에서 중요한 정보를 제공한다.

낱말의 빈도는 텍스트의 난이도를 결정하는 중요한 역할을 한다. 즉, 낱말의 빈도를 이용하여 텍스트가 얼마나 어려운가를 알 수 있다. 그 예로서, 전체 낱말에 대한 새로운 낱말의 비율(TTR: Type/Token Ration)은 텍스트의 난이도에 영향을 준다. 즉, 새로운 낱말이 많을수록 'TTR'이 높아지고 텍스트는 어려워지므로 'TTR'을 통하여 난이도를 파악할 수 있다. 예를 들어, 아래의 첫 번째는 음성 언어 텍스트로서 'TTR'은 0.48이며, 두 번째는 문자 언어 텍스트로서 'TTR'은 0.53으로서 첫 번째 텍스트가 좀 더 쉽다고 할 수 있다.

248 영어 어휘 학습의 원리와 실제

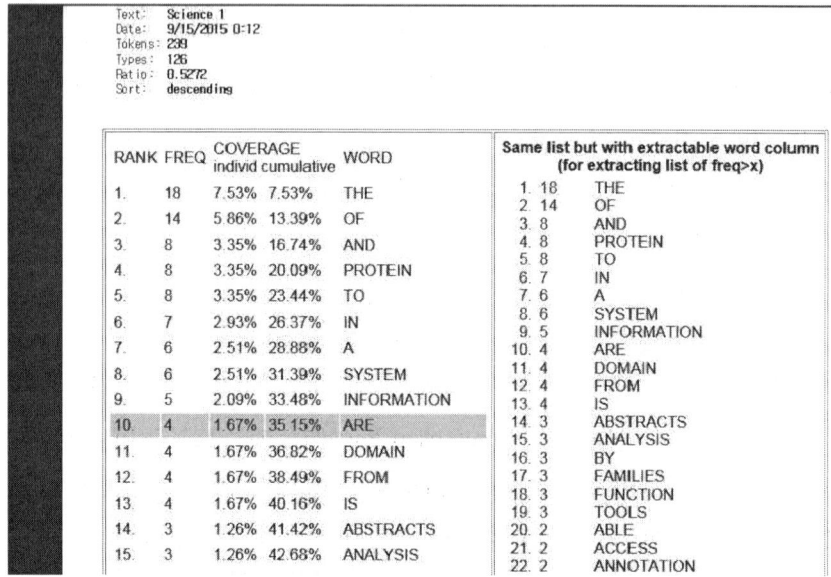

텍스트의 난이도는 'lexical density'를 통해서도 알 수 있는데, 이는 전체 낱말에

대한 내용어(content word)의 비율을 말한다. 즉, 내용어는 의미를 주로 전달하는 명사, 동사, 형용사, 부사 등의 낱말들로서 내용어가 많을수록 의미 전달이 많으므로 텍스트가 어려워지는 경향이 있어 'lexical density'를 통하여 텍스트의 난이도를 어느 정도 파악할 수 있는 것이다. 물론 텍스트의 난이도는 어휘뿐만 아니라 언어 형식, 의미 구조 등도 영향을 미칠 수 있으나 어휘 측면은 코퍼스 분석 프로그램이 자동적으로 분석을 해주므로 주로 내용어의 빈도를 활용하여 텍스트의 난이도를 추정하는 것이다. 'Gorilla Saves Boy' 텍스트를 'lexical density' 측면에서 분석한 결과는 아래와 같다(www.lextutor.ca/vp/eng). 여기에서 전체 낱말에 대한 내용어의 비율, 즉 'lexical density'는 0.48로 제시되어 있다.

```
Home > VocabProfilers > English (Alt-arrow-left to preserve settings) > Output
                                                                                    EDIT-TO-A-PROFILE SPACE
WEB VP OUTPUT FOR FILE: Gorilla Saves Boy   (1.19 kb)
Words recategorized by user as 1k items (proper nouns etc): NONE (total 0 tokens)

                    Families Types Tokens  Percent           Words in text (tokens):              235
K1 Words (1-1000):     82      95    194    82.55%           Different words (types):             121
    Function:          ..      ..   (122)  (51.91%)          Type-token ratio:                    0.51
    Content:           ..      ..    (72)  (30.64%)          Tokens per type:                     1.94
    > Anglo-Sax                      (50)  (21.28%)          Lex density (content words/total)    0.48
      =Not Greco-Lat/Fr Cog:               Current profile
K2 Words (1001-2000):  13      13     15     6.38%    %     Cumul.    Pertaining to onlist only
    > Anglo-Sax:       ..      ..     (9)   (3.83%)  82.55  82.55     Tokens:                     209
1k+2k                                       (88.93%)  6.38  88.93     Types:                      108
AWL Words (academic):                        0.00%    0.00  88.93     Families:                    95
    > Anglo-Sax:       ..      ..     ()    (0.00%)  11.06 100.00     Tokens per family:          2.20
Off-List Words:         ?      13     26    11.06%                    Types per family:           1.14
                       95+?   121    235    100%                      Anglo-Sax Index:              %
                                                                      (A-Sax tokens + functors / onlist tokens)
                                                                      Greco Lat/Fr Cognate Index (Inverse of above): %
```

일반적으로 자주 사용되는 낱말이 특정 텍스트에서도 자주 사용된다. 반면에 일반적으로 자주 사용되지는 않지만 특정 텍스트에서만 자주 사용되는 낱말이 있는데 이를 키워드(keyword)라고 한다. 보통 'British National Corpus'와 같은 대규모 코퍼스에서 사용되는 빈도에 비해 특정 텍스트에서 25배 이상 자주 사용되면 키워드로 본다. 특정 텍스트의 키워드는 그 텍스트를 이해하는데 중요하므로 키워드를 분석할 필요가 있다. 즉, 키워드는 특정 텍스트를 이해하는데 중요한 낱말들이므로 이들을 파악하여 학습할 필요가 있는 것이다. 'Gorilla Saves Boy' 텍스트를 키워드 측면에서 분석하면 다음과 같은데(www.lextutor.ca/key), 이 결과를 보면 1개의 낱말(gorilla)이 키워드에 해당된다. 'gorilla'는 이 텍스트에서 8번 사용되고 있는데,

14,000,000 낱말로 구성된 코퍼스에서는 19번 등장을 한다. 즉, 대규모 코퍼스에서 사용되는 빈도에 비해 이 텍스트에서 약 26,794배 이상 자주 사용되고 있다.

```
Home > Keywords Input (or Back to preserve input) > Keywords Output  - POTENTIAL KEYWORDS IN Go

Keywords are the words that are far more frequent in your text than they are in a reference corpus (here, the 14-millic
Paul Nation as basis for the first 2k of the BNC-Coca lists - see it -> bnc_coca_fams_speechwrite_US_UK_per14mill

The number preceeding each word in the output below is the number of times more frequent this word is in your text
bnc_coca_fams_speechwrite_US_UK_per14mill, proportionally. For example, the first item in the output 26794.26
in 14,000,000 words, but 8 occurrences in your 220-word text. This would work out to be (8/220) x 14,000,000 = 509,09
corpus. The word is thus 509,091 / 19 = 26794.26 times more frequent in your text than it is in the reference corpus.
'key') role in your text.

The keyword list below contains all the words in your text that are at least 25 times more numerous in your text than
greater the keyness factor, the more 'key' a word is likely to be to your input text.

Words that do not occur in the corpus AND do not have a family rating are probably misspellings or proper nouns and
do not occur in the corpus BUT DO have a family rating (and hence are existing lexical words) are assigned a rating
Thus if vampire appears 100 times in Dracula, but not at all in your chosen corpus, it will be assigned a keyness of 10
that is required to create useful "objective" word crunching routines.)

Notes: 1. Small texts may provide unreliable comparisons.    2. You can calculate a sort of "reverse keyness" factor (the words that are
text through VP and checking its VP-Negative at the high-frequency k-levels (from buttons in the family output).    3. This routine redu
handle multiword units nor calculate significance statistics of keyness (however, Chun & Nation (2004) in System argue that as a roug
(numberless, unsorted) output to other routines for comparison or alternative takes on output (Freq, VP, Tex_Lex_Compare)

Get Raw List

(1) 26794.26 gorilla

At keyness cut-off of 25, there are 1 keywords from a total of 220 words, for a keyword ratio of 0.005
MEANING: .001 is an extememely high keyword text (many words distinct to this text), .009 is a low keyword text (uses general words

Words eliminated from analysis by user or proper-blocker (Note that proper-blocker can be turned off): none.
```

10.3 낱말의 범위

낱말의 범위(range)는 특정 낱말이 얼마나 다양한 음성언어의 의사소통 상황이나 문자언어의 텍스트 장르에서 사용되는가를 말하는데, 범위가 넓은 낱말을 우선적으로 학습하는 것이 타당하므로 낱말의 범위를 분석할 필요가 있다. 일반적으로 빈도가 높은 낱말이 다양한 의사소통 상황이나 텍스트 장르에서 사용되기는 하지만 반드시 그렇지는 않다. 빈도가 높은 낱말이지만 범위가 비교적 좁은 경우가 있고, 반대로 빈도가 낮은 낱말이지만 범위가 비교적 넓은 경우도 있다. 예를 들어, 학문적 낱말(academic vocabulary)이나 전문적 낱말(technical word)의 경우에는 학문적 또는 전문적 상황에서 주로 자주 사용되며, 키워드의 경우에는 특정 텍스트에서만 자주 사용되는 낱말들로서 비교적 범위가 좁다. 따라서 특정 낱말이 어휘 학습 측면에서 어느 정도 중요한가를 판단하기 위해서는 낱말의 빈도와 함께 범위를 알아볼 필요가 있다. 'Compleat Lexical Tutor'를 이용하여 낱말의 범위로서 'vocabulary'라는 낱말이 음성언어 중심의 의사소통 상황에서 자주 사용되는지, 문자언어 중심의 의사소통 상황에서 자주 사용되는지를 알아본 결과는 다음과 같다 (www. lextutor.ca/range/corpus).

```
VOCABULARY - 10 instances found in 1 out of 2 corpora
10        /var/www/vhosts/lextutor.ca/cgi-bin/range/spk_wrt/BNC_Written.txt [ ]

1. BNC_Written.txt  [↑]
    [01] visual language. It may be rich in VOCABULARY,  a powerful hypnotic force, or sp
    [02]    express and translate its varied VOCABULARY you gain not only the  power to ex
    [03] he word  first entered the Russian VOCABULARY. It soon lost its  exclusively mar
    [04] sian presence, using  more neutral VOCABULARY such as prisoedinenie(annexation)
    [05] choolchildren and  students on the VOCABULARY and spelling of English.   In 188
    [06] se sense of a word in an author's   VOCABULARY and they enable favourite phrases
    [07] not be dictionary headings or even VOCABULARY  words at all. A particular gramma
    [08] a good keyboard and a  40,000 word VOCABULARY. Users can now search the database
    [09] ation  need" from our professional VOCABULARY and speak instead of "information
    [10] s pon Arab an Israeli issues    Me VOCABULARY is changing I don't use coloured o
```

이는 'British National Corpus'를 이용하여 처리한 결과로서 'vocabulary'는 음성언어 코퍼스에서는 전혀 사용되지 않은 것으로 나타났고, 문자언어 코퍼스에서만 10번 사용되고 있다. 이 결과는 구축된 코퍼스에 따라 다르게 나타날 수 있으나, 이 낱말은 문자언어 중심의 의사소통에서 주로 사용되는 것이라 할 수 있다. 개별 낱말의 범위는 전체 코퍼스를 구성하는 하위 장르별로도 알아볼 수 있는데, 예를 들어 'Brown Corpus'는 다음과 같은 하위 장르로 구성되어 있다.

○ 'Brown Corpus'의 장르 구성

Sub-Corpus	Words	Sub-Corpus	Words
Press Reportage	89,000	Learned and Academic	163,000
Press Editorial	55,000	Fiction General	58,000
Press Reviews	35,000	Fiction Mystery	48,000

Sub-Corpus	Words	Sub-Corpus	Words
Religion	21,000	Fiction Humour	18,000
Skills and Hobbies	73,000	Fiction Sci-Fi	12,000
Popular Lore	87,000	Fiction Adventure	58,000
Biography and Memoires	152,000	Fiction Romance	59,000
Government and Industry	63,000		

'vocabulary'가 'Brown Corpus'를 구성하는 어떤 하위 장르에서 주로 사용되고 있는지 분석하였다(www.lextutor.ca/range/corpus). 분석한 결과를 보면 'vocabulary'는 'Brown Corpus'를 구성하는 15개 장르 중에서 6개 장르에서 모두 13번 사용되었는데, 장르별 빈도를 보면 'Biography and Memoires'에서 4번, 'Learned and Academic'에서 3번, 'Popular Lore'와 'Fiction Adventure'에서 각각 2번, 'Fiction Mystery'와 'Fiction Sci-Fi'에서 각각 1번 사용되고 있다. 아울러 이 낱말이 어떤 문맥에서 사용되고 있는가를 보여주고 있어서 이들을 어휘 학습을 위한 예문으로 활용할 수 있을 것이다.

VOCABULARY - 13 instances found in **6** out of **15** Brown sub-corpora

```
02      /var/www/vhosts/lextutor.ca/cgi-bin/range/corpus/F_popular_lore.txt [↓]
04      /var/www/vhosts/lextutor.ca/cgi-bin/range/corpus/G_biography_memoirs.txt [↓]
03      /var/www/vhosts/lextutor.ca/cgi-bin/range/corpus/J_learned_academic.txt [↓]
01      /var/www/vhosts/lextutor.ca/cgi-bin/range/corpus/L_fiction_mystery_detective.txt [↓]
01      /var/www/vhosts/lextutor.ca/cgi-bin/range/corpus/M_fiction_science.txt [↓]
02      /var/www/vhosts/lextutor.ca/cgi-bin/range/corpus/N_fiction_adventure_western.txt [↓]
```

1. F_popular_lore.txt [↑]

    [01] into his own special Buck Rogers **VOCABULARY** to huckster his fake machines as
    [02] techniques that remain part of the **VOCABULARY** of film. One of these is the "dis

2. G_biography_memoirs.txt [↑]

    [01] forms of continuity for their new **VOCABULARY** of movements, have turned to simi
    [02] s the musical language of sex, the **VOCABULARY** of the orgasm; indeed, it is main
    [03] he musical forms of jazz, and the **VOCABULARY** of the musician. Even musicians t
    [04] rative is written in the tiresome **VOCABULARY** of that lost and dying cause, and

3. J_learned_academic.txt [↑]
   [01] erritorial area, but that Hoijer's **VOCABULARY** is based on Swadesh's second glot
   [02] O. David D. Thomas published Basic **VOCABULARY** in some Mon-Khmer Languages AL 2
   [03] ly had much experience with basic **VOCABULARY** in many languages but has acquire

4. L_fiction_mystery_detective.txt [↑]
   [01] profanity, the obscenities in his **VOCABULARY**. Once he said, "Why'n hell didn't

5. M_fiction_science.txt [↑]
   [01] w one called Lingo, a pidgin whose **VOCABULARY** was derived from the other six an

6. N_fiction_adventure_western.txt [↑]
   [01] s", I said, exhausting my Spanish **VOCABULARY** on my host and exchanging one of a
   [02] y doubling the size of my Spanish **VOCABULARY**. At once my ears were drowned

'Corpus of Comtemporary American English' 프로그램을 이용해서도 낱말의 범위를 분석할 수 있는데, 이 프로그램은 100,000,000 낱말 이상으로 구성된 코퍼스인 'Corpus of Comtemporary American English'에서 검색하여 결과를 보여주므로 훨씬 더 많은 콘코던스 예를 보여준다. 'Corpus of Comtemporary American English'는 아래와 같이 5개의 주요 장르(Spoken, Fiction, Magazine, Newspaper, Academic)와 42개의 하위 장르로 구성되어 있어, 각 장르별로 사용되는 어휘의 특성을 비교할 수도 있다.

○ 'Corpus of Comtemporary American English'의 장르 구성

Corpus	Sub-Corpus
Spoken	ABC, NBC, CBS, CNN, FOX, MSNBC, PBS, NPR, Indep
Fiction	Gen(Book), Gen(Jrnl), SciFi/Fant, Juvenile, Movies
Magazine	News/Opin, Financial, Sci/Tech, Soc/Arts, Religion, Sports, Entertain, Home/Health, Afric/Amer, Children, Women/Men
Newspaper	Misc, News_Intl, News_Natl, News_Local, Money, Life, Sports, Editorial
Academic	History, Education, Geog/SocSc, Law/PolSci, Humanities, Phil/Rel, Sci/Tech, Medicine, Misc

다음에 제시된 결과는 'Corpus of Comtemporary American English'를 이용하여 'vocabulary'의 범위, 즉 이 코퍼스를 구성하고 있는 어떤 장르에서 'vocabulary'라는 낱말이 얼마나 자주 사용되고 있는지 알아본 것이다(http://corpus.byu.edu/coca). 이 결과를 보면 'vocabulary'는 모든 장르에서 사용되고 있지만 'Academic' 장르에서 가장 많이 사용되었으며(3,155번으로 100만 낱말당 34.65번), 하위 장르로서 'Education(1,060번으로 100만 낱말당 112.25번)'과 'Humanities(960번으로 100만 낱말당 80.49번)'에서 주로 사용되고 있었다. 반면에 'Spoken' 장르에서는 295번(100만 낱말당 3.09번)으로 매우 드물게 사용되고 있었다. 이 결과를 보면 'vocabulary'는 주로 학문적 의사소통 상황과 문자 언어 의사소통 상황에서 주로 사용되는 낱말임을 알 수 있다. 아울러 각 장르를 클릭하면 이 낱말이 어떤 언어적 환경에서 사용되고 있는가의 콘코던스를 살펴볼 수 있다.

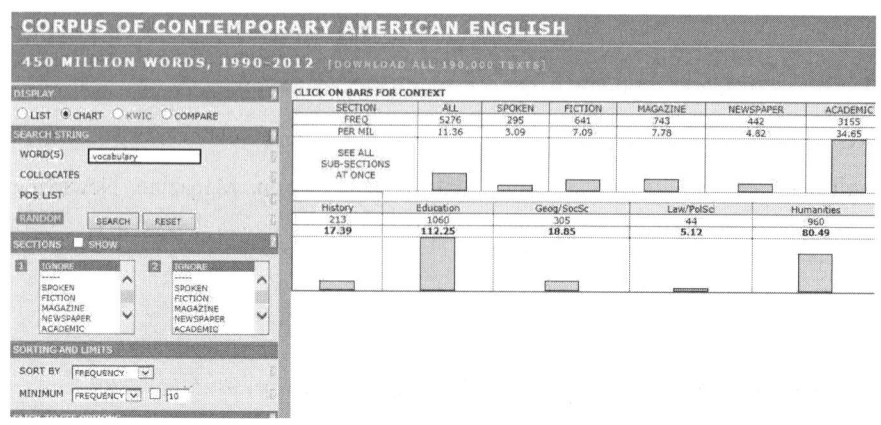

10.4 콘코던서

어휘 지식은 개별 낱말의 형식과 의미뿐만 아니라 다른 낱말과의 의미 관계에 대한 지식을 포괄하는데, 특히 통사적 의미 관계로서 낱말군과 연어, 패턴 등에 관한 지식은 특정 낱말을 유창하고 정확하게 사용하는데 필요하다. 즉, 특정 낱말이 어떤 낱말들과 통사적 의미 관계를 이루면서 함께 사용될 수 있는가를 아는 것은 매우 중요한 어휘 지식이다. 이러한 점에서 개별 낱말이 어떤 낱말과 함께 사용되는지를 알기 위해서는 실제 사용되는 언어적 환경을 살펴볼 필요가 있는데, 콘코던서(concordancer)는 이를 보여주는 프로그램이다. 콘코던스(concordance)란 특정 텍스트에서 사용되는 낱말과 낱말이 사용되는 언어적 환경을 말하는데, 콘코던서는 콘코던스를 찾아 보여주는 프로그램인 것이다.

예를 들어, 'Complete Lexical Tutor'를 이용하여 'beautiful'이 어떤 언어적 환경에서 어떤 낱말들과 함께 자주 사용되는지, 즉 콘코던스를 분석해 보았다 (www.lextutor.ca/conc/eng). 콘코던스를 보기 위해서는 키워드를 입력하고 어떤 코퍼스에서 찾을 것인지 코퍼스를 선택해야 한다. 'Complete Lexical Tutor'에서는 주로 'British National Corpus'와 'Brown Corpus'에서 결과를 검색하여 보여주고 있다. 콘코던스 검색을 하면 'KWICs(Key Word In Context indexes) 방식으로 키워드가 화면의 중앙에 배열되면서 사용되는 언어적 환경을 보여준다. 이를 통하여 키워드가 어떤 낱말들과 함께 자주 사용되는가를 파악할 수 있는 것이다.

'beautiful'은 형용사로서 의미적 특성상 '형용사+명사'의 형태로 명사와 함께 자주 사용될 수 있는데, 그러한 측면에서 'weather', 'woman', 'line', 'face', 'man', 'instrument', 'city', 'boy', 'baby', 'painting', 'girl', 'day', 'room', 'park', 'example', 'experience', 'garden', 'building', 'view' 등의 명사가 함께 사용되고 있다. 이와 같이 콘코던스를 살펴보면 특정 낱말이 어떤 낱말들과 통사적 의미 관계를 이루면서 함께 사용되는지를 쉽게 파악할 수 있다. 보통은 문장 수준에서 함께 사용되는 낱말들이 중요하므로 콘코던스는 한 줄로 보여주지만, 키워드를 클릭하면 아래와 같이 텍스트 수준으로 상세한 언어적 환경을 볼 수 있다.

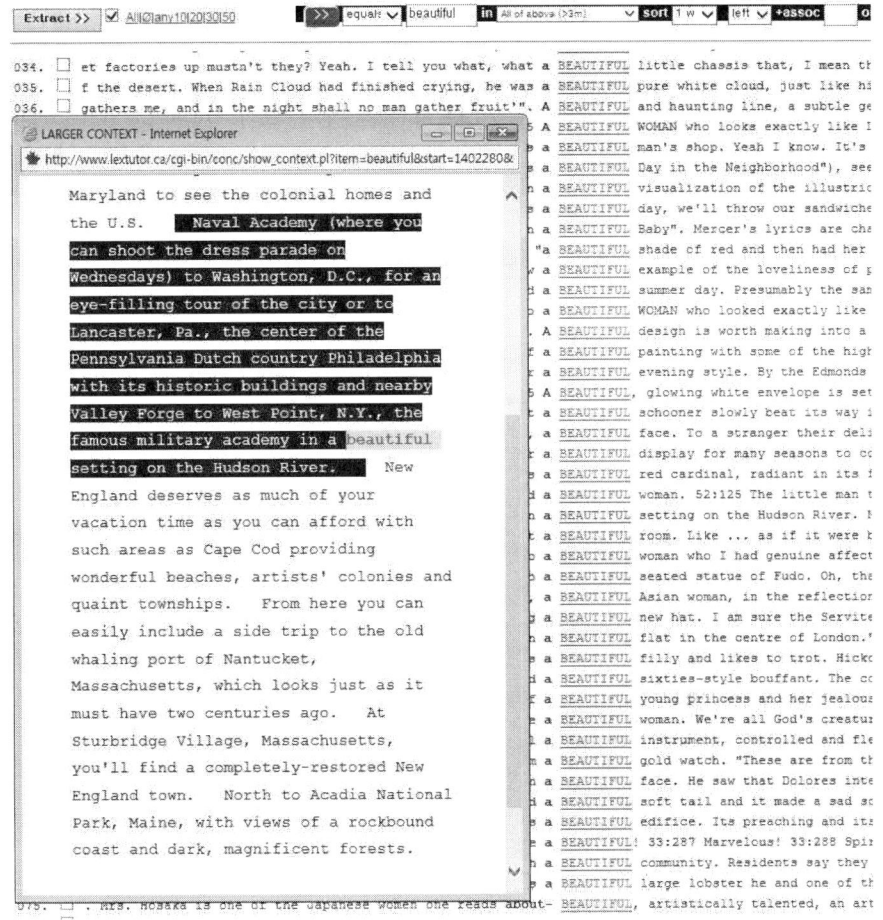

특정 낱말의 경우에는 다양한 품사(POS: Part Of Speech)로 사용되면서 의미가 달라지므로 품사별로 달리 사용되는 언어적 환경을 볼 수 있다면 품사에 따라 특정 낱말이 어떤 낱말과 함께 자주 사용되는지를 파악할 수 있다. 예를 들어 'pretty'는 형용사나 부사로 사용될 수 있는데 각 품사에 따라 함께 사용되는 낱말이 달라질 수 있다. 이를 분석하기 위해서는 코퍼스를 구성하고 있는 낱말들에 개별적으로 품사를 부여하는 작업인 태깅(tagging)이 되어 있어야 한다. 'Corpus of Comtemporary American English'는 태깅 처리가 되어 있어서 품사를 달리하여 콘코던스를 추출할 수 있다.

따라서 'COCA'에서는 낱말을 입력하고 함께 사용되는 낱말의 품사를 동사, 명사, 형용사, 부사 등으로 지정해 주면, 조건에 해당하는 콘코던스만을 보여주게 된다. 예를 들어, 'pretty'가 형용사로 사용되는 콘코던스를 보고 싶으면 '형용사+명사' 형식으로 'pretty' 뒤에 나오는 낱말을 명사로 지정하면 된다. 반면에 부사로 사용되는 콘코던스를 보고 싶으면 '부사+형용사' 형식으로서 'pretty' 뒤에 나오는 낱말을 형용사로 지정하면 된다. 먼저 '형용사+명사' 형식으로 'pretty' 뒤에 나오는 낱말을 명사로 지정하여 검색한 결과는 다음과 같다.

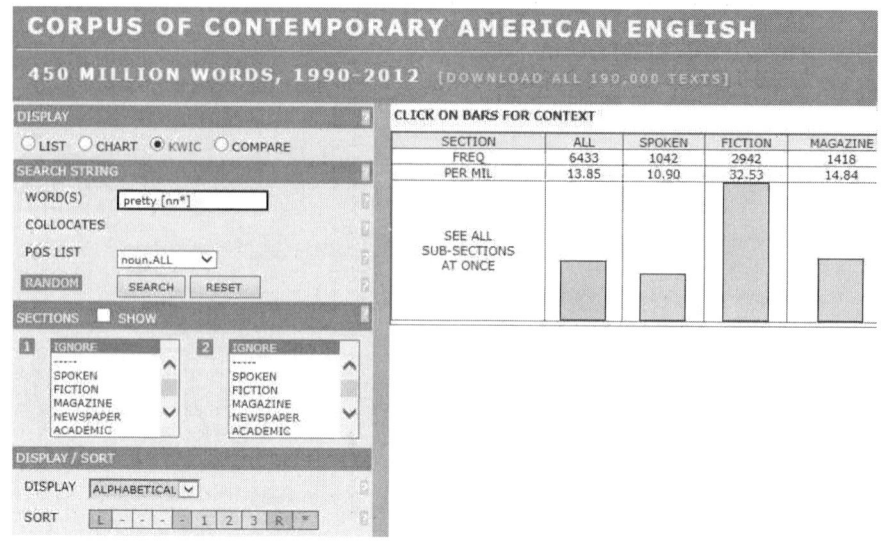

10. 어휘 학습과 코퍼스 259

wallpaper and the incredibly	pretty dresses	and all that kind of thing, ar
out ... SIMEONE : You sound	pretty hale	and hearty to me. Ms-HERSH
e an artist with , you know ,	pretty hair	and makeup []. Like , she 's a
sarily illegal , but choosing a	pretty face	based on race clearly is . Jus
earlier nobody would had the	pretty view	because we would have been
u say Hmmm . I think that a	pretty place	can hide a mean spirit . It 's
ll the time telling me what a	pretty skin	color my child has , but they
wns are well kept . Postcard	pretty Christmas	decorations stand above the
Ir. Kaufman , you 're looking	pretty spiffy	down there in Palm Beach in
ER: Well , at 30-below , it 's	pretty cold	down there []. And , of course
: -- where the audience was	pretty understanding	during the previews . WOMA
oration or a labor union was	pretty well-	established []. GROSS : So w
every morning . Oh , what a	pretty nose	every morning []. ROBIN-ROBE
ermals , dropping in at some	pretty beach	for a seafood dinner , spread
-LEE-JOEL : So we got really	pretty patties	here and you can fire up the
e thunder rolling . It 's not a	pretty day	here in Palm Beach County H
McEWEN : Well , this is not "	Pretty Woman	II []. [" This is " Runaway Bride
ETERSON : And the LBOs do	pretty well	in high growth and falling , o
-over Not to worry , Sheila .	Pretty Woman	is popular around the world ,
It appeared that they had a	pretty sound	marriage []. yes ? DEANNA :
ng here . This seems to be a	pretty signature	moment for the business pre
f it all . Would Lynn Turner ,	pretty mother	of two and former 911 dispat
on , stop crying all over that	pretty face	of yours []. Unidentified Actres
, they 're sort of soft sexy ,	pretty pictures	of [] consenting adults . GEOF
el always loves to hear some	pretty chords	on its records like these ones
with ... ROBELOT : It 's just	pretty chicks	on nice beaches . That 's wh
fact that he had an eye for a	pretty woman	seemed to exist in some cor
rade agreement . That was a	pretty dicey	situation this year with stror
re Hollywood 's himbos , the	pretty boy	stars who survive more on l
ing , and there was one very	pretty clock	that she had that was in her
e convention center , saying	pretty dicey	there []. From your point of vi
uld mean they 'd have to be	pretty air	tight to get through . I woul
OK. Ms-THOMAS : These are	pretty ways	to present your presents bec

다음으로 부사로 사용되는 콘코던스를 보기 위해서 '부사+형용사' 형식으로서 'pretty' 뒤에 나오는 낱말을 형용사로 지정하여 검색한 결과는 다음과 같다.

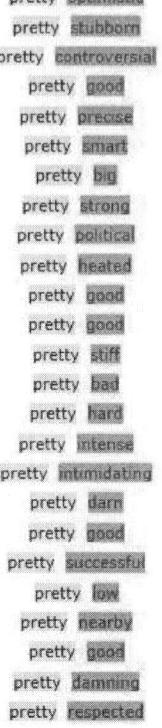

일반적으로는 이미 구축된 코퍼스에서 콘코던스를 추출하여 어휘 학습에 활용하지만 이러한 자료는 학습자들의 수준에 맞지 않을 수 있다. 특히 'British National Corpus'와 'Corpus of Comtemporary American English'는 원어민 수준의 영어로 구성되어 있어 우리나라 영어 교육에 적용하는데에는 한계가 있다. 학생들의 수준에 맞는 텍스트로 코퍼스를 구축하고 이를 이용하여 콘코던스를 추출하여 어휘 학습에 활용하는 것이 훨씬 효과적일 것이다. 'Complete Lexical Tutor'를 이용하면 코퍼스를 구축하여 개별 낱말들의 콘코던스를 추출할 수 있는데, 'Gorilla Saves Boy'로 코퍼스를 구축하고 콘코던스를 추출하면 다음과 같다 (www.lextutor.ca/conc/text).

어휘는 개별 낱말뿐만 아니라 독립된 의미를 전달하는 낱말군과 연어, 패턴 등을 포괄하는 개념이다. 특히, 낱말군은 두 개 이상의 낱말들이 연결되어 독립된 의미를 전달하는 중요한 의미 단위로서 이들을 하나의 의미 단위로 지도하는 것이 영어를 유창하고 정확하게 사용하는데 도움이 된다. 따라서 낱말군을 검색하면 이들이 사용되는 콘코던스를 추출할 수 있는데, 그 예로서 'go to bed'를 검색한 결과는 다음과 같다.

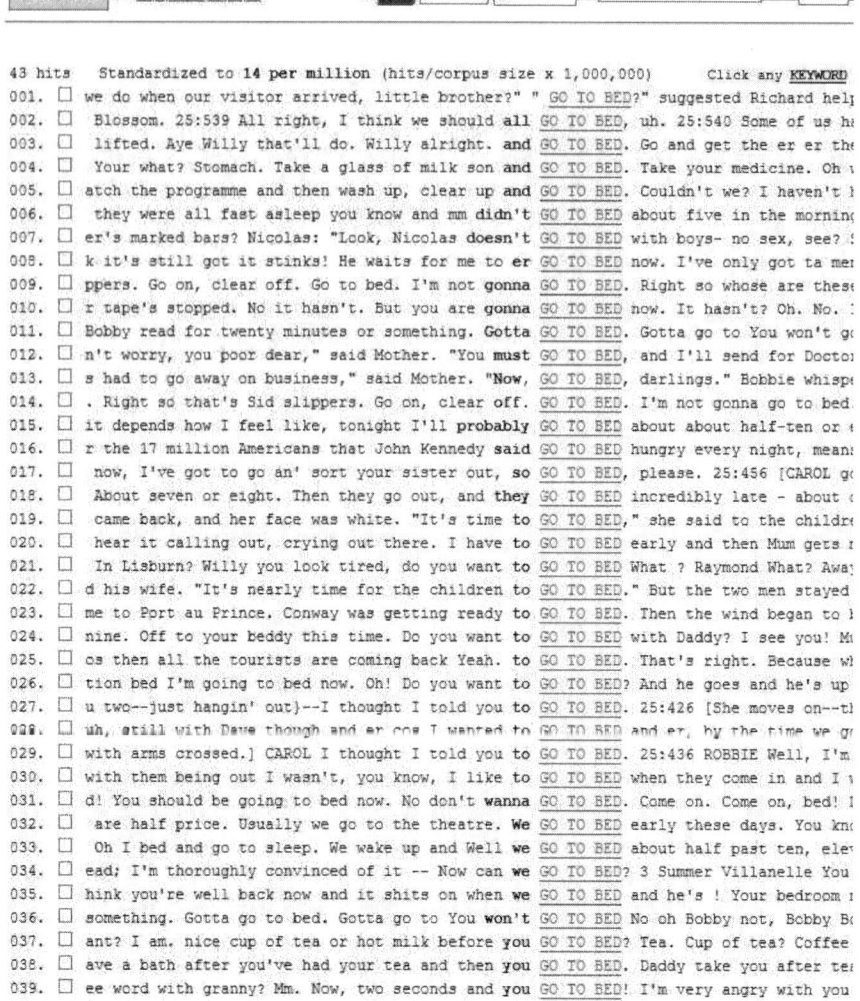

낱말군과 연어는 두 낱말 이상이 의미적으로 연결되어 사용되는 표현으로서 텍스트에서 이들을 찾으려면 두 개 이상의 낱말들이 연결되어 자주 사용되는 예들을 분석하면 된다. 물론 두 개 이상의 낱말들이 연결되어 사용된다고 해서 모두 낱말군과 연어는 아니지만 그러한 예들을 찾아보고 낱말군과 연어를 추출할 수 있는 것이다. 'Gorilla Saves Boy'에서 두 개 이상의 낱말들이 연결되어 두 번 이상 사용된 경우는 다음과 같다(http://lextutor.ca/n_gram). 이 결과를 보면 두 개의 낱말이 연결되어 두 번 이상 사용되는 표현은 모두 10개이며, 세 개의 낱말이 연결되어 두 번 이상 사용되는 표현은 1개이다.

문장은 패턴 문법으로 분석할 수 있는데 패턴이란 둘 이상의 낱말로 이루어져 빈번하게 사용되는 언어 형식을 말한다. 연어는 보통 의미가 자연스럽게 연결되는 내용어와 내용어 또는 내용어와 기능어가 결합된 형식을 말하는데, 패턴은 연어 이상의 표현으로서 과거에는 문법으로 다루어진 언어 형식이다. 또한 언어는 주로 개별 낱말이 같은 의미 범주에 있는 낱말과 연결되어 사용되는데 반해 동일한 패턴이더라도 패턴은 좀더 다양한 낱말들이 사용되면서 비교적 연결이 자유롭다. 콘코던스를 추출하면 낱말들이 사용되는 패턴을 파악할 수 있는데, 그 예로서 'urge'를 검색한 결과는 아래와 같다. 이를 보면 'urge'는 주로 'urge NP to V', 'urge NP not to V', 'urge that', 'urge to V' 등의 패턴으로 사용되고 있음을 알 수 있다.

ocuments and codes . The Web sites	urge	operatives	in Yemen	and Afghanistan t
ities all around the country . I would	urge	people	not to	rush to judgment on this
You have a strong call to arms . You	urge	people	to have	self-esteem , to examin
. He 's been successful in doing it . I	urge	people	to look	at what he actually did in
l me with a shrug . King Hussein will	urge	President	Bush to	give some sign that
against his confirmation . Would you	urge	President	Clinton to	reappoint Alan Gre
adequate record to come to you and	urge	removal	of the	president . They rested
there 's still a chance , and I would	urge	Republicans	not just	to furnish half but
one that . COLMES : Liz , I urge -- I	urge	Republicans	to do	what Peter is sugges
e in Somalia is likely to dampen any	urge	that	exists here	to intervene in other sit
ective ongoing stimulus . So I would	urge	that	if it	's going to be done , it should b
en made toward a free society . We	urge	that	this progress	continue and that the
ed , you know , why does somebody	urge	that	we give	serious consideration to so
eful matter . Certainly , we strongly	urge	that	. COKIE	ROBERTS , ABC News : Mr
that he can hold up and exhort and	urge	the	Congress to	pass , which gives him
ne . This will not change that . And I	urge	the	good voters	of the state of Missouri
ortunity to millions of Americans . I	urge	the	House to	pass it , and the Senate to
he moral issue . And we continue to	urge	the	legislators who	will return next sess
. TOTENBERG : ... at least -- I really	urge	the	Nina Totenberg	Team to get up ther
s neighbors in the north . It will also	urge	the	north to	return to the six-party talks
or other purposes . He said he would	urge	the	other nations	at the economic summ
e things that we will come back and	urge	the	President to	put his full effort behin
in Lithuania and asked the world to	urge	the	Soviet Union	not to use force . Is th
en Gorbachev went to the Baltics to	urge	them	not to	secede , he argued his case
their nuke program . Is he going to	urge	them	to shut	it down because if they do
aqis , but for the United States . We	urge	these	people to	fight this man that we c
with assault rifles and that the real	urge	to	ban was	to ban the assault rifle rathe

개별 낱말이 특정 패턴으로만 사용되는 예를 검색할 수도 있는데 이때에는 품사를 나타내는 기호와 '*'를 사용하면 된다. 예를 들어 'necessity of having' 또는 'line for testing'과 같이 'noun of/for -ing'의 패턴만을 검색하고 싶으면 '[nn] of/for *ing'로 검색을 하면 된다. 이와 같이 검색한 결과는 각각 다음과 같다.

Column 1	Column 2	Column 3

```
ers ' diligence . " That 's a        euphemism for cheating         if I 've ever heard one
saying , I would be first in         line for testing               if the Player 's Associat
s CEO , but she was on the           list for being                 in science [] technology
uld provide the U.S. with a          vehicle for intervening        in the affairs of Latin A
standards provide powerful           pressures for turning          inward [] . Hence Japan
ted , the office indicted 17         pimps for promoting            juvenile prostitution [] .
ease . They have provided            procedures for eliciting       linguistic " tags " for t
v for not wanting me , and           Da for putting                 me here [] . I hate the m
ine . Andrin has developed           equipment for extracting       metals from the clinker
rve to provide an effective          rationale for supporting       music education [] . " Th
tablished a reputation as a          destination for touring        musicians and for local
use teacher guides provide           support for teaching           nonfiction reading skills
for Women , has ambitious            plans for leading              NOW and its 250,000
escope , an ear trumpet , a          device for setting             off firecrackers [] . a mor
the data ; ( 3 ) a deliberate        search for confirming          or conflicting evidence
us very proud to be on the           map for something              other than the riots or
one point he criticizes the          press for putting              out information [] . And t
other schools can be a vital         tool for keeping               pace [] Bringing togethe
over) The Harrises went to           prison for kidnapping          Patty and were release
project , students gain " an         appreciation for varying       perspectives [] a sensit
Three editors face criminal          charges for claiming           President Chandrika Kur
nal hog hunting is a losing          strategy for controlling       prolific [] intelligent pigs
much less tolerance in the           public for anything            provocative or racy .
twice and censured by the            NASD for selling               securities at excessive
For another , he valorizes           film for making                self-alienation materially
ation . # # 5 What are the           arguments for abolishing       seniority-based layoffs [
nal clients , and their daily        rate for providing             service to Level III clie
ely passed up , even if my           reasons for doing              so seemed overwhelming
: Do you think that one 's           capacity for loving            someone continues to
entered into the restricted          model for predicting           subjective athletic perfo
in my life that created the          milieu for dreaming            such a dream . I had p
mediate interest in gaining          support for fighting           terrorism and its long-
he perception , taking little        responsibility for anything    that goes on outside th
r as he could carry it . The         burden for defeating           the balanced budget an
listening to him lay out his         plan for changing              the cop platform . Atwa
some of the environmental            rules for governing            the development of oth
```

10.5 요약

영어 교육에 있어서 목표어의 실제성이 강조되면서 코퍼스가 구축되기 시작하였고 컴퓨터 기술이 발달하면서 대규모 코퍼스 구축이 본격적으로 이루어졌다. 이러한 코퍼스를 이용하면 어휘 학습에 필요한 핵심 정보로서 낱말의 빈도와 비율, 범위, 콘코던스 등을 정확하게 파악할 수 있다. 낱말의 빈도와 비율, 범위는 어휘 학습 측면에서 개별 낱말이 어느 정도 중요한지를 판단할 수 있는 근거를 제시해 주고, 콘코던스는 어휘 사용 측면에서 특정 낱말이 어떠한 언어적 환경에서 어떤 낱말들과 함께 낱말군과 연어 또는 패턴을 이루어 자주 사용되는가에 대한 정보를 제공해 준다. 'Compleat Lexical Tutor'나 'COCA'는 온라인 기반 코퍼스 분석 프로그램으로서 이 프로그램을 이용하면 다양한 코퍼스를 기반으로 영어의 어휘적 특성을 쉽게 분석할 수 있고 다양한 코퍼스 분석 프로그램을 이용하여 어휘 학습에 필요한 핵심 정보를 얻을 수 있다.

11. 어휘 학습 평가

어휘 학습 평가는 학습자가 가지고 있는 어휘 지식과 기능에 관한 정보를 알아보기 위해 필요하며, 어휘 학습 평가를 통하여 얻은 정보는 어휘 학습과 관련하여 다양한 목적으로 활용된다. 이 장에서는 어휘 학습 평가 문항이 갖추어야 할 특성, 어휘 학습 평가의 목적, 어휘 학습 평가 문항의 유형, 어휘 학습 평가 기준을 살펴보도록 한다.

11.1 어휘 학습과 어휘 학습 평가

어휘 지식과 기능 측면에서 어휘 학습이 이루어진 후에는 평가를 통하여 학습자들이 어느 정도 학습 목표에 도달하였는가를 알아볼 필요가 있다. 어휘 학습 평가는 학습자들이 익힌 어휘 지식과 기능에 관한 정보를 알아보고 그 결과를 어휘 학습과 관련하여 다양한 목적으로 활용하기 위한 활동이다. 어휘 학습과 어휘 학습 평가를 구별할 필요가 있는데, 어휘 학습은 어휘 지식과 기능을 익히기 위한 것이며 어휘 학습 평가는 학습한 어휘 지식과 기능을 파악하기 위한 것이다. 이러한 측면에서 어휘 학습에서는 어휘 지식과 기능을 익힐 수 있도록 다양한 도움이 제공되는 반면에, 어휘 학습 평가에서는 어휘 지식과 기능을 정확하게 파악해야 하므로 그러한 도움이 제공되지 않는다. 예를 들어, 다음과 같은 활동(Thornbury, 2002:

172)은 도움 제공의 여부에 따라서 어휘 학습 활동 또는 어휘 학습 평가 문항으로 활용될 수 있다.

Put the opposites of the adjectives below in one of the columns. Are the words in the columns generally negative or positive meaning?

un	dis	im	in

attractive	friendly	sensitive	loyal
experienced	caring	ambitious	adaptable
reliable	obedient	polite	tolerant
patient	selfish	decisive	faithful
romantic	lucky	fair	intelligent

어휘 학습 평가를 위해 사용되는 평가 문항(test items)은 타당도(validity)와 신뢰도(reliability), 실용도(practicality), 송환 효과(backwash) 측면에서 분석할 수 있다. 타당도와 신뢰도, 실용도, 송환 효과는 바람직한 평가 문항이 갖추어야 할 중요한 특성이다.

○ 평가 문항이 갖춰야 할 특성

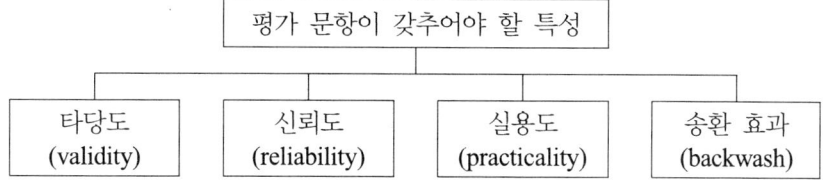

타당도란 목표로 하는 지식과 기능을 얼마나 적절하게 평가하는가를 말한다. 따라서 어휘 학습 평가 문항의 타당도는 의사소통을 위한 어휘 지식과 기능을 얼마나 적절하게 평가하느냐와 관련된다. 어휘 학습 평가 문항의 타당도를 높이기 위해서는 평가하고자 하는 어휘 지식과 기능을 조작적 구인(construct)으로 정의하고 그러한 어휘 지식과 기능을 직접 평가할 수 있어야 한다. 예를 들어, 어휘 기능을 평가하고자 하는데 어휘 지식만을 평가한다면 타당도가 낮아질 것이다. 반면에 의사소통 활동으로서 듣기와 말하기, 읽기, 쓰기에서 어휘 지식을 유창하고 정확하게 사용하는 능력을 평가한다면 타당도가 높아질 것이다. 타당도 측면에서 'Test 1', 'Test 2', 'Test 3', 'Test 4'에서는 각각 어떤 어휘 지식과 기능을 평가하고 있는지를 비교해 보자.

○ Test 1
suggest
  a. 제안하다 b. 수행하다 c. 설명하다 d. 찬성하다

○ Test 2
foolish
  a. clever b. kind c. silly d. beautiful

어휘 지식은 개별 어휘의 형식과 의미에 관한 지식, 다른 어휘와의 형식과 의미 관계에 관한 지식을 포괄한다. 이러한 측면에서 'Test 1'과 'Test 2'는 둘 다 어휘 지식을 알아보기 위한 평가 문항이지만, 'Test 1'은 개별 어휘의 형식과 의미에 관한 지식이 있는가를 알아보기 위한 것이고, 'Test 2'는 개별 어휘의 형식과 의미에 관한 지식뿐만 아니라 다른 어휘와의 의미 관계로서 유의어에 관한 지식이 있는가를 알아본다는 점에서 차이가 있다.

○ Test 3
Choose three adjectives to describe yourself. Describe yourself using the adjectives.

emotional	friendly	good-humoured	outgoing
confident	ambitious	rude	self-centered
offensive	kind	selfish	nice

○ Test 4

Many of the computing patterns used today in elementary arithmetic, such as those for performing long multiplications and divisions, were developed as late as the fifteenth century. Two reasons are usually advanced to account for this tardy development, namely, the mental difficulties and the physical difficulties encountered in such work.

The word 'tardy' in line 3 is closest in meaning to

a. historical   b. basic   c. unusual   d. late

어휘 기능이란 의사소통 활동으로서 듣기와 말하기, 읽기, 쓰기에서 어휘 지식을 유창하고 정확하게 사용할 수 있는 능력을 말한다. 이러한 측면에서 'Test 3'과 'Test 4'는 둘 다 어휘 기능을 알아보기 위한 평가 문항인데, 'Test 3'은 주로 말하기 기능을 알아보기 위한 것이고 'Test 4'는 주로 읽기 기능을 알아보기 위한 것이다. 이와 같이 특정한 평가 문항이 어떠한 어휘 지식 또는 기능을 중점적으로 평가하고 있는지를 분명하게 파악할 필요가 있다. 아울러 어휘 학습 목표로서 평가하고자 하는 어휘 지식 또는 기능을 평가 문항이 실제 평가하고 있는 어휘 지식 또는 기능과 일치시키는 것이 중요하다.

한편, 타당도가 높을수록 바람직한 평가 문항이라고 할 수 있지만 타당도가 높은 평가 문항을 개빌하기 위해서는 그만큼 시간적, 경세적 부담이 증가한다. 따라서 평가의 중요도를 고려하여 중요한 평가를 위해서는 타당도가 높은 평가 문항을 사용해야 하지만, 그렇지 않은 평가의 경우에는 타당도가 그다지 높지 않은 평가 문항을 사용할 수도 있다. 예를 들어, 학습자들의 어휘 수준을 진단하는 평가처럼 부담이 상대적으로 적은 평가에서는 자기 평가의 형태로 아래와 같은 문항을 활용할 수도 있다.

○ Test 5

Tick the words that you know.

____	abandon	____	scared	____	illuminate
____	calculate	____	camouflage	____	maintain
____	habitate	____	paradox	____	elaborate
____	palliate	____	yield	____	mammoth
____	radical	____	edition	____	gauge

신뢰도란 학습자들이 가지고 있는 어휘 지식과 기능을 얼마나 정확하게 평가하는가를 말한다. 즉, 동일한 학습자에 대해 평가 결과가 같거나 비슷하게 나오면 신뢰도가 높아지는 반면에 차이가 많으면 신뢰도가 낮아지게 된다. 신뢰도는 보통 2-3명의 평가자가 각각 평가를 하고 그 결과들의 연관성 측면에서 신뢰도를 산출한다. 타당도가 높은 평가 문항이라 하더라도 신뢰도가 낮으면 평가 결과를 믿을 수 없게 된다. 평가 문항의 신뢰도를 높이기 위해서는 무엇보다도 평가 기준을 명확하게 설정하는 것이 중요하다.

○ Test 6

Choose the best answer, from the four choices given.
The earthquake created some damage but the tidal wave which followed was more devastating because it _____ many villages.
a. obliterated   b. shattered   c. obtruded   d. inundated

○ Test 7

Write a sentence for each of the following words to show that you know what the word means and how it is used.
a. epidemic   _____
b. precede   _____
c. result   _____

d. transformation _____

신뢰도 측면에서 보면 'Test 6'은 평가 기준으로서 정답이 명확하여 평가 결과는 항상 같게 나올 것이므로 신뢰도가 매우 높은 평가 문항이다. 반면에 'Test 7'은 평가자에 따라 평가 기준이 달라질 수 있어서 신뢰도가 낮을 수 있다. 따라서 이러한 평가 문항의 경우에는 평가 기준을 명확하게 설정해야 평가 결과가 같거나 비슷하게 나오면서 신뢰도를 높일 수 있다. 특히 어휘 기능을 평가하는 문항은 어휘 지식을 평가하는 문항에 비해 신뢰도가 낮을 수 있다. 어휘 기능 평가 문항의 신뢰도를 높이기 위해서는 의사소통을 위한 어휘 지식과 기능의 개념을 조작적으로 정의하고 이를 평가 기준에 반영할 필요가 있는데, 그 예는 다음과 같다(Brown and Bailey, 1984: 41).

- Excellent to Good (20-18): Precise vocabulary usage; use of parallel structures; concise; register good
- Good to Adequate (17-15): Attempts variety; good vocabulary; not wordy; register OK; style fairly concise
- Adequate to Fair (14-12): Some vocabulary misused; lacks awareness of register; may be too wordy
- Unacceptable - not college-level work (11-6): Poor expression of ideas, problems in vocabulary, lacks variety of structure
- In appropriate use of vocabulary (5-1): No concept of register or sentence variety

실용도란 평가를 하는데 있어서 시간적 또는 경제적 부담이 얼마나 있는가를 말한다. 타당도와 신뢰도가 높은 평가 문항이라도 실용도가 낮다면 시간적 또는 경제적 부담이 많아 활용하기가 쉽지 않을 것이므로 실용도 또한 평가 문항이 갖추어야 할 중요한 특성이다. 실용도를 높이려면 많은 학습자들을 동시에 평가할 수 있고 평가에 소요되는 시간이 짧으며, 평가 기준이 단순하여 평가 결과를 쉽게 도출할 수 있어야 한다. 이러한 측면에서 'Cloze Test'는 실용도가 높아 활용하기가 용이하며, 간접적이기는 하지만 어휘 지식과 기능을 효과적으로 평가할 수 있다고 알려져 있다(Oller, 1973). 다음 예에서처럼 'Cloze Test'에서는 규칙적으로 빈칸을 제시하여 적절한 낱말을 넣도록 하는데 보통 일곱 번째 낱말마다 빈칸을 제시한다. 학습자의 수준에 따라서 빈칸의 수는 줄이거나 늘릴 수 있다.

> The honey bee is a very unusual kind of insect. Unlike other insects which live alone, _____ honey bee lives as a member _____ a community. These bees live together _____ what is known as a bee _____. The head of the colony is _____ the queen bee. She is larger _____ the rest of the bees. Her _____ task in the colony is to _____ eggs. Most of the other bees _____ the worker bees. These bees collect _____ and pollen from flowers. The nectar _____ is carried by the worker bees _____ deposited on the hive and then _____ into honey. The worker bees also _____ look after the young bees. As _____ as the eggs are hatched, the _____ bees feed the young bees with _____ and nectar. The third type of _____ found in the colony is the _____ or male bee. The main task _____ such a bee is to mate _____ a new queen. The queen bee _____ a life span of about three _____. During this period, she would have _____ more than half a million eggs. _____ the queen bee is dying, a _____ queen would be groomed. This new _____ would eventually take over the 'duties' _____ the old queen when the latter _____.

변형된 형태인 'C-Test'에서는 빈칸에 들어갈 낱말의 일부 철자를 제시해 주기도 하는데 그 예는 다음과 같다(Klein-Braley and Raatz, 1984).

> There are usually five men in the crew of a fire engine. One o____ them dri____ the eng____. the lea____ sits bes____ the dri____. The ot____ firemen s____ inside t____ cab o____ the f____ engine. T____ leader kn____ how t____ fight diff____ sorts o____ fires. S____, when t____

firemen arr_____ at a fire, it is always the leader who decides how to fight a fire. He tells each fireman what to do.

송환 효과란 평가가 어휘 학습에 미치는 긍정적 또는 부정적 영향을 말한다. 예를 들어, 어휘 학습 평가에서 개별 어휘의 형식과 의미만을 묻는다면 그러한 평가의 영향을 받아 후속 학습에서 학습자들은 개별 어휘의 형식과 의미만을 중점적으로 학습할 것이며 어휘 학습에 부정적인 영향을 미칠 것이다. 반면에 개별 어휘의 형식과 의미뿐만 아니라 다른 어휘와의 형식 관계와 의미 관계까지 묻는다면 어휘 지식을 균형적으로 학습할 것이므로 어휘 학습에 긍정적인 영향을 미칠 것이다. 따라서 긍정적인 송환 효과를 주기 위해서는 의사소통에 필요한 어휘 지식과 기능을 적절하고 정확하게 평가할 수 있는 문항을 개발할 필요가 있다.

타당도와 신뢰도, 실용도가 모두 높고 아울러 긍정적인 송환 효과까지 줄 수 있는 평가 문항을 개발하기는 매우 어렵다. 타당도가 높으면 신뢰도가 낮거나, 실용도가 높으면 부정적 송환 효과를 줄 수 있는 평가 문항을 흔히 볼 수 있다. 따라서 평가의 목적을 고려하여 타당도와 신뢰도, 실용도, 긍정적 송환 효과 중에서 어떤 특성을 강조하여 평가 문항을 개발할 것인가를 결정해야 한다. 예를 들어, 학습자들의 어휘 수준을 진단하기 위한 평가는 쉽게 사용할 수 있어야 하므로 실용도가 높은 평가 문항이 필요하다. 반면에 총괄 평가와 같이 학습 결과를 알려주기 위한 평가는 타당도와 신뢰도가 높아야 할 것이다.

11.2 어휘 학습 평가의 목적

바람직한 어휘 학습 평가 문항은 타당도와 신뢰도, 실용도가 높고 긍정적인 송환 효과를 줄 수 있다. 그런데 이러한 특성들을 모두 갖춘 평가 문항을 개발하기는 매우 어렵다. 따라서 타당도와 신뢰도, 실용도, 송환 효과는 평가의 목적에 따라 그 중요도가 달라질 수 있다.

○ 평가 문항이 갖춰야 할 특성과 평가의 목적

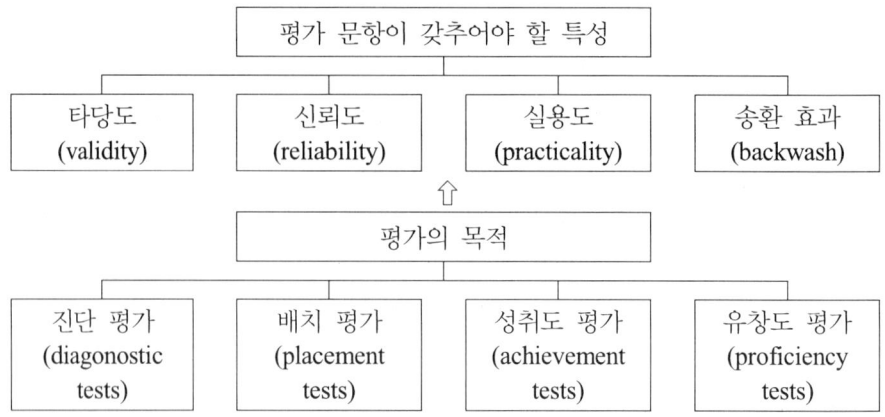

어휘 학습 평가는 평가를 통하여 얻은 어휘 지식과 기능에 관한 정보의 활용 목적에 따라 진단 평가(diagnostic tests), 배치 평가(placement tests), 성취도 평가(achievement tests), 유창도 평가(proficiency tests)로 구분할 수 있으며, 각 평가의 목적은 다음과 같다(Nation 2013: 515).

- Diagnostic tests: to find out where learners are experiencing difficulty so that something can be done about it
- Placement tests: to place learners in classes of the right level
- Short-term achievement tests: to see whether a recently studied group of words has been learned
- Long-term achievement tests: to see whether a course has been successful in teaching particular words
- Proficiency tests: to see how much vocabulary learners know

진단 평가(diagnostic tests)는 목표로 하는 어휘 학습이 이루어지기전에 이와 관련하여 학습자들이 어떤 어휘 지식과 기능을 가지고 있는가를 파악하여 본격적인 어휘 학습에 필요한 정보를 얻기 위한 것이다. 즉, 진단 평가를 위한 평가 문항은 학습하고자 하는 주요 어휘에 대하여 학습자들이 어느 정도 선행 어휘 지식과 기능을 가지고 있는가를 파악할 수 있어야 한다. 이러한 목적을 달성할 수 있다면 어떤 평가 문항이던지 진단 평가를 위해 사용할 수 있다. 일반적으로 개별 어휘의 형식과 의미에 관한 지식을 알고 있는가의 정도를 파악할 수 있는 평가 문항을 사용한다. 한편, 진단 평가는 다른 평가에 비해 부담이 적어 자기 평가의 형태로 실시할 수도 있는데 그 예는 다음과 같다.

Tick the words that you know.

_____ electric razor	_____ cut	_____ bath
_____ cologne	_____ toothbrush	_____ washcloth
_____ shampoo	_____ towel	_____ nail polish
_____ sink	_____ sunscreen	_____ wash
_____ blowdryer	_____ soap	_____ sponge

배치 평가(placement tests)는 목표로 하는 어휘 학습이 이루어지기 전에 학습자들이 가지고 있는 선행 어휘 지식과 기능을 파악하여 수준에 맞는 모둠이나 학급으로 배치하기 위한 것이다. 진단 평가와 배치 평가는 어휘 학습을 하기 전에 실시하며 학습자들의 선행 어휘 지식과 기능을 알아본다는 점에서는 동일하지만, 배치 평가는 학습자들을 적절한 수준으로 배치하기 위해서 좀 더 일반적인 어휘 지식과 기능의 수준을 파악한다는 점에서 차이가 있다. 이러한 측면에서 Nation(1990)이 개발한 'Vocabulary Levels Test'는 배치 평가의 목적으로 활용할 수 있는 유용한 평가 도구이다. 'Vocabulary Levels Test'는 영어 낱말의 빈도수를 고려하여 '2000 level', '3000 level', '5000 level', 'University Word List', '10,000 level'로 구성되어 있어서 학습자들의 어휘 수준이 어느 정도인가를 쉽게 파악할 수 있다 (www.lextutor.ca/tests/levels/ recognition/2_10k)

2000 level

1. original
2. private
3. royal
4. slow
5. sorry
6. total

☐ complete
☐ first
☐ not public

1. apply
2. elect
3. jump
4. manufacture
5. melt
6. threaten

☐ choose by voting
☐ become like water
☐ make

McLean과 Kramer(2015)가 개발한 'New Vocabulary Levels Test' 또한 배치 평가의 목적으로 활용할 수 있는데, 이 평가 도구에서는 어휘가 사용되는 상황으로서 문장을 제시하면서 좀 더 타당하게 이해 기능 측면에서 의사소통에 필요한 어휘 지식을 평가하고 있다(www.lextutor.ca/tests/levels/recognition/nvlt/ test.pdf).

Part 1

1. time: They have a lot of **time**.
   a. money
   b. food
   c. hours
   d. friends

2. stone: She sat on a **stone**.
   a. hard thing
   b. kind of chair
   c. soft thing of the floor
   d. part of a tree

Laufer와 Nation(1999)이 개발한 'Vocabulary Levels Test(Productive)'는 표현 기능 측면에서 의사소통에 필요한 어휘 지식을 평가하고 있다. 이 평가 도구 또한 영어 낱말의 빈도수를 고려하여 '2000 level', '3000 level', '5000 level', 'University Word List', '10,000 level'로 구성되어 있다(www. lextutor.ca/tests/levels/productive).

2000 level

1. I'm glad we had this opp_____ to talk.
2. There are a doz_____ eggs in the basket.

3. Every working person must pay income t____.
4. The pirates buried the trea____ on a desert island.

성취도 평가(achievement tests)는 어휘 학습이 이루어지는 과정에서 학습 목표에 어느 정도 도달하고 있는가를 알아보기 위하여 실시하며, 형성 평가(short-term achievement tests)와 총괄 평가(long-term achievement tests)로 나눌 수 있다. 형성 평가는 보통 차시나 단원 학습을 한 후에 그 차시나 단원에서 다룬 어휘를 어느 정도 학습하였는가를 파악하고 그 결과에 따라 보충 학습을 하기 위한 것이다. 총괄 평가는 보통 한 학기나 학년에서 다룬 어휘를 어느 정도 학습하였는가를 파악하고 그 결과를 학부모나 학습자에게 알려주기 위한 것이다. 특히, 형성 평가의 경우에는 학습 결손을 확인하고 보충하기 위해 실시되므로 얼마나 많은 어휘를 학습하였는가뿐만 아니라 개별 어휘의 다양한 지식과 기능을 평가할 수 있어야 한다. 예를 들어, Read(1998)가 개발한 'Word Associates Test'는 다른 어휘와의 의미 관계에 관한 지식을 평가할 수 있는 유용한 평가 도구이다(http://www.lextutor.ca/tests/associates). 여기에서는 제시된 낱말과 의미상 관련이 되는 낱말들을 각각 2개씩 고르면 된다.

Choose four words that go with the test word. Choose at least one from each of the two boxes.

1. beautiful

| ☐ enjoyable ☐ expensive ☐ free ☐ loud | ☐ education ☐ face ☐ music ☐ weather |

2. bright

| ☐ clever ☐ famous ☐ happy ☐ shining | ☐ colour ☐ hand ☐ poem ☐ taste |

아래와 같은 평가 문항을 활용하면 개별 어휘의 다양한 지식을 평가할 수 있다 (Read, 2000: 179).

1. Write two sentences: A and B. In each sentence, use the two words given.
A. interpret   experiment
B. interpret   language

2. Write three words that can fit in the blank.
to interpret a(n) _____.
a. _____
b. _____
c. _____

3. Write the correct ending for the word in each of the following sentences:
Someone who interprets is an interpret _____.
Something that can be interpreted is interpret _____.
Someone who interprets gives an interpret _____.

학습자들에게 자신들의 어휘 지식과 기능의 수준을 스스로 평가하게 하면 보다 능동적인 어휘 학습을 유도할 수 있다. 이러한 측면에서 'Vocabulary Knowledge Scale'을 이용하여 개별 어휘에 대하여 어떠한 지식과 기능을 가지고 있는가를 스스로 평가할 수 있다(Paribakht and Wesche, 1997).

1. I don't remember having seen this word before.
2. I have seen this word before, but I don't know what it means.
3. I have seen this word before, and I think it means _____.
(synonym or translation)
4. I know this word. It means _____. (synonym or translation)
5. I can use this word in a sentence: _____.
(Write a sentence).

어휘 학습 측면에서 음성언어 중심의 의사소통 능력을 기르기 위해서는 4,000

낱말족을, 문자언어 중심의 의사소통 능력을 기르기 위해서는 9,000 낱말족을 학습해야 하며 원어민 성인은 평균적으로 20,000 낱말족을 알고 있다. 이와 관련하여 유창도 평가(proficiency tests)는 어휘 학습 결과로서 학습자들이 얼마나 많은 어휘를 알고 있는가를 파악하기 위한 것으로 평가 결과는 다양한 목적으로 활용할 수 있다. Nation과 Beglar(2007)에 의해 개발된 'Vocabulary Size Test'를 활용하면 학습자들이 얼마나 많은 낱말을 알고 있는가를 쉽게 파악할 수 있다 (http://www.lextutor.ca/tests/levels/recognition/1_14k). 이 평가 도구는 낱말의 빈도를 고려하여 14개의 수준(14,000 낱말 수준)으로 나누어, 각 수준은 10개의 평가 문항으로 이루어져 있다. 따라서 정답 수×100을 하면 알고 있는 낱말 수를 산출할 수 있다.

First 1000

1. SEE: They **saw** it.
   a. cut
   b. waited for
   c. looked at
   d. started
2. TIME: They have a lot of **time**.
   a. money
   b. food
   c. hours
   d. friends
3. PERIOD: It was a difficult **period**.
   a. question
   b. time
   c. thing to do
   d. book
4. FIGURE: Is this the right **figure**?
   a. answer
   b. place
   c. time
   d. number

11.3 어휘 학습 평가 문항의 유형

어휘 학습 과정과 결과를 평가하기 위한 문항은 다양한 관점에서 유형을 분류할 수 있다. 우선 어휘 학습 평가의 목적은 목표로 하는 어휘 지식과 기능을 어느 정도 학습하였는가를 알아보기 위한 것이므로, 어휘 지식과 기능 관점에서 평가 문항을 분류할 수 있다. 어휘 지식은 개별 어휘의 형식과 의미에 관한 지식, 다른 어휘와의 형식 관계와 의미 관계에 관한 지식을 포괄하며, 어휘 기능은 듣기, 말하기, 읽기, 쓰기 기능으로 나눌 수 있으므로 어떤 어휘 지식과 기능을 중점적으로 평가하는가에 따라 평가 문항을 분류할 수 있다.

○ 어휘 지식의 분류

형식에 관한 지식	발음에 관한 지식
	철자에 관한 지식
형식 관계에 관한 지식	기본어, 굴절어, 파생어, 복합어 등에 관한 지식
	동음이의어, 동철이의어, 동음동철이의어 등에 관한 지식
의미에 관한 지식	핵심 의미에 관한 지식
	은유적 의미에 관한 지식
	화역에 관한 지식
의미 관계에 관한 지식	계열적 의미 관계에 관한 지식
	통사적 의미 관계에 관한 지식
	주제별 의미 관계에 관한 지식

○ 어휘 기능의 분류

	음성언어 기능	문자언어 기능
이해 기능	듣기	읽기
표현 기능	말하기	쓰기

Read(2000: 9)는 아래에 제시된 것과 같이 'discrete/embedded', 'selective/comprehensive', 'context-independent/ context-dependent' 관점에서 어휘 학습 평가 문항을 분류하고 있다. 'discrete tests'는 어휘 지식을 분석적으로 알아보기 위한 것이고, 'embedded tests'는 의사소통 상황에서 어휘 지식을 통합적으로 사용할 수 있는 능력, 즉 어휘 기능을 알아보기 위한 것이다. 'selective tests'에서는 텍스트를 구성하는 특정한 어휘에 대한 지식과 기능을 평가하며, 'comprehensive tests'에서는 텍스트를 구성하는 모든 어휘에 대한 지식과 기능을 평가한다. 'context-independent tests'에서는 어휘가 사용되는 상황을 제시하지 않고, 'context-dependent tests'에서는 어휘가 사용되는 상황을 제시한다.

○ 어휘 학습 평가 문항의 분류

Discrete ⟵⟶ **Embedded**
A measure of vocabulary knowledge of use as an independent construct
A measure of vocabulary which forms part of the assessment of some other, larger construct

Selective ⟵⟶ **Comprehensive**
A measure in which specific vocabulary items are the focus of the assessment
A measure which takes account of the whole vocabulary content of the input material (reading/listening tasks) or the test-taker's response (writing/speaking tasks)

Context-independent ⟵⟶ **Context-dependent**
A vocabulary measure in which the test-taker can produce the expected response without referring to any context
A vocabulary measure which assesses the test-taker's ability to take account of contextual information in order to produce the expected response

'discrete/embedded' 측면에서 'Test 8'은 어휘 지식을 분식적으로 임아보기 위한 것이고, 'Test 9'는 의사소통 상황에서 어휘 지식을 통합적으로 사용할 수 있는 능력, 즉 어휘 기능을 알아보기 위한 것이다.

○ Test 8 (Read, 2000: 29)

The committee <u>endorsed</u> the proposal
a. discussed   b. supported   c. knew about   d. prepared

○ Test 9 (Thornbury, 2002: 98)

Imagine you have just moved into a completely empty flat. You can afford to buy one piece of furniture a week. Put the following items in the order in which you would buy them. Now, compare your list with another student and explain your order.

> fridge, bed, desk, dining table, sofa, wardrobe, chair, dishwasher, bookcase, cooker, washing machine, chest of drawers

'selective/comprehensive' 측면에서 'Test 10'에서는 텍스트를 구성하는 특정한 어휘를 평가하고 있으며, 'Test 11'에서는 텍스트를 구성하는 모든 어휘에 대한 지식과 기능을 평가하고 있다.

◯ Test 10 (Read, 2000: 144)

Translate the underlined words into your first language.

In a ① <u>democratic</u> society suspected persons are presumed innocent until proven guilty. The ② <u>establishment</u> of guilt is often a difficult task. One consideration is whether or not there remains a ③ <u>reasonable</u> doubt that the suspected persons committed the acts in question. Another consideration is whether or not the acts were committed ④ <u>deliberately</u>.

◯ Test 11 (Hughes, 2003: 87)

You saw the advertisement for Helpers. You write a letter to American Summer Camps at the address in the Advertisement.

In your letter:
- find out about
  - the start and finish dates
  - the hours of week
  - the type of accommodation
- ask for an application form.

Write your letter on the nest page.

'context-independent/context-dependent' 관점에서 'Test 12'에서는 어휘가 사용되는 상황을 제시하지 않고, 'Test 13'과 'Test 14'에서는 어휘가 사용되는 상황을 제시하고 있다.

○ Test 12 (Nation, 2013: 546)

deliberately

a. both   b. noticeably   c. intentionally   d. absolutely

○ Test 13 (Read, 2000: 143)

He was guilty because he did those things *deliberately*.

a. both   b. noticeably   c. intentionally   d. absolutely

○ Test 14 (Read, 2000: 144)

In a democratic society suspected persons are presumed innocent until proven guilty. The establishment of guilt is often a difficult task. One consideration is whether or not there remains a reasonable doubt that the suspected persons committed the acts in question. Another consideration is whether or not the acts were committed <u>deliberately</u>.

'deliberately' means

4. a. both   b. noticeably   c. intentionally   d. absolutely

어휘 학습 평가 문항은 문항의 형식에 따라 구분할 수도 있다. 어휘 학습에 흔히 사용되는 평가 문항의 형식은 다음과 같다(Read, 2000).

○ True/False (Read, 2000: 169)

Write T if a sentence is true. Write F if it is not true.

1. This country is a part of the word. _____
2. When something falls, it goes up. _____

3. Milk is blue. _____

4. It is good to keep a promise. _____

5. When something is impossible, it is easy to do it. _____

○ Multiple-choice (Read, 2000: 2)

Choose the correct answer.

The principal was <u>irate</u> when she heard what the students had done.

a. surprised   b. interested   c. proud   d. angry

○ Completion (Read, 2000: 125)

Write in the missing word in each blank.

1. The picture looks nice; the colours <u>bl</u>_____ really well.

2. Nuts and vegetables are considered <u>who</u>_____ food.

3. The garden was fool of <u>fra</u>_____ flowers.

○ Translation (Read, 2000: 2)

Give the L1 equivalent of the underlined word.

They worked at the <u>mill</u>.

○ Matching (Read, 2000: 172)

Next to each word, write the number of its meaning.

region	_____	1 position in relation to others
status	_____	2 gas that we breathe
cell	_____	3 part of a country
oxygen	_____	4 smallest part of living things
skeleton	_____	5 useful liquid
		6 set of bones in the body
		7 exciting event

○ Sentence-writing (Read, 2000: 175)

Write a sentence for each of the following words to show that you know what the word means and how it is used. You may choose a different form of the word if you wish.

starve   _____
principal   _____
twist   _____
vegetation   _____
involve   _____

11.4 어휘 학습 평가 기준

의사소통 활동으로서 듣기, 말하기, 읽기, 쓰기에서 어휘 지식을 유창하고 정확하게 사용하는 능력, 즉 어휘 기능에 대한 평가는 일반적으로 수행 평가(performance tests)의 형식으로 이루어지는데, 그 예는 다음과 같다(Hughes, 2003: 117).

What makes a good friend?
You are going to talk to the teacher about what you value in your friends. Look at the suggestions below:

| kindness | honesty | shared interests |
| fun to be with | support | a 'shoulder to cry on' |

이와 같은 수행 평가는 의사소통 활동에서 어휘 사용 능력을 직접 평가하므로 타당도는 높다고 할 수 있으나, 평가자에 따라 평가 기준이 달라진다면 신뢰도는 낮아지게 된다. 신뢰도를 높이기 위해서는 평가 기준을 명확하게 설정을 해야 하는데, 양적 평가 또는 질적 평가 관점에서 평가 기준을 설정할 수 있다.

양적 평가 관점에서는 'lexical density', 'lexical variation', 'lexical sophistication', 'lexical proficiency profile', 'occurrence of errors' 등을 산출할 수 있다. 'lexical density'는 어휘적 의미를 전달하는 내용어(content words)를 얼마나 많이 사용하는가와 관련되고, 'lexical variation'은 의미 단위인 어휘소(lexemes)를 얼마나 다양하게 사용하는가와 관련되며, 'lexical sophistication'은 중빈도 또는 저빈도 낱말과 같은 어려운 낱말을 얼마나 많이 사용하는가와 관련된다.

- lexical density = $\dfrac{\text{total number of content words in the text}}{\text{total number of words in the text}}$

- lexical variation = $\dfrac{\text{total number of different lexemes in the text}}{\text{total number of lexemes in the text}}$

- lexical sophistication = $\dfrac{\text{total number of sophisticated word families in the text}}{\text{total number of word families in the text}}$

'lexical proficiency profile'는 학습자들이 사용한 낱말들이 'British National Corpus'나 'Corpus of Comtemporary American English'와 같은 대규모 코퍼스에서는 어느 정도 자주 사용되는지에 대한 빈도를 분석한 결과이다. 예를 들어, 자기 자신을 소개한 학습자의 텍스트를 분석한 결과는 다음과 같다(www.lextutor.ca/vp/comp).

I'm a sophomore English major at Chinese Cultural University in Taipei. Since high school English has been my favorite subject, and I study it very hard. Someday I hope to be a high school English teacher in Miao-li, my hometown in west-central Taiwan. In most respects I am a typical young Taiwanese woman. I have one elder brother, who recently graduated with an engineering degree from a university in southern Taiwan. My father is a civil servant for Miao-li city and mother is a full-time housewife. I spend most of my time at home watching TV, listening to pops, and studying English. Watching TV enables me to learn about current news and English expressions. I also have a part time job at a Chinese restaurant in downtown Taipei. Though I am an introvert and tend to get nervous when making speeches, I get along with close friends and enjoy chatting with them. I am generally considered obliding and almost always am willing to do what friends want. In summary, I'm an ordinary student with many dreams. One dream is that I hope to spend at least one year of my life in volunteer work. And I also hope to appear on television someday before marriage.

Freq. Level	Families (%)	Types (%)	Tokens (%)	Cumul. token %
K-1 Words:	86 (79.63)	95 (75.40)	175 (82.94)	82.94
K-2 Words:	13 (12.04)	14 (11.11)	15 (7.11)	90.05
K-3 Words:	3 (2.78)	3 (2.38)	3 (1.42)	91.47
K-4 Words:	2 (1.85)	2 (1.59)	2 (0.95)	92.42
K-5 Words:				
K-6 Words:				
K-7 Words:				
K-8 Words:	1 (0.93)	2 (1.59)	3 (1.42)	93.84
K-9 Words:	1 (0.93)	1 (0.79)	2 (0.95)	94.79
K-10 Words:				
K-11 Words:	1 (0.93)	1 (0.79)	1 (0.47)	95.26
K-12 Words:				
K-13 Words:				
K-14 Words:				
K-15 Words:				
K-16 Words:	1 (0.93)	1 (0.79)	1 (0.47)	95.73
K-17 Words:				
K-18 Words:				
K-19 Words:				
K-20 Words:				
Off-List:	??	6 (4.76)	9 (4.27)	100.00
Total (unrounded)	108+?	126 (100)	211 (100)	≈100.00

RELATED RATIOS & INDICES	
Pertaining to whole text	
Words in text (tokens):	211
Different words (types):	126
Type-token ratio:	0.60
Tokens per type:	1.67
Pertaining to onlist only	
Tokens:	202
Types:	120
Families:	108
Tokens per Family:	1.87
Types per Family:	1.11

Arnaud(1984: 19)는 학습자들이 흔히 범하는 어휘 관련 오류의 유형을 다음과 같이 제시하였다.

- Minor spelling mistakes: *personnal, teatcher*
- Major spelling mistakes: *scholl*
- Derivation mistakes: *to comparate, he successed*
- *faux-amis* (deceptive cognates): *They should be prevented that it is difficult*
- Interference from another language on the curriculum: *to spare money*
- Confusion between two lexemes: *The teachers learn them maths.*

질적 평가 관점에서는 어휘 기능을 통합적으로 평가할 수 있는 기준을 제시하는데 그 예는 다음과 같다(Weir, 1990: 147).

0 Vocabulary inadequate even for the most basic parts of the intended communication.
1 Vocabulary limited to that necessary to express simple needs; inadequacy of vocabulary restricts topics of interaction to the most basic; perhaps frequent lexical inaccuracies and/or excessive repetition.
2 Some misunderstandings may arise through lexical inadequacy or inaccuracy; hesitation and circumlocution are frequent, though there are signs of a developing active vocabulary.
3 Almost no inadequacies or inaccuracies in vocabulary for the task. Only rare circumlocution.

11.5 요약

어휘 학습 평가는 학습자들이 익힌 어휘 지식과 기능에 관한 정보를 알아보고 그 결과를 어휘 학습과 관련하여 다양한 목적으로 활용하기 위한 활동이다. 어휘 학습 평가를 위해 사용되는 평가 문항은 타당도와 신뢰도, 실용도를 갖추고 긍정적인 송환 효과를 주어야 한다. 어휘 학습 평가는 평가를 통하여 얻은 어휘 지식과 기능에 관한 정보의 활용 목적에 따라 진단 평가, 배치 평가, 성취도 평가, 유창도 평가로 구분할 수 있다. 어휘 학습 평가를 위해서는 다양한 유형의 평가 문항을 활용할 수 있는데, 평가의 목적과 평가 문항이 갖추어야할 특성을 고려하여 활용할 필요가 있다.

■ 참고 문헌

Aitchison, J. (2012). *Words in the mind: An introduction to the mental lexicon*. West Sussex: John Wiley & Sons, Inc.

Ames, W. (1966). The development of a classification scheme of contextual aids. *Reading Research Quarterly*, 2(1), 57-82.

Anderson, W. and Corbett, J. (2009). *Exploring English with online corpora*. New York: Palgrave Macmillan.

Arnaud, P. (1984). The lexical richness of L2 written productions and the validity of vocabulary tests. In Culhane, T., Klein-Braley, C. and Stevenson, D. (Eds.), *Practice and problems in language testing* (pp. 14-28). Department of Language and Linguistics, University of Essex.

Bachman, L. (1990). *Fundamental considerations in language teaching*. Oxford: Oxford University Press.

Baddeley, A. (1990). *Human memory*. London: Lawrence Erlbaum Associates.

Baker, P. (2006). *Using corpora in discourse analysis*. London: Continuum.

Barber, C. (2000). *The English language: A historical introduction*. Cambridge: Cambridge University Press.

Barcroft, J. (2006), Can writing a word detract from learning it? More negative effects of forced output during vocabulary learning. *Second Language Research*, 22(4), 487-497.

Batstone, R. (2010). Issues and options in sociocognition. In Batstone, R. (Ed.), *Sociocognitive perspectives on language use and language learning* (pp. 3-23). Oxford: Oxford University Press.

Bauer, L. and Nation, P. (1993). Word families. *International Journal of Lexicography*, 6(3), 1-27.

Bentley, K. (2009). *Primary curriculum box: CLIL lessons and activities for young learners*. Cambridge: Cambridge University Press.

Blachowicz, C. and Fisher, P. (2010). *Teaching vocabulary in all classrooms*. Boston: Pearson Education.

Blanchard, K. and Root, C. (2005). *Ready to read now*. Boston: Pearson Education.

Brown, D. (2014). *Principles of language learning and teaching*. White Plains: Pearson Education.

Brown, J. and Bailey, K. (1984). A categorical instrument for scoring second language writing skills. *Language Learning, 34*(1), 21-42.

Brumfit, C. (1984). *Communicative methodology in language teaching: The roles of fluency and accuracy*. Cambridge: Cambridge University Press.

Carroll, J., Davis, P. and Richman, B. (1971). *The American heritage word frequency book*. New York: Houghton Mifflin, Boston American Heritage.

Carstairs-McCarthy, A. (2002). *An introduction to English morphology*. Edinburgh: Edinburgh University Press.

Celce-Murcia, M., Brinton, D., Goodwin, J. and Griner, B. (2010). *Teaching pronunciation*. Cambridge: Cambridge University Press.

Chung, T. and Nation, P. (2003). Technical vocabulary in specialised texts. *Reading in a Foreign Language, 15*(2), 103-116.

Clarke, D. and Nation, P. (1980). Guessing the meanings of words from context: Strategy and techniques. *System, 8*(3), 211-220.

Coxhead, A. (2000). A new academic word lists. *TESOL Quarterly, 34*(2), 213-238.

Cummins, J. (1980). The cross-lingual dimensions of language proficiency: Implications for bilingual education and the optimal age issue. *TESOL Quarterly, 14*(2), 175-187.

Dalton, C. and Seidlhofer, B. (1994). *Pronunciation*. Oxford: Oxford University Press.

Day, R. and Bamford, J. (1998). *Extensive reading in the second language classroom*. Cambridge: Cambridge University Press.

Dörnyei, Z. (2009). *The psychology of second language acquisition*. Oxford: Oxford University Press.

Ebbinghaus, H. (1987). *Translation of memory: A contribution to experimental psychology*. New York: Dover Publications.

Ellis, N. and Beaton, A. (1993). Psycholinguistic determinants of foreign language vocabulary learning. *Language Learning, 43*(4), 559-617.

Folse, K. (2004). *Vocabulary myths: Applying second language research to classroom teaching*. Ann Arbor: The University of Michigan Press.

Gairns, R. and Redman, S. (1986). *Working with words*. Cambridge: Cambridge University Press.

Giblin, J. (1997). *Charles Lindbergh: A human hero*. New York: Clarion Books.

Goodale, M. (1993). *Phrasal verbs workbook*. London: HarperCollins Pubblishers.

Goodale, M. (1995). *Idioms workbook*. London: HarperCollins Pubblishers.

Goulden, R., Nation, P. and Read, J. (1990). How large can a receptive vocabulary be? *Applied Linguistics*, *11*(4), 341-363.

Graves, M., August, D. and Mancilla-Martinez, J. (2013). *Teaching vocabulary to English language leaners*. New York: Teachers College Press.

Gu, Y. and Johnson, R. (1996). Vocabulary learning strategies and language learning outcomes. *Language Learning*, *46*(4), 643-679.

Hartley, B. and Viney, P. (1983). *American streamline: Departures*. Oxford: Oxford University Press.

Holliday, M. (1975). *Learning how to mean: Explorations in the development of language*. London: Edward Arnold.

Howard, L. (1999). *Read all about it: Book 1*. Oxford: Oxford University Press.

Howatt, A. (1984). *A history of English language teaching*. Oxford: Oxford University Press.

Hu, M. and Nation, P. (2000). Vocabulary density and reading comprehension. *Reading in a Foreign Language*, *13*(1), 403-430.

Hughes, A. (2003). *Testing for language teachers*. Cambridge: Cambridge University Press.

Hulstijn, J. and Laufer, B. (2001). Some empirical evidence for the involvement load hypothesis in vocabulary acquisition. *Language Learning*, *51*(3), 539-558.

Hunston, S. (2002). *Corpora in applied linguistics*. Cambridge: Cambridge University Press.

Joe, A. (1998). What effects do text-based tasks promoting generation have on incidental vocabulary acquisition? *Applied Linguistics*, *19*(3), 357-377.

Klein-Braley, C. and Raatz, U. (1984). A survey of research on the C-Test. *Language Testing*, *1*, 131-146.

Krashen, S. (1985). *The input hypothesis: Issues and implications*. London: Longman.

Krashen, S. and Terrell, T. (1983). *The natural approach: Language acquisition in the classroom*. New York: Pergamon Press.

Larsen-Freeman, D. and Anderson, M. (2011). *Techniques and principles in language teaching*. Oxford: Oxford University Press.

Laufer, B. (1997). What's in a word that makes it hard or easy: Some intralexical factors that affect the learning of words. In Schmmitt, N. and McCarthy, M. (Eds.), *Vocabulary: Description, acquisition, and pedagogy* (pp. 140-155). Cambridge: Cambridge University Press.

Laufer, B. and Nation, P. (1999). A vocabulary size test of controlled productive ability. *Language Testing, 16*(1), 33-51.

Lee, J. (2006). *Phonics in reading 2*. Gunpo: JYbooks.

Lee, J. (2007). *Phonics in reading 4*. Gunpo: JYbooks.

Lewis, M. (1997). *Implementing the lexical approach*. Hove: Language Teaching Publications.

Lewis, M. (2000). *Teaching collocation: Further developments in the lexical approach*. Boston: Heinle.

Lewis, M. (2002). *The lexical approach*. Boston: Heinle.

Liu, A., Wible, D. and Tsao, N. (2011). A corpus-based approach to automatic feedback for learners' miscollocations. In Frankenberg-Garcia, A., Flowerdew, L. and Aston, G. (Eds.), *New trends in corpora and language learning* (pp. 107-120). London: Continuum International Publishing Group.

Mackey, A. (2012). *Input, interaction, and corrective feedback in L2 learning*. Oxford: Oxford University Press.

McCarthy, M. (1990). *Vocabulary*. Oxford: Oxford University Press.

McLean, S. and Kramer, B. (2015). The creation of a new vocabulary levels test. *Shiken, 19*(2), 1-11.

Mulder, K. and Hulstijn, J. (2011). Linguistic skills of adult native speakers as a function of age and level of education. *Applied Linguistics, 32*(5), 475-494.

Murphy, R. (1997). *Essential grammar in use*. Cambridge: Cambridge University Press.

Nation, P. (1990). Testing and teaching vocabulary. *Guidelines*, *5*, 12-25.

Nation, P. (2008). *Teaching vocabulary: Strategies and techniques*. Boston: Heinle, Cengage Learning.

Nation, P. (2013). *Learning vocabulary in another language*. Cambridge: Cambridge University Press.

Nation, P. and Beglar, D. (2007). A vocabulary size test. *The Language Teacher*, *31*(7), 9-13.

Nation, P. and Moir, J. (2008). Vocabulary learning and the good language learner. In Griffiths, C (Ed.), *Lessons from good language learners* (pp. 159-173). Cambridge: Cambridge University Press.

Nation, P. and Wang, K. (1999). Graded readers and vocabulary. *Reading in a Foreign Language*, *12*(2), 355-380.

Nation, P. and Webb, S. (2011). *Researching and analyzing vocabulary*. Boston: Heinle, Cengage Learning.

Nattinger, J. and Decarrico, J. (1992). *Lexical phrases and language teaching*. Oxford: Oxford University Press.

Newton, J. (2013). Incidental vocabulary learning in classroom communication tasks. *Language Teaching Research*, *17*(3), 164-187.

Nunan, D. (2003a). *Listen in 1*. Boston: Heinle, Cengage Learning.

Nunan, D. (2003b). *Listen in 3*. Boston: Heinle, Cengage Learning.

Nunan, D. (2004). *Task-based language teaching*. Cambridge: Cambridge University Press.

Nutta, J., Bautista, N. and Butler, M. (2011). *Teaching science to English language learners*. New York: Routledge.

O'Keeffe, A., McCarthy, M. and Carter, R. (2007). *From corpus to classroom: Language use and language teaching*. Cambridge: Cambridge University Press.

Oller, J. (1973). Cloze tests of second language proficiency and what they measure. *Language Learning*, *23*(1), 105-118.

Paribakht, T. and Wesche, M. (1997). Vocabulary enhancement activities and reading for meaning in second language vocabulary acquisition. In Coady, J. and Huckin, T. (Eds.), *Second language vocabulary acquisition* (pp. 174-200). Cambridge: Cambridge University Press.

Read, J. (1998). Validating a test to measure depth of vocabulary knowledge. *Language Testing*, *10*, 355-371.

Read, J. (2000). *Assessing vocabulary*. Cambridge: Cambridge University Press.

Redman, S. and Ellis, R. (1990). *A way with words. Book 2*. Cambridge: Cambridge University Press.

Reppen, R. (2010). *Using copora in the language classroom*. Cambridge: Cambridge University Press.

Richards, J. and Taylor, A. (1992). Defining strategies in folk definitions. *Working Papers of the Department of English*, City Polytechnic of Hong Kong, 4(2), 1-8.

Richards, J. and Rodgers, T. (2014). *Approaches and methods in language teaching*. Cambridge: Cambridge University Press.

Robinson, P. (2003). The cognition hypothesis, task design, and adult task-based language learning. *Second Language Studies*, *21*(2), 45-105.

Robinson, P. (2011). *Second language task complexity: researching the cognition hypothesis of language learning and performance*. Amsterdam: John Benjamins.

Rodgerson-Revell, P. (2011). *English phonology and pronunciation teaching*. London: Continuum International Publishing Group.

Schmitt, N. (1997). Vocabulary learning strategies. In Schmitt, N. and McCarthy, M. (Eds.), *Vocabulary: Description, acquisition, and pedagogy* (pp. 199-227). Cambridge: Cambridge University Press.

Schmitt, N. (2000). *Vocabulary in language teaching*. Cambridge: Cambridge University Press.

Sinclair, J. (1991). *Corpus, concordance, collocation*. Oxford: Oxford University Press.

Selinker, L. (1972). Interlanguage. *International Review of Applied Linguistics in language*, *10*(3), 209-231.

Skehan, P. (1998). *A cognitive approach to language learning*. Oxford: Oxford University Press.

Smith, S. (1993). Input enhancement in instructed SLA: Theoretical bases. *Studies in Second Language Acquisition*, *15*(2), 165-179.

Sökmen, A. (1997). Current trends in teaching second language vocabulary. In Schmitt, N. and

McCarthy, M. (Eds.), *Vocabulary: Description, acquisition, and pedagogy* (pp. 237-257). Cambridge: Cambridge University Press.

Taylor, L. (1990). *Teaching and learning vocabulary*. London: Prentice Hall.

Thornbury, S. (2002). *How to teach vocabulary*. Essex: Pearson Education.

Titon, R. (1968). *Teaching foreign languages: A historical sketch*. Washington, DC: Georgetown University Press.

Tono, Y. (2011). TaLC in action: Recent innovations in corpus-based English language teaching in Japan. In Frankenberg-Garcia, A., Flowerdew, L. and Aston, G. (Eds.), *New Trends in copora and language learning* (pp. 3-25). London: Continuum International Publishing Group.

Van Ek, J. and Trim, J. (1998). *Waystage 1990*. Cambridge: Cambridge University Press.

Ventriglia, L. (1982). *Conversations of Miguel and Maria*. Philippines: Addison-Wesley Publishing Company.

Webb, S. (2007). The effects of repetition on vocabulary knowledge. *Applied Linguistics*, *28*(1), 46-65.

Wei, Z. (2012). *Word roots in English: Learning English words through form and meaning similarity*. Wellington: Victoria University of Wellington.

Weir, C. (1990). *Communicative language testing*. Hemel Hempstead: Prentice Hall.

West, M. (1953). *A general service list of English words*. London: Longman, Green and Co.

Willis, D. (2003). *Rules, patterns and words: Grammar and lexis in English language teaching*. Cambridge: Cambridge University Press.

Zechmeister, E., Chronis, A., Cull, W., D'Anna, C. and Healy, N. (1995). Growth of a functionally important lexicon. *Journal of Reading Behavior*, *27*(2), 201-212.

영어 어휘 학습의 원리와 실제

1판1쇄 2016년 2월 10일

지은이 이 승 민
펴낸이 김 진 수
펴낸곳 **한국문화사**
등 록 1991년 11월 9일 제2-1276호
주 소 서울특별시 성동구 광나루로 130 서울숲IT캐슬 1310호
전 화 02-464-7708
전 송 02-499-0846
이메일 hkm7708@hanmail.net
홈페이지 www.hankookmunhwasa.co.kr
블로그 http://blog.naver.com/hkm2012

책값은 뒤표지에 있습니다.

잘못된 책은 바꾸어 드립니다.
이 책의 내용은 저작권법에 따라 보호받고 있습니다.

ISBN 978-89-6817-324-0 93740